ALFONS HUEBER

Otto Mayer — Die „juristische Methode“ im Verwaltungsrecht

Schriften zum Öffentlichen Recht

Band 405

OTTO MAYER

Die „juristische Methode" im Verwaltungsrecht

Von

Alfons Hueber

DUNCKER & HUMBLOT / BERLIN

Gedruckt 1982 bei Buchdruckerei Bruno Luck, Berlin 65
Printed in Germany
ISBN 3 428 05044 4

Meinen Eltern in Dankbarkeit

Vorwort

Eine Arbeit über Otto Mayer bedarf keiner Rechtfertigung. Die vorliegende ist im Sommersemester 1981 vom Fachbereich Rechtswissenschaft der Johann Wolfgang Goethe-Universität Frankfurt am Main als Dissertation angenommen worden. Sie versteht sich als Beitrag zur Geschichte der Wissenschaft des deutschen Verwaltungsrechts und mag ihren Teil dazu leisten, der aktuellen Auseinandersetzung mit den überkommenen Instituten des Verwaltungsrechts ein solidereres Fundament zu verschaffen.

Angefügt ist eine ausführliche Bibliographie der Veröffentlichungen Otto Mayers und von Rezensionen seiner Schriften. Das Fehlen einer solchen Bibliographie stellte bisher einen gravierenden Mangel dar und hat den Zugang zur Methode Mayers bedeutend erschwert. Die Erstellung dieser Bibliographie ebenso wie die Einbeziehung von ungedruckten Quellen wäre in diesem Ausmaß nicht möglich gewesen ohne die sachkundige Unterstützung durch eine ganze Reihe von Archivaren, denen ich dafür Dank schulde. Der Enkelin Otto Mayers, Frau Gertrud Hennig, danke ich in diesem Zusammenhang für die Überlassung des erhalten gebliebenen Restes des Nachlasses Mayers.

Mein besonderer Dank gilt Herrn Prof. Dr. Michael Stolleis, Frankfurt am Main. Er hat, vor allem was die Beschäftigung mit historischen Fragestellungen angeht, in zahlreichen Seminaren prägend gewirkt. Zudem hat er die Arbeit angeregt und in optimaler Weise gefördert. Herrn Prof. Dr. Dieter Grimm, Bielefeld, an dessen Lehrstuhl ich jetzt tätig bin, danke ich für eine kritische Durchsicht des Manuskripts, Herrn Ministerialrat a. D. Prof. Dr. Johannes Broermann für die Aufnahme der Arbeit in sein Verlagsprogramm.

Frankfurt a. M., im Herbst 1981

Alfons Hueber

Inhaltsverzeichnis

Erstes Kapitel

Zweites Kapitel

Otto-Mayer-Bibliographie

Quellen

Literaturverzeichnis

Abkürzungsverzeichnis

ADB	Allgemeine Deutsche Biographie
AöR	Archiv des öffentlichen Rechts
Bd.	Band
DJZ	Deutsche Juristenzeitung
DÖV	Die Öffentliche Verwaltung
DR	Deutsches Recht
DtZSfKiR	Deutsche Zeitschrift für Kirchenrecht
DVBl.	Deutsches Verwaltungsblatt
Grünhuts ZS	Zeitschrift für das Privat- und Öffentliche Recht der Gegenwart, Hrsgg. von G. S. Grünhut
Holtzendorffs Jahrbuch	Jahrbuch für Gesetzgebung, Verwaltung und Volkswirtschaft im Deutschen Reich, hrsgg. von v. Holtzendorff
HRG	Handwörterbuch zur deutschen Rechtsgeschichte
JuS	Juristische Schulung
JW	Juristische Wochenschrift
KritViertjSchr	Kritische Vierteljahresschrift für Gesetzgebung und Rechtswissenschaft
NDB	Neue Deutsche Biographie
NJW	Neue Juristische Wochenschrift
Niemeyers ZSfIntR	Zeitschrift für Internationales Recht, hrsgg. von Niemeyer
OM	Otto Mayer
PrOVG	Preußisches Oberverwaltungsgericht
PrVBl.	Preußisches Verwaltungsblatt
PVS	Politische Vierteljahresschrift
RGSt	Reichsgericht in Strafsachen
Sp.	Spalte
TheolLitBl.	Theologisches Literaturblatt
VerwArch	Verwaltungsarchiv
VVDStRL	Veröffentlichungen der Vereinigung der Deutschen Staatsrechtslehrer
ZfPol	Zeitschrift für Politik
ZRG Kan. Abt.	Zeitschrift der Savigny-Stiftung für Rechtsgeschichte, Kanonistische Abteilung
ZSfÖR	(Österreichische) Zeitschrift für öffentliches Recht
ZSgesStWiss	Zeitschrift für die gesamte Staatswissenschaft

Erstes Kapitel

Das verschüttete methodische Selbstverständnis Otto Mayers

Bereits kurz nach Otto Mayers Tod ist über die Wirkung seines Werkes gesagt worden: „An das ‚Deutsche Verwaltungsrecht‘ dieses Großen knüpft die ganze Literatur an, die es versteht und die es abschreibt.“[1] Diese Einschätzung mag für die damalige Zeit zugetroffen haben. Daß man es — jedenfalls — bis vor kurzem immer noch „abgeschrieben“ hat, zeigt jedoch, daß man es zunehmend nicht mehr verstanden hat. In Unkenntnis der methodischen Prämissen tradierte man die Lehrinhalte und verfestigte sie dadurch.

Überhaupt scheint der Blick auf das methodische Fundament fast ausnahmslos verstellt zu sein. Zwar ist Otto Mayers Satz „Verfassungsrecht vergeht, Verwaltungsrecht besteht“[2] inzwischen wohl zum meistzitierten der Rechtswissenschaft geworden. Über seine gängige Auslegung, Mayer habe damit eine Verfassungsunabhängigkeit des Verwaltungsrechts postulieren wollen, hat Bachof jedoch ein ebenso drastisches wie richtiges Urteil fällen können. Wer, so formulierte er, dies unterstelle, müsse sich den Verdacht gefallen lassen, von Otto Mayers gesamtem Werk nur den einen Satz zu kennen.[3] Die provokative Schärfe dieses Verdikts rührt mit daher, daß die Zahl derer, die es angeht, Legion ist.

Soweit eine Kennzeichnung der Methode versucht wird, kontrastieren die Ergebnisse seltsam. Teils hat man Mayer einen Positivisten gescholten[4], teils — vor allem in der zeitgenössischen Literatur — ihm vorgeworfen, ein Anhänger des Naturrechts zu sein[5]. Selbst in der neuesten und bislang gründlichsten Darstellung des Methodenwandels in der Verwaltungsrechtswissenschaft[6] zeichnen sich die Umrisse der Methode Mayers nur schemenhaft ab. „Rechtspositivistische Tendenzen“ und Naturrechtsdenken werden unverbunden nebeneinandergestellt, so als habe man es mit disparaten Teilen zu tun.[7]

[1] Meisel, Fleiner, Sp. 51.
[2] Verwaltungsrecht, 3. Aufl., Bd. 1 (Nr. 88), S. VI.
[3] Dogmatik, S. 204.
[4] Statt vieler Forster, Artikel: Otto Mayer, S. 176.
[5] Etwa Kaufmann, Artikel: Verwaltungsrecht, S. 717.
[6] Meyer-Hesemann, Methodenwandel.
[7] Ebd. S. 45.

Weit verbreitet, aber wenig hilfreich ist die Einstufung Otto Mayers als Vertreter einer „juristischen Methode“, als deren Begründer im Verwaltungsrecht er gemeinhin vorgestellt wird[8]. Der Gebrauch des Begriffes „juristische Methode“ in uneinheitlicher Bedeutung oder gar gänzlich unerläutert trägt mehr zur Verwirrung als zur Klärung bei. Denn aussagekräftig ist eine solche Zuordnung nur dann, wenn sie nicht zu *irgendeiner*, sich mehr oder weniger nebelhaft darstellenden juristischen Methode, sondern zu *der* „juristischen Methode“ erfolgt. Unter letzterer wird die Methode verstanden, die Carl Friedrich von Gerber und Paul Laband entwickelt[9] und auf das Staatsrecht angewandt haben[10]. Das verwaltungsrechtliche Werk Otto Mayers erscheint dann als bloße Anwendung dieser bereits ausgebildeten Methode auf ein weiteres Gebiet des Rechts mit einer Phasenverschiebung von mehreren Jahrzehnten; die besondere Leistung Mayers würde lediglich in dieser Umsetzung liegen.

Die „juristische Methode der Behandlung des Staatsrechts“ durch Gerber und Laband zeichnete sich zum einen dadurch aus, daß zunächst alle nichtjuristischen Erwägungen, als welche politische[10a], geschichtliche[10b], philosophische[11] und volkswirtschaftliche[12] angesehen wurden, ausgeschieden wurden.[13] Der verbleibende, nunmehr stofflich reine Rest

[8] Vgl. Badura, Verwaltungsrecht, S. 22, 52 f.; Döhring, Geschichte, S. 356; Obermayer, Artikel: Verwaltungsrecht, Sp. 2797; Rüfner, Formen, S. 105 ff.; Stern, Notwendigkeit, S. 226. Diese Einordnung wurde teilweise auch schon zu Lebzeiten OMs vorgenommen, vgl. Inama-Sternegg, Entwickelung, S. 139 f.; Kaufmann, Artikel: Verwaltungsrecht, S. 717; Glückwunschschreiben der Rechts- und Staatswissenschaftlichen Fakultät der Universität Göttingen vom 21. 7. 1919 zum 50jährigen Doktorjubiläum OMs (Privatbesitz).

[9] Wie Wilhelm, Methodenlehre, im einzelnen nachgewiesen hat, ist die „juristische Methode“ in der Privatrechtswissenschaft entstanden und geht über Puchta letztlich auf den späten Savigny zurück.

[10] Gerbers „Grundzüge eines Systems des Deutschen Staatsrechts“ sind 1865 entstanden. Methodische Überlegungen zum öffentlichen Recht enthält bereits die Schrift „Über öffentliche Rechte“, 1852. Eine ausführliche Begründung hat die „juristische Methode“ in Gerbers Schriften zum Staatsrecht jedoch nicht erfahren, siehe hierzu Wilhelm, Methodenlehre, S. 134 Fn. 15. Sie findet sich vielmehr in den zivilrechtlichen Veröffentlichungen, vor allem im „System des deutschen Privatrechts“ von 1848/49, vgl. Koehler, Artikel: Gerber, HRG I, Sp. 1531 f. und Oertzen, Positivismus, S. 220 ff.

Labands Hauptwerk „Das Staatsrecht des Deutschen Reiches“ ist 1876/78 in erster Auflage erschienen. Seine methodischen Grundsätze hat er, veranlaßt durch die Kritik vor allem Gierkes, im Vorwort zur zweiten Auflage (1887) verdeutlicht, vgl. Herberger, Artikel: Laband, HRG II, Sp. 1330 f.

[10a] Gerber, Grundzüge, S. 237; Laband, Staatsrecht, S. XI f.

[10b] Gerber, Grundzüge, S. V f., 10 ff.; Laband, Staatsrecht, S. XI f.

[11] Gerber, Grundzüge, S. 237; ders., Rechte, S. 27; Laband, Staatsrecht, S. XI f.

[12] Laband, Staatsrecht, S. XI.

[13] Wilhelm, Methodenlehre, S. 9 f., 135.

war sodann nach rechtlichen Gesichtspunkten zu ordnen. Um die rechtlichen Erscheinungen in ein solches System einfügen zu können, mußten anhand ihres juristischen Gehaltes allgemeine Begriffe gebildet werden, deren rechtliche Beziehung zueinander wiederum zu erkennen und darzustellen war.

I. Teilweise Übereinstimmung mit der „juristischen" Methode des deutschen Staatsrechts

Mißt man Otto Mayers Verwaltungsrecht an diesen Kriterien, so scheint die allgemeine Einstufung seines Werkes eine zweifelsfreie Bestätigung als richtig zu erfahren. Augenfällig ist bereits der Unterschied in der Gliederung von Otto Mayers 1895/96 in zwei Bänden erschienenem Lehrbuch „Deutsches Verwaltungsrecht" zur herkömmlichen Verwaltungsrechtsliteratur. Während sich die von Otto Mayer verdrängte sog. staatswissenschaftliche Methode an die moderne Ministerialeinteilung der Verwaltung anlehnte[14], orientiert er sich am juristischen Gehalt, bildet rechtlich zusammengehörende Komplexe und gliedert solchermaßen sein Lehrbuch[15].

Hinsichtlich der Trennung des Juristischen vom Unjuristischen, der Verbannung des letzteren aus dem Verwaltungsrecht und der Aufbereitung des ersteren ist Otto Mayer von Laband selbst ein hohes Lob gezollt worden. In einer Besprechung von Otto Mayers schon 1887 erschienener Monographie „Theorie des französischen Verwaltungsrechts", der methodisch und sogar inhaltlich eine Wegbereiterfunktion für das „Deutsche Verwaltungsrecht" zukam, bezeichnet Laband Otto Mayers Methode als „beachtlich"[16]. Vor Otto Mayer habe es an einer „bewußten, klar erkannten und fest durchgeführten Trennung des *Verwaltungsrechts* von der *Verwaltungslehre*" gefehlt. Diese Art der Trennung mache das Neue an Otto Mayer aus.[17] Und Laband illustriert, um die Besonderheit der Leistung Otto Mayers hervorzuheben, den Unterschied zwischen diesem und seinen Vorgängern, die den „Inhalt der

[14] Vgl. Dennewitz, Systeme, S. 90 f., 104.

[15] Der „Allgemeine Teil" wird in der dritten Auflage 1924 mit einer Darstellung der geschichtlichen Entwicklungsstufen des deutschen Verwaltungsrechts eingeleitet. Es folgen die „Grundzüge der Verwaltungsrechtsordnung" und das Kapitel „Der Rechtsschutz in Verwaltungssachen". Der „Besondere Teil" umfaßt Abschnitte über die „Polizeigewalt", die „Finanzgewalt", das „Öffentliche Sachenrecht", über „Besondere Leistungspflichten", „Besondere Empfänge" sowie über die „Rechtsfähigen Verwaltungen".
Letzterer war mit der zweiten Auflage an die Stelle eines Kapitels über das „Recht der juristischen Personen" getreten. Beide Vorauflagen hatten die „Besonderen Leistungspflichten" und „Besonderen Empfänge" noch unter dem „Recht der besonderen Schuldverhältnisse" zusammengefaßt.

[16] Laband, Rezension OM, AöR 2 (1887), S. 150.

[17] Ebd.

Gesetz- und Verordnungsblätter mit volkswirtschaftlichen, politischen, historischen, technischen Erwägungen und Notizen zu einem Gemenge verarbeitet" hätten[18], an einigen Beispielen. Laband nimmt Edgar Loenings „Lehrbuch des Deutschen Verwaltungsrechts" (1884), das er als das „neueste und beste Werk über diese Materie" bezeichnet und das noch „verhältnismäßig am meisten juristische Erörterungen" enthalte[19], und zitiert daraus eine Reihe von Passagen, u. a. folgende: „Das Wasser ist nicht nur ein Element der Bodenverbesserung. Das Wasser dient durch seine Tragkraft dem Verkehr, durch seine Triebkraft dem Gewerbe, durch seine Nährkraft und andere physische Eigenschaften mannigfachsten Zwecken des persönlichen und wirtschaftlichen Lebens"[20] und: „Der Genuß von berauschenden Getränken ist an sich nicht unsittlich; er wird erst unsittlich, wenn er durch Übermaß eine schädliche Wirkung auf Körper und Geist ausübt"[21]. Allgemein, sagt Laband, finde man „in allen Werken über Verwaltungsrecht, daß zur Förderung der Viehzucht die Sorge für Zuchtvieh, daß insbesondere für die Pferdezucht die Einrichtung von Gestüten gehöre; daß man der Feuersgefahr mit Spritzen, dagegen der Wassergefahr mit Deichen begegnet; daß zur Förderung des Verkehrs Straßen, Eisenbahnen, zur Hebung des Handels und des Geldumlaufs Börsen und Banken für nützlich gehalten werden"[22]. Demgegenüber erwähnt Laband lobend, das Werk Otto Mayers sei nach dem gearbeitet, was „die Aufgabe von dem Verwaltungsrecht" sei, nämlich „die *Ablösung* und *Isolierung* der juristischen Elemente aus dem Gesamtbilde der staatlichen Tätigkeit, die Abhebung der Rechtsinstitute und Rechtsbegriffe von der Masse der Beziehungen, welche die Verwaltung darbietet, die Zurückführung der unendlichen und vielgestaltigen Erscheinungen des Lebens auf die typischen Formen, in denen ihr *rechtlicher* Gehalt sich ausprägt"[23].

Otto Mayer selbst scheint zu bezeugen, daß es richtig ist, ihn den Vertretern der juristischen Methode einzureihen. In der kurz vor seinem Tode erschienenen Autobiographie vermerkt er — rückblickend — dankbar Labands Eintreten für sein System in der erwähnten Rezension der „Theorie des französischen Verwaltungsrechts" und fügt Labands Spott seinen hinzu, indem er in Bezug auf die unter dem Einfluß der staatswissenschaftlichen Verwaltungslehre stehenden Lehrbücher von „üblichen Weisheitssprüche(n)" redet, Lorenz von Steins System gar als „blühenden Bombast" einstuft und mit sichtlichem Genuß den

---

[18] Ebd. S. 151.

[19] Ebd. S. 150.

[20] Ebd.; bei Loening, Lehrbuch, S. 374.

[21] Laband, Rezension OM, AöR 2 (1887), S. 150; bei Loening, Lehrbuch, S. 727.

[23] Ebd. S. 151.

beißend ironischen Hinweis Labands auf die „schönen verwaltungsrechtlichen Verse" Schillers wiederholt:

„Wohltätig ist des Feuers Macht,
Wenn sie der Mensch bezähmt bewacht,
Doch schrecklich wird die Himmelskraft,
Wenn sie der Fesseln sich entrafft usw."[24]

Wenn Otto Mayer zudem das System der staatswissenschaftlichen Verwaltungslehre ausdrücklich „kein juristisches" nennt[25], kann aus dem Zusammenhang[26] ohne weiteres gefolgert werden, daß er sein abweichendes System als ein juristisches versteht. Eine insoweit eindeutige Aussage enthält sein Vorwort zum 1903 in Paris verlegten ersten Band der Übersetzung[27] des Deutschen Verwaltungsrechts „Le droit administratif allemand": „J'ai essayé de suivre un système purement juridique, à peu près comme l'a fait Laband pour le droit public de l'empire allemand."[28]

Nicht entgegen steht, daß Otto Mayer wiederholt die Nützlichkeit[29] bzw. Gleichberechtigung[30] von Verwaltungslehre und staatswissenschaftlicher Methode mit der juristischen betont hat. Damit sollte lediglich den Vertretern der *anderen* Auffassung Gerechtigkeit widerfahren. Die entsprechenden Äußerungen setzen geradezu voraus, daß sich Mayer nicht dieser Methode befleißigen wollte.

---

[24] OM, Selbstdarstellung (Nr. 89), S. 163. Das Zitat Labands stammt aus Rezension v. Stengel, AöR 2 (1887), S. 163.

[25] OM, Selbstdarstellung (Nr. 89), S. 163.

[26] OM bezieht hier den Satz „Verwaltungsrechtswissenschaft ist das nicht" aus der „Theorie des französischen Verwaltungsrechts" (Nr. 10), dort S. 21, der die französische Verwaltungslehre, „science administrative", betraf, auf die deutschen, am staatswissenschaftlichen System orientierten Verwaltungsrechtslehrbücher. Deren Verfasser hatten sich schließlich auch getroffen gefühlt.

[27] Es handelt sich nicht um eine bloße Übersetzung, vielmehr stellen etliche Abschnitte eine eigenständige Bearbeitung dar, worauf OM, Droit, Bd. 1 (Nr. 35), S. XV selbst hingewiesen hat.

[28] OM, Droit, Bd. 1 (Nr. 35), S. XIV.

[29] Als Vorteile hebt OM eine „übersichtliche Gruppierung" (Theorie — Nr. 10 —, S. 21), „leichtes und sicheres Zurechtfinden", „gewisse Anschaulichkeit" (Rezension Meyer, AöR 11 (1896), S. 157) hervor und meint, ebd. S. 158, sogar, die Darstellungen nach der staatswissenschaftlichen Methode könnten vielleicht künftigen Geschlechtern noch interessanter sein als die juristischen.

[30] OM, Rezension Meyer, AöR 11 (1896), S. 160: staatswissenschaftliche Methode „gleichberechtigte Methode". Ebenso OM, Bundesstaat (Nr. 34), S. 338, wo es heißt, überall gehe „neben der juristischen Auffassung ... eine andere gleichberechtigte" einher, „welche die nämlichen Dinge wertet nach ihrer *stofflichen* Bedeutung: die Handelswissenschaft, die Staatswissenschaft, die Polizeiwissenschaft", mit der (Fn. 3) die Verwaltungsrechtswissenschaft in dauernder Auseinandersetzung stehe (so OM auch schon in Verwaltungsrecht, 1. Aufl., Bd. 1 — Nr. 16 —, S. 16).

II. Distanz zur Methode Gerbers und Labands

Aus alledem ergibt sich aber lediglich, daß Otto Mayers Methode *auch* juristisch ist, und zwar in der genannten Hinsicht, was gerade in der konkreten Frontstellung gegen die staatswissenschaftliche Methode besonders auffällt. Sie ist aber mehr und unterscheidet sich in wesentlichen Punkten von der von Gerber und Laband gepflegten „juristischen Methode". Wer diese Unterschiede einebnet, verkennt das Spezifische der Methode Otto Mayers.

Die Formulierung „juristische Methode" ist seltsam unscharf[31] und beinhaltet von der Wortbedeutung her in negativer Abgrenzung lediglich die Eliminierung des Nichtjuristischen[32]. Es bestehen aber auch nach erfolgter Ausblendung des nichtjuristischen Stoffes, den die herkömmliche Verwaltungsrechtswissenschaft[33] mitschleppte, durchaus noch verschiedene Möglichkeiten der Bearbeitung des Verbleibenden. In der Tat war die „juristische Methode" Gerbers und Labands eine ganz bestimmte Art der wissenschaftlichen Bearbeitung dieses „Rests".

In der oben[34] erwähnten Besprechung von Otto Mayers „Theorie des französischen Verwaltungsrechts" empfiehlt Laband, bei der wissenschaftlichen Beschäftigung mit dem Verwaltungsrecht sich in besonderer Weise zu beschränken: „Das Verwaltungsrecht muß sich begnügen mit der *Analyse* und *Synthese* der bei der Verwaltung des Staates zutage tretenden *Rechtsverhältnisse* und der zu ihrer Normierung gebildeten *Rechtsinstitute*"[35]. Der Jurist hat also genügsam zu sein. Sein Beruf ist es nur, nach „*Ablösung* und *Isolierung* der juristischen Elemente aus dem Gesamtbilde der staatlichen Tätigkeit"[36], also nach Aussonderung des Juristischen, diesen Extrakt zu untersuchen, in seine Bestandteile zu zerlegen und Teile zusammenzufügen. Dabei werden in der ersten Stufe die Verwaltungskomplexe „in ihre Elemente" aufgespalten, deren „spezifisch juristische Natur" bestimmt und die „eigenartigen Kombinationen" der Elemente dargelegt.[37]

Eine richtige Synthese der herausgeschälten Elemente verlangt weiter Klarheit über ihre gegenwärtige Zuordnung: „Bei der wissenschaft-

[31] Dies mag als das geringere Übel empfunden worden sein gegenüber dem Feldvorteil, den diese Etikettierung in der wissenschaftlichen Auseinandersetzung zu verschaffen geeignet war. Wer will schließlich als Jurist einer unjuristischen Methode anhängen?

[32] Wäre, bezogen auf die Rechtswissenschaft, nicht einmal das der Fall, läge ein Pleonasmus vor.

[33] Als solche wird hier die Verwaltungsrechtswissenschaft vor Otto Mayer verstanden.

[34] Fn. 16.

[35] AöR 2 (1887), S. 151.

[36] Ebd.

[37] Ebd. S. 156.

lichen Erörterung eines jeden Rechtsinstituts, bei der Entwicklung eines jeden Rechtssatzes ergibt sich das unabweisbare Bedürfnis, die Zusammenhänge mit den höheren Rechtsbegriffen, die Beziehungen zu den parallel laufenden Rechtsbildungen aufzusuchen und die daraus [!] sich ergebenden Ergänzungen, Einschränkungen, Modifikationen, Wechselwirkungen zu ermitteln. Wo ... diese allgemeinen Kategorien, diese nebenher laufenden, durch zahllose Zwischenverbindungen zusammenhängenden Rechtsgestaltungen zu suchen sind, das ergibt sich aus der Natur des entsprechenden Rechtssatzes"[38]. Hier manifestiert sich der stark positivistische Einschlag der Methode Labands. Es werden nur die vorfindlichen Rechtsgestaltungen betrachtet, diese gewissermaßen juristisch seziert und gegebenenfalls unter Beachtung der sich aus ihrer rechtlichen Natur ergebenden Möglichkeiten neu kombiniert. Entscheidend ist, daß das Material der rechtlichen Bautätigkeit, jedenfalls in seinen kleinsten Einheiten, den Elementen, schon vorhanden ist. Das System ist eigenproduktiv, nach außen vorzüglich abgeschottet.

Labands Anleitung zu einer wissenschaftlichen Bearbeitung des Verwaltungsrechts wiederholt im wesentlichen nur, was er als die juristische Methode des Rechts schon in seinem staatsrechtlichen Werk propagiert hat.[39] Sie bedeutet danach „gewissenhafte und vollständige Feststellung des positiven Rechtsstoffes und die logische Beherrschung desselben durch Begriffe"[40]. Diese Begriffe sind vorgegeben oder aufgrund von Kombination vorgegebener Begriffe zustande gekommen, ihr System ist „vollständig und in sich geschlossen"[41]: „Gesetze können lückenhaft sein, die Rechtsordnung selbst aber kann ebenso wenig eine Lücke haben wie die Ordnung der Natur"[42]. Die Lückenlosigkeit folgt daraus, daß jeder Rechtssatz nach Laband einem allgemeineren und höheren Rechtsbegriff untergeordnet werden kann. Rechtswissenschaft kann somit entweder in der Kombination von Begriffen bestehen oder in der Deduktion aus höheren Begriffen. Mittel war in jedem Fall die Logik, das juristische Denken „glich ... dem mathematischen und das falsche Ergebnis einer juristischen Erwägung einem Rechenfehler"[43].

Charakteristisch für die juristische Methode Labands ist mithin ein reines Rechnen mit verselbständigten Begriffen ganz im Sinne Gerbers, der die geschichtlichen Stoffe „zu selbständigen geschichtlichen Existenzen gefördert" wissen wollte und für den es darauf ankam, „selbstän-

[38] Ebd.

[39] Zur Methode Labands siehe die eingehende Darstellung bei Wilhelm, Methodenlehre, S. 1—15.

[40] Laband, Staatsrecht, S. XIV.

[41] Wilhelm, Methodenlehre, S. 10.

[42] Laband, Budgetrecht, S. 75.

[43] Wilhelm, Methodenlehre, S. 11.

dige Rechtsinstitute zu bilden", die „Existenzen, logische Individualitäten, juristische Wesen"[44] sein sollten.

„System und Methode muß ... ein jeder sich angelegen sein lassen, der es unternimmt, einen rechtswissenschaftlichen Gegenstand zu behandeln", schreibt Otto Mayer im Jahre 1909.[45] Dafür, daß eine geschlossene Darstellung seiner Methode aus seiner Feder fehlt, gibt er selbst an der gleichen abgelegenen Stelle die Erklärung: „System und Methode zum Gegenstande wissenschaftlicher Darstellung zu machen, ist Sache besonderer Neigung, und etwas Lesbares daraus zu machen, eine besondere Gabe"; beides fehle ihm gänzlich[46]. So kommt es, daß sich Otto Mayers methodische Auffassungen zum größten Teil verstreut in seinen kleinen Schriften und den Rezensionen finden, seine großen Werke demgegenüber vergleichsweise unergiebig sind. Dennoch fügen sich die zahlreichen methodischen Hinweise wie Steine eines Mosaiks — richtig geordnet — zu einem klaren Bild zusammen.

In einer Rezension von Max von Seydels „Bayerischem Staatsrecht" bringt Otto Mayer 1897, also kurz nach dem Erscheinen der ersten Auflage seines Deutschen Verwaltungsrechts, seine Abneigung gegen das für Gerber und Laband so typische „Rechnen mit selbständig gewordenen abstrakten Begriffen" unmißverständlich zum Ausdruck, indem er davon sagt, es werde „nur zu leicht" zu einem wissenschaftlichen „Spiel ... zur Verhüllung der Wirklichkeit"[47]. Diese Distanz gegenüber dem rückhaltlosen, in der Wirklichkeit nicht verankerten Begriff ist bei Otto Mayer durchgängig zu verzeichnen. Das „abstrakte Spiel juristischer Begriffe" leuchte nicht immer ein[48], äußert er an einer Stelle, an einer anderen meint er, in die Macht des „souveränen Begriffs" hätten wir „kein so großes Vertrauen"[49], und anderswo: Das deutsche Verwaltungsrecht dürfe „nicht a priori konstruieren"[50]. Die Reserviertheit Mayers erstreckt sich dabei auch auf das Mittel, die Begriffe zu kombinieren, die Logik. Das wird besonders deutlich in der Auseinandersetzung mit Bernatzik um den Begriff der Rechtskraft. Mit Bernatziks Ausgangspunkt: „Die Logik ist nur eine"[51] kann Mayer sich nicht anfreunden. Er wirft Bernatzik vor, er hänge „weltfremden allgemeinen

---

[44] Gerber, Autonomie, S. 68.

[45] Rezension Spiegel, AöR 25 (1909), S. 489.

[46] OM, ebd.

[47] OM, Rezension Seydel, AöR 12 (1897), S. 494.

[48] OM, Arbeitgeber (Nr. 9), S. 133; gemeint ist im Zusammenhang ein Institut des französischen Rechts.

[49] OM, Rezension Seydel, AöR 12 (1897), S. 499.

[50] Rezension Goez, AöR 19 (1905), S. 591.

[51] Verhandlungen des 26. deutschen Juristentags, S. 386.

Logik- und Kausalitätsideen" an[52], die menschliche Logik sei „eben nicht ... bloß eine"[53]. Ebensowenig beeindruckt ihn Bernatziks naturwissenschaftlicher Stützversuch, der „Hinweis auf das physikalische Gesetz der Undurchdringlichkeit der Körper im Raume"[54].

Otto Mayer will damit nicht der juristischen Methode allgemein den Kampf ansagen, wohl aber wendet er sich gegen eine besondere Spielart, nämlich gegen eine „überschwengliche juristische Theorie"[55]. Abgelehnt wird nicht eine klare Begrifflichkeit, sondern allein der „formale Begriff", der nur „Verwüstungen" anrichte. Otto Mayer beklagt, wie wenig „der rastlos arbeitende Begriff" übriglasse, „links und rechts" seines Wege lägen „die Ruinen".[56] Konkret gegen Laband gewendet warnt er vor einer „Überschätzung der Kraft" des „juristischen Begriffes"[57]. Er hält Laband beispielsweise vor, der Begriff der Juristischen Person schaffe den Bundesstaat „nicht von selbst", wörtlich: „So billig ist das nicht"[58].

Geradezu nach Rückzug sieht es aus, wenn Otto Mayer in der bereits angeführten Rezension von Seydels Staatsrecht[59] einräumt, er habe „die der Civilrechtswissenschaft entlehnte Methode[60] einseitig [!] betont" und sei „davon überzeugt, daß der Fortschritt der Zukunft in der Vereinigung beider Methoden liegt"[61]. Ein solches Zugeständnis darf jedoch nicht zu der Annahme verleiten, damit sollte einem Methodensynkretismus das Wort geredet werden. Weniger, daß die Ernsthaftigkeit der kundgetanen Überzeugung in Frage stünde[62], als vielmehr, daß die

---

[52] Rechtskraft (Nr. 47), S. 12.

[53] Ebd. S. 31.

[54] Bernatzik, Verhandlungen des 26. deutschen Juristentags, S. 386; OM, Rechtskraft (Nr. 47), S. 17.

[55] Rechtskraft (Nr. 47), S. 17.

[56] Jeweils OM, Rezension Gluth, AöR 3 (1888), S. 485.

[57] OM, Bundesstaat (Nr. 34), S. 348 Fn. 13.

[58] Ebd.

[59] Oben S. 20 Fn. 47.

[60] Das ist die juristische.

[61] OM, Rezension Seydel, AöR 12 (1897), S. 496. Seydel bestätigt das seinerseits in der Rezension OM, Blätter für administrative Praxis 5 (1898), S. 144, indem er verkündet: „Otto Mayer und ich sind in der Anschauung einig, daß das Ideal für die Darstellung des Verwaltungsrechts in der Verbindung (des) neuen mit dem älteren System liegt".

[62] Allerdings bleibt die (Fn. 61) gegebene Begründung dafür, daß er, obwohl er geplant gehabt hätte, sein „Deutsches Verwaltungsrecht" ganz im Sinne der Vereinigung von juristischer und staatswissenschaftlicher Methode einzurichten, es dann doch unterließ, im Dunkeln: „eine Geschichte für sich". Auch hätte er wohl Gelegenheit gehabt, den angeführten Wunsch, hoffentlich komme bald „ein Glücklicherer", quasi in eigener Person zu erfüllen. Die beiden Folgeauflagen seines „Deutschen Verwaltungsrechts" hätten die Möglichkeit dazu geboten; reichlich Zeit hätte zur Verfügung gestanden: Die zweite Auflage erschien erst 1914/17, die dritte 1924.

Sätze als Eintreten für eine Einbeziehung der staatswissenschaftlichen Methode in die juristische aufzufassen sind. Angepeilt wird lediglich, dem staatswissenschaftlichen System innerhalb eines juristischen Terrain zu überlassen. Konkret heißt dies, das Besondere Verwaltungsrecht kann getrost nach den „Gebieten des öffentlichen Verwaltungslebens" wie „Eisenbahnrecht, Jagdrecht ... Wegerecht" eingeteilt und dargestellt werden. In einer Besprechung von Lassars Monographie „Grundbegriffe des preußischen Wegerechts" beeilt sich Otto Mayer, ein entsprechendes Mißverständnis aufzuklären, indem er zu dieser Art der Gliederung lapidar erklärt: „Aber warum denn nicht".[63]

Selbst im Ausgangspunkt der juristischen Methode, also bei der Eliminierung des Nichtjuristischen, relativiert Otto Mayer. Politische Betrachtungen haben nach seiner Auffassung nicht nur einen Wert für sich, etwa im Sinne des arbeitsteiligen Vorgehens, das Laband befürwortet[64], sondern die „Betonung eines politischen Standpunktes" kann ihm zufolge „auch für die Behandlung des Juristischen bedeutsam werden"[65]. Eine strenge Abschließung von der Politik findet mithin nicht statt. Auch sonst dünkt ihm eine rein juristische Betrachtungsweise kaum möglich: „Man kann so wenig ein Kirchenrecht schreiben, ohne die Dogmen der Kirche zu berücksichtigen wie ein Handelsrecht, ohne etwas vom Handelsverkehr zu wissen". Unentbehrlich ist die Kenntnis des „Boden(s) ..., auf welchem alle juristischen Erscheinungen stehen".[66] Die Stoßrichtung geht auf den „*rein* (Hervorhebung durch den Verf.) juristische(n)[67] Standpunkt", dessen „schroffe Einseitigkeit ...

[63] Jeweils Rezension Lassar, AöR 40 (1921), S. 382.

[64] Vgl. Laband, Staatsrecht, S. IX f. Wenn Heyen, Philosophie, S. 276, meint, Laband habe damit die bislang vorherrschenden historischen und politisch-philosophischen Betrachtungsweisen nicht abwerten wollen, so trifft das etwa in Bezug auf Politiker und Rechtsphilosophen zu, die im Ghetto ihres eigenen Fachbereichs verblieben, nicht aber auf die vor Laband übliche Verquickung etwa von Staatsrecht und Politik. „Juristische Methode" war schließlich ein gegen diese gängige Vermengung von Recht und Politik gerichteter polemischer Begriff. Die von Heyen angeführten Briefe von Laband an Bluntschli belegen das selbst: Labands Äußerung im Brief vom 12. 2. 1886 an Bluntschli (zitiert nach Heyen, ebd. S. 277), er halte es für verfehlt, wenn Abgeordnete — also Politiker — keinen anderen Standpunkt als den des Kreisrichters zu finden wüßten, zeigt etwa, daß nach Labands Meinung die reinliche Scheidung von Politik und Jurisprudenz sogar von beiden Seiten eingehalten werden sollte. — Gerade Bluntschli galt den Anhängern der juristischen Methode als typischer Vertreter der bekämpften alten Auffassung. Seydel führt ihn beispielhaft für die „Wolkenkuckucksheimer" an, die als Juristen „mehr oder weniger geistreich" „über sogenannte große politische Fragen" geschwafelt hätten (Rezension OM, Blätter für administrative Praxis 5 (1898), S. 144).

[65] OM, Rezension Huber, JW 51 (1922), S. 73.

[66] Rezension Kirchenheim, AöR 16 (1901), S. 481.

[67] Bereits diese Formulierung aus der Feder OMs belegt, wie fern die Etikettierung der Methode OMs als „rein rechtswissenschaftliche Schule" durch Glitza, Verwaltung, dem Selbstverständnis OMs ist.

nicht jeder imstande" sei durchzuführen.[68] Eine ausschließlich juristische Behandlungsweise kann in der Sache unergiebig und damit unzureichend sein. Etwas, das „juristisch orthodox" ist, kann dennoch die Frage nicht lösen, um die es sich handelt.[69]

Das ist nicht nur als mildernde Modifizierung der herkömmlichen, extremen juristischen Methode in dem Sinne zu verstehen, daß die juristisch einwandfreie Gedankenarbeit um einige außerjuristische Betrachtungen anzureichern ist. Über das rein Juristische, das Dogmatische im Sinne Gerbers und Labands[70], hinausführende Überlegungen können nämlich eine ganz andere Ausgestaltung eines Rechtsinstituts zur Folge haben. Mag daher der juristische Teil noch so gekonnt bewältigt werden, so weist doch bereits die Tatsache, daß es oft mehrere juristische Wege gibt, ein Ziel zu erreichen[71], darauf hin, daß sich die Rechtswissenschaft nicht in Dogmatik erschöpft. Das macht Dogmatik nicht entbehrlich, relativiert jedoch ihren Wert. Dementsprechend hat Otto Mayer in einem Gutachten zum 20. deutschen Juristentag 1889 den Entwurf des bürgerlichen Gesetzbuchs hinsichtlich der Regelung des Ehescheidungsrechts einerseits „ein großartiges Werk streng juristischer Schule" genannt, das „überall" „allgemeine Begriffe und Grundsätze aufzustellen" suche, „welche dann mit unentwegter Folgerichtigkeit durchgeführt" würden[72], andererseits aber klargestellt, daß ihn dies nicht zu beeindrucken vermöge: „... juristische Einheitlichkeit des Ehescheidungsrechts — das wäre vielleicht für den Entwurf ein entscheidender Grund, für uns ist er das nicht..."[73]

Wenn demnach der „souveräne Begriff" von Übel ist und die Aussperrung des Nichtjuristischen teilweise verzichtbar erscheint, manch-

---

[68] OM, Bundesstaat (Nr. 34), S. 341 Fn. 6. Gegen „schroffe juristische Einseitigkeit" wendet sich OM auch in Ehescheidungsgründe (Nr. 12 a), S. 106.

[69] OM, Bundesstaat (Nr. 34), S. 341 Fn. 6. Gemünzt ist das auf Seydels Satz, es gebe gar keinen Bundesstaat.

[70] Vgl. Wilhelm, Methodenlehre, S. 7.

[71] OM, Bundesstaat (Nr. 34), S. 346: „... denkbar ist es, das, was der Bundesstaat politisch sein soll, juristisch auf *zweierlei* Wegen gleichartig zu erreichen: in der Form des Oberstaates wie in der des Staatenvertrages."

[72] Ehescheidungsgründe (Nr. 12), S. 94.

[73] Ebd. S. 104. Daß es insoweit um eine rechtspolitische Frage ging, ist hier nicht entscheidend. Im Gegensatz zum rechtswissenschaftlichen Positivismus, der neue Lösungen nur innerhalb des bestehenden rechtlichen Systems finden wollte, war OM bereit, jedenfalls gegebenenfalls darüber hinauszugreifen. Waren die Voraussetzungen dafür, die noch darzustellen sein werden, gegeben, so konnten an das existierende Rechtsgefüge Maßstäbe von außerhalb desselben angelegt werden. Die juristisch-inhaltlichen Folgerungen waren die gleichen, ob es um Rechtspolitik oder um Rechtsdogmatik ging. Hatte der Gesetzgeber den Gegenstandsbereich selbst geregelt oder wollte er dies tun, so mußte es allerdings — so viel sei zum besseren Verständnis hier vorweggenommen — beim bloßen Aufruf an ihn bleiben. Ansonsten konnten die entsprechenden Ergebnisse als juristisch verbindlich proklamiert werden.

mal sogar unbefriedigend ist, muß für Otto Mayer etwas anderes wesentlich sein, seine Methode bestimmen.

III. Dreiecksbeziehung von Recht, Ideen und Wirklichkeit

Otto Mayers stetig wiederkehrende Formel, Recht, Begriffe und System müßten „brauchbar"[74] sein, ist zunächst nicht viel mehr als eine Leerformel, mit nahezu jedem beliebigen Inhalt auffüllbar. Insbesondere könnte gemeint sein, brauchbar sei nur, was dogmatisch ist. Logizität, Geschlossenheit eines Systems, kurzum alles, was Gerbers und Labands juristische Methode konstituiert, hat Otto Mayer dabei jedoch gerade nicht im Auge. „Brauchbar" ist ein juristischer Begriff vielmehr nur dann, wenn er der Wirklichkeit entspricht: „Was die Welt der Wirklichkeiten als Tatsachen aufweist, dürfen wir nicht aus dem Reich der Begriffe verbannen, sonst werden unsere Begriffe Parteiprogramme"[75]. Diese Verankerung in der Wirklichkeit muß zur systematischen Geschlossenheit hinzukommen und stellt demnach etwas anderes dar. Ein System mag „fertig und geschlossen" sein, „ob es ... der Wirklichkeit entspricht, ist eine *andere* (Hervorhebung durch den Verf.) Frage".[76] Die „Aufstellung gereinigter[77] Grundbegriffe" allein genüge nicht, wenn der „rechte Blick für das, was wirklich ist", fehle.[78]. Gegenüber der älteren allgemeinen Lehre des Verwaltungsrechts erhebt Otto Mayer den Vorwurf, sie habe ihre „Schulbegriffe ... geformt ... ohne rechten Zusammenhang mit der Wirklichkeit"[79]. An Gneist und Montesquieu kritisiert er[80], sie hätten „durch die Absicht, einen bestimmten Eindruck zu machen und zu drängen auf bestimmte Einrichtungen", die Wirklichkeit verhüllt und entstellt. Wir haben es also mit einer notwendigen Ergänzung zu dem „Geist entschlossener Einseitigkeit, ... deren vornehmster Vertreter Laband ist"[81], zu tun. Gegenüber der juristischen Betrachtungsweise bleibt nach Otto Mayer „selbstverständlich ... die gleichwertige Forderung bestehen, daß unsere juristischen Begriffe

---

[74] Beispielsweise Rezension Ehrlich, AöR 18 (1903), S. 282; Justiz (Nr. 32), S. 35; Arbeitgeber (Nr. 9), S. 133.

[75] OM, Rezension Zorn, AöR 3 (1888), S. 479 f.

[76] OM, Rezension Goldschmidt, VerwArch 11 (1903), S. 348 f.

[77] Die Formulierung erinnert an Bergbohms Schlüsselwort von der Jurisprudenz als „gereinigtem Denken", siehe Wilhelm, Methodenlehre, S. 7.

[78] OM, Rezension Goldschmidt, VerwArch 11 (1903), S. 351 f.

[79] Rezension Goez, AöR 19 (1905) S. 592. Siehe dazu auch die oben S. 20 (Fn. 47) zitierte Wendung OMs gegen das Rechnen mit selbständig gewordenen abstrakten Begriffen, das nur zu leicht ein wissenschaftliches Spiel werde zur Verhüllung der Wirklichkeit. „Selbständig geworden" ist demnach ein Begriff dann, wenn er den Kontakt zur Wirklichkeit verloren hat.

[80] Rezension Hatschek, ZSgesStWiss 63 (1907), S. 542.

[81] OM, Person (Nr. 58), S. 3.

doch nichts anderes sein sollen als nur eine Wiedergabe (der) sozialen Tatsachen" in der „besonderen Sprache" der Juristen[82]. In der klaren Erkenntnis, daß das eine Methodenfrage ist[83], fordert er, daß man, „die juristische Unterscheidungskunst in allen Ehren, ... doch darauf achten" wolle, daß man „vor lauter Scharfsinn den Zusammenhang mit der lebendigen Wirklichkeit" nicht verliere[84]. Gegen „Begriffe aus Wolkenkuckucksheim" verwahrt er sich[85], desgleichen dagegen, als Jurist „prunkende Phantasiestücke und juristische Akrobatenkünste aufzuführen"[86]. Ein methodisch falsches Vorgehen ist es nach Otto Mayer, wenn sich „ein gewisser allgemeiner Eindruck von dem wirklichen Rechte ... in ein Wort" zusammenfaßt, „das dann im Denken seine Begriffselemente entfaltet und von der Wirklichkeit verlangt, daß sie diesen entspreche"[87]. Richtig hingegen ist, sich als Jurist damit zu bescheiden, „das Vorhandene" richtig zu erkennen und aufzufassen[88]. Dementsprechend beschränkt sich Rechtswissenschaft darauf, nur das aufzuweisen und zu beschreiben, „was das Leben wirksam und schaffend an Rechtsstoff schon enthält"[89].

Mit der ihm eigenen Gabe einprägsamer Formulierung hat Otto Mayer dies auch so ausgedrückt: „Die Freude des Mannes, der das Pulver erfunden hat, ist dem Juristen versagt. In der Rechtswissenschaft gibt es keine Erfinder oder sollte es sie wenigstens nicht geben."[90]

Die geforderte Verknüpfung mit der Wirklichkeit erweckt den Eindruck, der Jurist solle lediglich das positive Recht — juristisch aufbereitet — wiedergeben. Sätze wie: „Die Rechtswissenschaft hat nur zu beobachten und getreulich wiederzugeben, was ist"[91], sind dazu angetan, eine solche Auslegung zu stützen. Dem Positivismus wäre jedoch die Frage nach dem richtigen Recht fremd; ihn kümmert nur das geltende. Im Gegensatz dazu gibt es für Otto Mayer Recht, das zwar

---

[82] Ebd. In Schiffahrtsabgaben II (Nr. 64), S. 21 wettert OM gegen eine „wildgewordene Theorie des grünen Tisches".

[83] Rezension Herzog, AöR 27 (1911), S. 347: „Das ist ja schließlich eine Methodenfrage".

[84] Ebd.

[85] Rezension Lassar, AöR 40 (1921), S. 383.

[86] Verwaltungsrecht, 2. Aufl., Bd. 1 (Nr. 73), S. IX.

[87] Rezension Gluth, AöR 3 (1888), S. 485.

[88] OM, Justiz (Nr. 32), S. 41. Wer in „enger Anlehnung an die Wirklichkeit der Rechtshandhabung" Recht darbietet, ist gefeit gegen „bloße Lehrmeinungen und Schulbegriffe" (OM, Rezension Zolger, AöR 14 (1899), S. 36).

[89] OM, Stand (Nr. 56), S. 499.

[90] Ähnlich in der Rezension Seydel, AöR 12 (1897), S. 494: „Realistisch, d. h. die Wirklichkeit im Auge habend, will wohl jeder Jurist sein oder sollte es sein wollen".

[91] OM, Rezension Hatschek, ZSgesStWiss 63 (1907), S. 542.

— positivrechtlich — gilt, aber nur mehr „tote Form" ist, nur mehr „ein gewaltsames Scheinleben" führt und „mit dem je eher je lieber aufzuräumen wäre"[92]. Und während für die positivistische Rechtswissenschaft die Gerechtigkeit nicht gegen das Recht ausgespielt[93] werden kann, schreibt er: „Recht und Gerechtigkeit können aber auch auseinandergehen; dann ist das Festhalten am Recht keine moralische Tugend"[94]. Die zum Teil ausgeprägt antipositivistische Tendenz Otto Mayers wird am besten dort sichtbar, wo er Prinzipien aufstellt, die mit positivrechtlichen Bestimmungen nicht hinreichend begründet werden können. So verhält es sich bei der von ihm propagierten „Entschädigungspflicht des Staates nach Billigkeitsrecht"[95], die von einem positivistischen Standpunkt aus — namentlich von Anschütz — eine deutliche Ablehnung erfahren hat[96].

Otto Mayer bekämpft also den „souveränen", d. h. eigenproduktiven Begriff und verlangt von einem „richtigen" Recht, daß es das „wirkliche Leben" berücksichtigt. Da dieses allerdings nicht mit dem positiven Rechtsstoff identisch sein soll, muß Recht anders herleitbar sein.

Die rechtlichen Gestaltungen, so sagt Otto Mayer, „stehen ... nicht außer Zusammenhang mit den Rechtsideen"[97]. Die Aufgabe, diesen Zusammenhang zu wahren, sieht er als im deutschen Verwaltungsrecht lange Zeit vernachlässigt an. Die kritische Anmerkung von Gaston Jèze, man habe sich in Frankreich lange darauf beschränkt, „de colliger des textes sans chercher des idées maîtresses", überträgt er auf Deutschland mit den Worten: „tout comme chez nous"[98]. Dabei erstreckt sich die Suche nach diesen Ideen nicht nur auf die eigentlichen Rechtsideen[99], sondern nötigenfalls auch auf außerjuristische. Es sei, so Otto Mayer,

---

[92] Regelung (Nr. 19), S. 214.

[93] Entscheidend ist, daß OM notfalls dem positiven Recht widersprechendes „Recht" gegen das positive einzusetzen bereit ist. Darin unterscheidet sich OM von Gesetzespositivisten wie Bergbohm oder Anschütz, die zwar keine moralische Pflicht zur Befolgung des positiven Rechts aufstellen (vgl. dazu Ott, Rechtspositivismus, S. 43 f.), aber eben auch nicht mit Moralgrundsätzen — juristisch — geltendes Recht angreifen.

[94] Völkerrecht (Nr. 78), S. 26. Der historische Bezug — der Aufsatz ist 1918 gegen Ausgang des 1. Weltkrieges erschienen — soll dabei nicht übersehen werden. Daß OMs Methode es ihm gestattete, je nach konkreter Zielsetzung das eine oder das andere Moment zu betonen, liegt im Wesen dieser Methode selbst. Darauf wird zurückzukommen sein. Hier ist nur von Bedeutung, daß OM — zumindestens potentiell — ein dem positiven vorzuziehendes Recht kennt.

[95] Vgl. Nr. 41.

[96] Vgl. Rümelin, Billigkeit, S. 68 ff.

[97] Rezension Werner, AöR 37 (1918), S. 126.

[98] Rezension Jèze, AöR 19 (1905), S. 597.

[99] Darunter wird man bei OM Ideen verstehen dürfen, die bereits eine feste Form gefunden haben.

ein „äußerst dankbares Unternehmen, die Eigenart“ einer Verfassung[100] nicht bloß an den äußeren juristischen Formen zu suchen ..., sondern sie abzuleiten aus den unjuristischen ... Ideen, welche dahinter stehen“[101]. Diese „Ideen“ Mayers unterscheiden sich von den „unbewegten“ Begriffen Gerbers und Labands dadurch, daß sie zeitgebundene Phänomene sind, nämlich in einer bestimmten Zeit auftauchen, anschwellen und wieder verebben.

Auf den ersten Blick mag es widersprüchlich erscheinen, daß das Recht, seine Begriffe und Institute einerseits nur brauchbar sein sollen, wenn sie mit dem wirklichen Leben übereinstimmen, diese Deckungsgleichheit aber andererseits nur vorliegen soll, wenn das Recht Ausdruck einer bestimmten Idee ist. Für Otto Mayer liegt darin keine Schwierigkeit. Das methodische Vorgehen wäre lediglich dann nicht in sich schlüssig, wenn man davon ausginge, daß Idee und Wirklichkeit auseinanderfielen. Dies tun sie jedoch bei Otto Mayer nicht. Denn für ihn sind allein die Ideen relevant, die wirklich sind. M. a. W., die Ideen müssen in der Wirklichkeit zu finden sein. Gegenstand der juristischen Tätigkeit ist somit „nichts anderes als die Wirklichkeit des Rechts, nur eben mit der Aufgabe, die darin wirksamen allgemeinen Ideen zu erkennen und aufzuweisen“[102]. Deshalb stimmt Mayer auch vorbehaltlos[103] der Aufgabenbeschreibung zu, die der französische Verwaltungsrechtler Jèze in seinem „Verwaltungsrecht der Französischen Republik“ für einen Theoretiker des Verwaltungsrechts gibt: „Er soll den Rechtsstoff sammeln; aber ‚im Besitze dieser Elemente soll er sich in der konstruktiven Zusammenfassung versuchen. Er soll ergründen, ob diese zahllosen Detaillösungen nicht von allgemeinen Ideen beherrscht sind: er soll versuchen, einen allgemeinen Ausdruck dafür zu geben, welcher in einer entsprechenden Weise die beobachteten Tatsachen erklärt, ohne ihnen Gewalt anzutun‘“[104]. Bei richtigem Vorgehen „enthüllen“ sich mithin dem Juristen „tiefere Rechtsideen“.[105]

---

[100] Im Zusammenhang handelt es sich um eine Kirchenverfassung.

[101] Rezension Rieker, AöR 15 (1900), S. 611.

[102] OM, Kaiser-Wilhelms-Universität (Nr. 84), S. 30. Ebenso in Portalis (Nr. 30), S. 7: Die Rechtswissenschaft tue ihren Dienst, wenn sie diejenigen Ideen richtig erkennen und verwerten lehre, die in der Welt seien. — Dieses besondere Bezogensein auf Ideen hat OM sichtlich als ein allgemeines Merkmal wissenschaftlicher Tätigkeit betrachtet. Die Universitäten seien über den Alltag hinausgehoben „durch den Zauber des gemeinsamen Ringens um die Erkenntnis der Ideen, welche die Wirklichkeiten des Daseins erfüllen und beherrschen“ (ebd. S. 109).

[103] OM, Rezension Jèze, AöR 32 (1914), S. 275: „Man kann es nicht besser ausdrücken.“

[104] Jèze, Verwaltungsrecht, S. III f.

[105] OM, Grundsätze (Nr. 7), S. 235.

Wären diese Ideen ausnahmslos im positiven Rechtsstoff enthalten, so wäre der Vorwurf positivistischer Begrenztheit doch gerechtfertigt. Das bereits angesprochene Hinausgreifen Otto Mayers über die positivrechtlichen Normen läßt einen anderen Wirklichkeitsbegriff erkennen. Es ist ein weiter Begriff von Wirklichkeit. Der Jurist wird zum Entdecker — nicht zum Erfinder[106] — der Wirklichkeit. Otto Mayer sieht klar, daß damit der Bereich bloßen Hantierens mit dem positiven Recht verlassen wird. Hier sei ein Problem gegeben, welches für „das juristische Handwerk natürlich unfaßbar sei. Es müsse nämlich versucht werden, „einen Blick zu tun hinter die Kulissen, vor denen das aufgeführt" werde, was man das geltende Recht nenne[107]. Parallelen zu Friedrich Karl von Savignys Volksgeistlehre[108] weist Otto Mayer zurück. Anknüpfend an den Satz Goldschmidts[109], Savigny und Puchta hätten die *Wissenschaft* zur Rechtsquelle gemacht, geht er auf Distanz zu Volksgeist, Volksbewußtsein, gemeinsamem Rechtsbewußtsein, Rechtssinn, die er allesamt zu den „eigentümlichen Ersatzrechtsquellen" der Wissenschaft zählt[110]. Er begründet seine Aversion damit, daß Rechtssinn und Rechtsbewußtsein keinen „selbständigen Wert" hätten. Sei nämlich das Recht unklar oder fehle es ganz, dann sei „mit dem Rechtssinn nichts anzufangen".[111] Der „überwundene Standpunkt" der historischen Rechtsschule aber habe gerade darin bestanden, in hohem Maße Rechtssinn oder Rechtsbewußtsein einen selbständigen Wert beizumessen.[112] Für Otto Mayer ist also nicht der Rechtssinn der Schöpfer des Rechts, sondern es wird von „Ideen" geschaffen. Das Rechtsbewußtsein geht also entweder lediglich aus dem Produkt der Idee, dem Recht, hervor. Oder das Rechtsbewußtsein ist das Medium zwischen Idee und Recht, wobei das Rechtsbewußtsein aus der Idee fließt, um sich danach in positiven Regelungen niederzuschlagen.

Der Weg zurück hinter das geltende Recht, um dort die allgemeinen Prinzipien, die Ausdruck einer Idee sind, aufzuspüren, braucht natürlich nur gegangen zu werden, wenn die Idee nicht ohnehin die „Schwelle zur Rechtserzeugung" überschritten hat[113]. Dann reicht es unter Um-

---

[106] Vgl. die entsprechende Äußerung OMs oben S. 25.

[107] Entschädigungspflicht (Nr. 41), S. 4.

[108] Sie ermöglicht es, dort, wo das positive Recht nicht weiter führt, auf das gemeinsame Bewußtsein des Volkes, in dem die organische Einheit der Rechtsinstitute lebendig sein sollte, zu rekurrieren. Vgl. Savigny, System, Bd. 1, S. 16 ff.

[109] In Handbuch des Handelsrechts, Bd. 1, S. 303, zitiert bei Bergbohm, Jurisprudenz, S. 501 ff., besonders S. 522.

[110] Völkerrecht (Nr. 78), S. 6 Fn. 9.

[111] Ebd. S. 26.

[112] Ebd. S. 26 Fn. 42.

[113] Vgl. OM, Entschädigungspflicht (Nr. 41), S. 7.

ständen auch aus, sich mit dem zu beschäftigen, was aus den Ideen folgt und von ihnen die Rechtfertigung bezieht: den Begriffen und Rechtsinstituten.[113a] Unverzichtbar bleibt jedoch der Nachweis der rückwärtigen Verbindungslinien zu den Ideen.

IV. Allgemeine Ideen als Prinzip und praktischer Notweg

1. Das Auffinden der Ideen

Demjenigen, der im 19. Jahrhundert zu einem einheitlichen deutschen Verwaltungsrecht beitragen wollte, bot sich zunächst ein buntscheckiges Bild partikularen Verwaltungsrechts dar. Wer dennoch sein Vorhaben durchführen wollte, durfte also nicht an den einzelnen Vorschriften und der unterschiedlichen Rechtspraxis haften. Die verwirrende Vielfalt der Regelungen war nur zu überwinden, wenn man die Detailregelungen als unwichtig hinstellte und etwas anderes, nicht Festgelegtes, in den Vordergrund rückte. Das waren für Otto Mayer die sogenannten „leitenden Ideen", die man durch Hinabsteigen „in das Detail des positiven Rechts der einzelnen Staaten" finden konnte[114]. Einen „solide(n) Fortschritt ... in den Feldern der Verwaltungsrechtswissenschaft" konnte er daher von einer „sorgfältige(n) Erforschung jedes einzelnen Partikularrechts" erwarten[115]. In der Verschiedenheit der Regelungen die Einheit der gemeinsamen Ideen wahrnehmen zu können, hat nach der Methode Otto Mayers zur Voraussetzung, daß die zusammenhanglos erscheinenden Einzelregelungen Ausdruck *einer* Wirklichkeit sind. Denn dann ist deren Verschiedenheit lediglich eine vordergründige. Diese *eine* Wirklichkeit muß hier mangels Übereinstimmung im positiven Recht hinter diesem gesucht und gefunden werden: Das Recht muß auf dem gleichen Boden entstanden sein. Von der Annahme, daß es sich hinsichtlich des deutschen Partikularrechts so verhalte, geht Otto Mayer aus. Es sei „herausgewachsen ... aus gemeinsamen geschichtlichen Grundlagen, gemeinsamen Bedürfnissen und gemeinsam erlittenen Einflüssen gewisser Vorbilder"[116], „ein Erzeugnis unserer

---

[113a] Hingegen stellen diese für einen Positivismus im Sinne Labands den ausschließlichen Arbeitsgegenstand dar. Man bleibt eingesperrt im Ghetto des vorhandenen Begriffssystems. Was sich nicht innerhalb desselben entwickeln läßt, ist rechtswissenschaftlich nicht existent.

[114] Rezension Goez, AöR 19 (1905), S. 591 f.

[115] Rezension Thoma, AöR 21 (1907), S. 450. Für besonders geeignet hält OM insoweit wegen des hohen Entwicklungszustandes das badische Verwaltungsrecht.
Die Notwendigkeit einer tüchtigen wissenschaftlichen Bearbeitung des Partikularrechts betont OM auch in der Rezension Goez, AöR 19 (1905), S. 591 f.

[116] Rezension Goez, AöR 19 (1905) S. 591 f.

gemeinsamen Kultur, wenigstens in seinen für die wissenschaftliche Behandlung ... maßgebenden Grundideen"[117]. Dies berechtige von vorneherein zu der Vermutung, „daß in den maßgebenden Grundbegriffen eine gewisse Übereinstimmung herrsch(e)"[118]. Dieses methodische Vorgehen des Rekurrierens auf die „leitenden Ideen" erlaubt es Otto Mayer, die Widersprüche im positiven Recht aufzulösen. Ein platter Positivismus wäre hier rasch an seine Grenzen gestoßen.

Was aus dem partikularen deutschen Verwaltungsrecht an Ideen herausdestilliert werden konnte, reichte jedoch bei weitem nicht aus. Dazu war seine Begrifflichkeit zu unterentwickelt, und es waren seine Institute zu wenig ausgebildet. Von der Grundannahme aus, daß die „allgemeinen Ideen des öffentlichen Rechts ... unseren Kulturstaaten gemeinsam" sind[119], ließ sich der Mangel beheben. Otto Mayer wich auf das französische Recht, speziell das französische Verwaltungsrecht aus. Er nahm damit teilweise nur eine Abkürzung, denn die deutschen Landesrechte waren den Einflüssen französischen Rechts ohnehin ausgesetzt gewesen[120]. Dieses Zugehen Mayers auf das französische Verwaltungsrecht ist angesichts der besonderen Beziehung Otto Mayers zu Frankreich[121] nicht verwunderlich. Vorfahren Mayers mütterlicherseits waren Franzosen. Wie einem bei den Resten des Familiennachlasses befindlichen Familienbuch des Stammes Dupré[122] (= „von der Wiese") zu entnehmen ist, geht diese Linie nachweisbar bis auf den 1670 geborenen Cornelius Dupré, zuletzt Oberschultheiß von Worms, zurück. Entweder dieser Cornelius oder dessen Vater bzw. Großvater war wegen der Verfolgung der Hugenotten aus Frankreich geflohen.[123] Otto Mayers Großmutter mütterlicherseits aus dieser Linie, Lisette Dupré, Tochter des Pfarrers Johann Jakob Friedrich Dupré in Laumersheim in der Pfalz, hatte sich nach Mayers eigenem Bekunden[124] bemüht, ihm

[117] Verwaltungsrecht, 3. Aufl., Bd. 1 (Nr. 88), S. 21. In Rezension Lassar, AöR 40 (1921), S. 838, sagt OM, er habe mit dem sich hieran anschließenden Satz: „Es gibt keine bayrische, sächsische, nicht einmal eine für sich bestehende preußische Verwaltungsrechtswissenschaft — Gott lob!" „Gott gedankt für die *Einheit unserer Kultur*, die sich hier bewährt".

[118] Rezension Goez, AöR 19 (1905), S. 591 f.

[119] OM, Eisenbahn (Nr. 26), S. 515.

[120] Vgl. OM, Verwaltungsrecht, 1. Aufl., Bd. 1 (Nr. 16), S. VII; OM, Theorie (Nr. 10), S. VIII: „... gar manches Rechtsinstitut haben unsere Gesetzgebungen, namentlich die süddeutschen, ohne weiteres aus seinen Zusammenhängen (denen des französischen Verwaltungsrechts, der Verf.) entnommen".

[121] Zu dieser neuerdings ausführlich Heyen, Frankreich.

[122] „Mein Familienbuch — Gleichzeitig ein Verzeichnis meiner sämtlichen Blutsverwandten des Stammes Dupré" von Prof. Dr. Gustav Brandes, Vorwort vom Herbst 1934 — vermutlich nur als Manuskript gedruckt.

[123] Siehe Familienbuch, Fn. 122, S. 1 f.

[124] Selbstdarstellung (Nr. 89), S. 153.

frühzeitig Französisch beizubringen. Das stolze Sichbekennen zu dieser Abstammung drückte sich u. a. darin aus, daß Mayer den größten Teil seiner Erzählungen unter dem Pseudonym „Eduard Dupré“ erscheinen ließ[125].

Frühzeitig beschäftigte er sich mit französischem Recht. Schon vor dem zweiten Staatsexamen hatte er den Code civil durchgearbeitet.[126] In der stark autobiographischen Novelle „Dina“ gibt Otto Mayer einen Brief eines Freundes aus der damaligen Zeit wieder, in dem dieser ihm vorhält, er habe mit seiner „unnatürlichen Schwärmerei für die französisch-rechtliche Unteilbarkeit des Geständnisses“ den Beteiligten „das ganze Mittagessen verdorben“[127]. Jahre später erschien dann zu dem hier erwähnten Objekt des Interesses Mayers von ihm die Abhandlung „Der neue Civilprozeß und die Untheilbarkeit des Geständnisses“[128]. Ebenfalls in „Dina“ berichtet Otto Mayer von einer geplanten Habilitationsschrift über das französisch-rechtliche Mobiliareigentum[129]. Die 1879 erschienene Monographie „Die dingliche Wirkung der Obligation. Eine Studie zum Mobiliareigentum des Code civil und des deutschen Handelsgesetzbuches“ enthält das Ergebnis der Beschäftigung mit diesem französischen Rechtsinstitut, wenngleich die Ausarbeitung nicht mehr zum ursprünglichen Zweck diente.

In die Praxis des französischen Rechts wurde Otto Mayer durch seinen Patenonkel Eduard Mayer eingeführt[130], in dessen Anwaltsbüro in Köln er 1871 nach dem 2. Staatsexamen für vier Monate tätig war[131]. Die hier erworbenen Kenntnisse erlaubten es ihm, nach der Übersiedlung ins Elsaß dort als sog. plädierender Advokat rasch Fuß zu fassen.[132] Er gewinnt ein erstaunlich gutes Verhältnis zu seinen französischen Kollegen[133] und geht für Zivilsachen sogar vorübergehend eine Verbindung mit einem französischen Anwalt ein[134]. Ein beredtes Zeugnis dafür,

[125] Diese Übung wurde von OMs früh verstorbenem Sohn Heinrich fortgesetzt, dessen Gedichte und Erzählungen unter dem Pseudonym „Heinz Dupré“ veröffentlicht wurden.

[126] OM, Selbstdarstellung (Nr. 89), S. 157.

[127] Dina (Nr. 21), S. 184.

[128] Zeitschrift für französisches Civilrecht 9 (1878), S. 331 ff., 478 ff.

[129] S. 183.

[130] OM, Selbstdarstellung (Nr. 89), S. 157.

[131] Vgl. Koßmann, Burschenschaft, S. 265.

[132] Die Stationen der Anwaltstätigkeit sind: 1. 11. 1871 bis 1. 3. 1872 Straßburg; 1. 3. 1872 Ernennung zum Advokaten in Mülhausen i. E.; 15. 9. 1880 — 1. 11. 1882 Rechtsanwalt in Straßburg (vgl. die Personalakten OMs, Archives Départementales du Bas-Rhin, Strasbourg, AL 103 paq. 110 no. 580; Koßmann, Burschenschaft, S. 265).

[133] OM, Selbstdarstellung (Nr. 89), S. 159; Siehe auch OM, Brief an Marquardsen v. 15. 6. 1872, Zentrales Staatsarchiv der DDR, Berlin.

[134] Dupré, Kriege (Nr. 52), S. 5, 61.

wie ungewöhnlich sein Verhalten angesichts der damaligen Gegebenheiten im neu erworbenen Reichsland Elsaß-Lothringen war, hat Otto Mayer in seiner Erzählung „Nach dem Kriege" gegeben. Darin äußert ein Landgerichtsrat vorwurfsvoll gegenüber Mayer: „Was soll man von einem Dackel sagen, den man in den Dachsbau schickt und er schließt nachher dort Freundschaft mit den Dächsen!"[135] Über seine wirtschaftliche Lage kann sich Mayer nicht beklagen. Bereits nach wenigen Monaten der Tätigkeit in Mülhausen kann er an Marquardsen schreiben, es gehe ihm ganz gut, zwei seiner alten französischen Kollegen habe er schon überflügelt, so daß ihm nur mehr einer voraus sei[136]. Mitte 1874 teilt er dann wiederum Marquardsen sogar mit, seine Stellung sei „äußerlich" glänzend[137].

In diese frühen elsässischen Jahre fällt auch seine erste Beschäftigung mit dem französischen Verwaltungsrecht. Sie erfährt eine Vertiefung, nachdem Mayer von einer Reise nach Paris 1873 aus dem Quartier Latin eine antiquarisch erworbene Ausgabe des siebenhändigen Werkes Dufours: „Droit administratif" mitgebracht hat.[138]

Als er sich Anfang 1881 doch noch[138a] habilitiert, geschieht dies mit einer Arbeit über die Concurrence déloyale des französischen Rechts[139]. Die venia ging u. a. auf französisches Zivilrecht[140]. Dieses hat Otto Mayer dann auch lange Zeit regelmäßig im Wintersemester in Straßburg gelesen.[141] Als er es schließlich in Leipzig nicht mehr kann, schreibt er wehmütig an Georg Jellinek, er hätte Grund, „mit dem Geschicke zu hadern, das (ihm) nach und nach ... schöne Kollegienhefte abgeknüpft" habe, darunter Französisches Zivilrecht[142].

Auch die Beiträge Mayers zu Juristentagen der achtziger Jahre sind gekennzeichnet durch Vergleiche des französischen Rechts mit dem deutschen[143].

---

[135] Ebd. S. 5.

[136] Brief vom 24. 5. 1872, Zentrales Staatsarchiv der DDR, Berlin.

[137] Brief vom 2. 7. 1874, Zentrales Staatsarchiv der DDR, Berlin. Die Einschränkung, es gehe ihm nur „äußerlich" glänzend, macht OM, weil ihn zu dieser Zeit die Eintönigkeit des Justizjahres anwidert.

[138] OM, Curriculum (Nr. 62), Sp. 1403; ders., Selbstdarstellung (Nr. 89), S. 161 f.

[138a] Siehe oben, S. 31.

[139] Die concurrence déloyale — Ein Beitrag aus dem französischen Rechte zur Lehre vom geistigen Eigentum, Zeitschrift für das gesamte Handelsrecht 26 (1881), S. 363 ff.

[140] Laband, Jahresbericht, in: Der Rectoratswechsel an der Kaiser-Wilhelms-Universität Straßburg am 30. April 1881, Straßburg 1881, S. 8; Personalakten OMs, Archives Départementales du Bas-Rhin, Strasbourg, AL 103 paq. 110 no. 580.

[141] Vgl. Strassburger Universitäts-Taschenbuch WS 1893/94, S. 28.

[142] Brief an Georg Jellinek vom 25. 4. 1904, Bundesarchiv Koblenz.

1886 stellt er den Ertrag seiner Beschäftigung mit dem französischen Verwaltungsrecht in der „Theorie des französischen Verwaltungsrechts" vor. Mit dieser Monographie, die hinsichtlich nahezu aller wesentlichen Begriffe und Institute eine frappierende Übereinstimmung mit dem rund zehn Jahre später erschienenen „Deutschen Verwaltungsrecht" aufweist[144], wurden die Weichen gestellt für die Hinwendung zum Verwaltungsrecht. Die „Theorie" ist die erste wissenschaftliche Veröffentlichung Otto Mayers, die große Beachtung fand und in beachtlicher Zahl von namhaften Juristen rezensiert wurde[145]. Die Besprechungen waren zwar meist kritisch, jedoch durchweg anerkennend. —

Die französisches Recht betreffenden Übernahmeempfehlungen lassen sich mit der Methode Mayers nur vereinbaren, wenn prinzipielle Übereinstimmungen in der meta-juristischen Wirklichkeit bestehen. Letzteres ist nach Otto Mayer in hohem Maße im Verhältnis zu Frankreich der Fall: „Wir Deutschen" seien „der edlen Nachbarnation ... durch die wichtigsten Bande gemeinsamer Kultur so eng verbunden"[146], und „unter allen fremdsprachigen Nationen" gebe es keine, „die durch Gemeinsamkeit der Kulturgrundlagen uns so nahe steh(e) wie die französische"[147]. Er spricht von Frankreich als der „Schwesternation", „mit welcher das Schicksal uns nun einmal ... geistig zusammengebunden" habe[148]. Frankreich gehört zu jenen Kulturstaaten, die seiner Auffassung nach Deutschland sogar in etlichem voraus sind[149]. In der französischen Rechtsentwicklung komme nicht selten die „bezeichnende Strömung" der Zeit „lebhaft zum Ausdruck"[150], und jene pflege „gerade den modernen Bedürfnissen sehr entgegenzukommen"[151]. Damit diagnostiziert Otto Mayer einen Vorsprung des französischen Rechts hinsichtlich der Erfassung der die modernen Bedürfnisse befriedigenden modernen Ideen.

---

143 Es sind dies: Grundsätze (Nr. 7), Lebensversicherungssumme (Nr. 8 a) und Arbeitgeber (Nr. 9).

144 Tiefgreifende Unterschiede gibt es nur hinsichtlich des Verhältnisses von Justiz und Verwaltung.

145 So von Laband, Loening, Rehm, Stengel und Seydel.

146 Partalis (Nr. 30), S. 20.

147 Code (Nr. 37). In Eisenbahn II (Nr. 29), S. 49 Fn. 13 meint OM, es sei nicht verwunderlich, wenn die deutsche und französische Rechtsentwicklung „so vielfach" übereinstimmten.

148 Verwaltungsrecht, 1. Aufl., Bd. 1 (Nr. 16), S. 65.

149 Haftung (Nr. 70), S. 15, zieht OM zwar Belgien als Beispiel heran, doch ist das nur ein taktischer Umweg, denn der als vorbildlich gepriesene belgische Billigkeitsausgleich ist nichts anderes als „équité ... ganz im Sinne des französischen Staatsrechts gemeint".

150 Diskussionsbemerkung, in: Verhandlungen des 17. deutschen Juristentages, 2. Bd., Berlin 1885, S. 124—128 (124).

151 Lebensversicherungssumme (Nr. 8 a), S. 107.

Ganz besonders trifft dieses Vorauseilen Frankreichs auf die öffentlichen Dinge zu. Deutschland sei, so sagt Mayer, „von jeher empfänglich gewesen", die französischen „Ideen zu übernehmen für die Ordnung des öffentlichen Lebens".[152] In der „gemeinsamen Geschichte der Ideen des öffentlichen Rechts", in denen sich „der geistige Zusammenhang der europäischen Völkerfamilie" zeige, nähmen wir Deutsche Frankreich gegenüber „unverkennbar mehr die Stelle des Nachahmers, des Empfangenden" ein.[153] Frankreich sei diesbezüglich geradezu Deutschlands „Wetterecke", aus der so vieles an „große(r) geistiger Bewegung" hierher gelange.[154]

Seine Vorliebe für französisches Recht, aus der er kein Hehl gemacht hat[155], hat Otto Mayer viel herbe Kritik eingetragen.[156] Den Vorwurf der Verfremdung deutschen Rechts hat Otto Mayer mit Ironie[157], aber auch dadurch abzuwehren versucht, daß er es zum einen als die Eigenart

[152] Änderung (Nr. 59), S. 7. Aus Frankreich werden nicht nur Ideen primär juristischer Relevanz importiert. Auch die „demokratischen Ideen" hätten die Deutschen „wesentlich aus ... Frankreich bezogen" (Neuorientierung — Nr. 79 —, S. 386).

[153] Verwaltungsrecht, 1. Aufl., Bd. 1 (Nr. 16), S. 55.

[154] Vgl. Gegenwart (Nr. 49), Sp. 481.

[155] In Verwaltungsrecht, 2. Aufl., Bd. 1 (Nr. 73), S. VIII f. schreibt er, er habe sich „stets gern dazu bekannt", „durch die Schule der französischen Rechtswissenschaft gegangen" zu sein.

[156] Repräsentativ Kaufmann, Mayer, S. 383: Die „Grundthesen des Mayerschen Systems" seien „wesentlich Rationalisierungen ganz bestimmter konkreter Geistigkeiten", die „nicht die geistigen Gegebenheiten der deutschen Staatsgeschichte" seien; siehe auch ebd. S. 385.

Eine euphemistische Darstellung des französischen Verwaltungsrechts sieht in OMs „Theorie des französischen Verwaltungsrechts" Stengel, Rezension OM, Centralblatt für Rechtswissenschaft 6 (1886), S. 71 f. Die „glatte Übertragung von Grundbegriffen des französischen Verwaltungsrechts auf das deutsche Verwaltungsrecht" rügt Niemeyer, Rezension OM, Niemeyers ZSfIntR 34 (1925), S. 493. Betont sachlich Seydel, Rezension OM, KritViertjSchr 38 (1896), S. 262, 267; Wittmayer, Rezension OM, AöR 37 (1918), S. 472; Schultzenstein, Rezension OM JW 44 (1915), S. 735. Ein uneingeschränktes Lob wird OM einzig von Bidermann, Rezension OM, Grünhuts ZS 14 (1887), S. 629 zuteil.

[157] Rezension Spiegel, AöR 25 (1909), S. 489: „Die deutsche Art vor meinem Franzosentum zu retten ... haben schon früher unsere östlichen Stammverwandten (gemeint sind die österreichischen Juristen, der Verf.) einen besonderen Beruf gefühlt."

Gegenüber Tezner, der ihm eine spezifisch deutsch-rechtliche Theorie entgegensetzen will, mokiert sich OM über dessen „stark aufgetragenes deutsches Nationalgefühl", „deutsche Auffassung, deutschen Geist, deutschen Volksgeist, deutsches Rechtsgefühl, germanische Rechtsauffassung" (Rezension Tezner, AöR 17 (1902), S. 142). Im Vorwort zur 2. Aufl. seines „Deutschen Verwaltungsrechts" repliziert OM auf die Reaktionen auf die Erstauflage: „Jetzt glaubt jeder mit Leichtigkeit Bahn frei zu machen für die eigenen Theorien, wenn er mich der Ausländerei verdächtig erklärt, für einen Sänger wilder fremder Märe, wie das weiland meinem Landsmann Wolfram von Eschenbach widerfuhr" (Bd. 1 — Nr. 73 —, S. IX).

und besondere Kraft der Deutschen hinstellte, „von anderen gern zu lernen“[158] und er zum anderen „germanische Grundsätze“ im französischen Recht hervorhob[159]. In einem Zeitungsartikel[160] zum hundertsten Geburtstag des Code civil streicht er die germanisch-rechtliche Seite des Code civil heraus, der „ein kräftig ausgeprägtes fränkisches Recht“ bringe, weshalb auch „wir Deutsche ... für den Code civil keine Fremden seien“: „Dank dem gelehrten Richtertum und dem Reichskammergericht war bei uns das römische Recht ganz anders zur Herrschaft gelangt als in Frankreich. Das Elsaß, das am spätesten vom Reiche losgerissen worden war, stand eben deshalb unter den nordfranzösischen Landschaften mit germanischrechtlicher coutume allein da als Gebiet des römischen Rechts. Ihm brachte der Code civil die Rückkehr zum germanischen Recht. Es war dessen historische Aufgabe, dieses Recht auch in andern deutschen Gebieten wieder aufleben zu lassen. In dem gleichen Sinn wurde unser Handelsgesetzbuch vom französischen Rechte beeinflußt. Und wenn jetzt unser bürgerliches Recht die endgültige Verschmelzung der beiden geschichtlichen Elemente des nationalen und des römischen Rechtes bedeutet, so hat der Code civil kräftig dazu beigetragen, in diesem Prozeß das erstere zu stärken.“

Otto Mayers Eintreten für die Rezeption französischen Rechts war weder unreflektiert, wie die Bezugnahme auf die gleiche Kulturstufe zeigt, noch erfolgte es pauschal. Vor einem blinden Nachahmungstrieb bei unterschiedlichen Voraussetzungen warnt Mayer.[161] Er hat die Problematik gesehen und den Vorgang[162], die Voraussetzung, die Vorteile

---

[158] Portalis (Nr. 30), S. 20; ähnlich Rezension Bozi / Heinemann, Zeitschrift für das gesamte Handelsrecht 80 (1917), S. 433.

[159] Vgl. Grundsätze (Nr. 7), S. 217, 232, 235 f. Zu diesen siehe den Abschnitt „Die germanischen Grundlagen des Code Napoléon“ bei Norden, Rechtsgemeinschaft, S. 136 ff.

[160] Frankfurter Zeitung und Handelsblatt v. 20. 3. 1904 (Nr. 47), S. 1.

[161] Justiz (Nr. 32), S. 39.

[162] Es handelt sich dabei um keine Einbahnstraße. Nicht nur, daß die Verwaltungsrechtslehre OMs auf die französische Verwaltungsrechtswissenschaft zurückwirkte (OM, Rezension Jèze, AöR 19 (1905), S. 597, zitiert Jèze, in Frankreich sei man erst jetzt — 1904! — aus der Periode des Chaos heraus und suche das wissenschaftliche System, nachdem die deutsche Wissenschaft in der Arbeit der „Synthese“ vorausgegangen sei), das 19. Jahrhundert ist, wenngleich die Epoche des Nationalstaats, geprägt durch die Beschäftigung mit ausländischem Recht, die durchaus auch den Zweck verfolgte zu ergründen, inwieweit fremdes Recht für die eigene Rechtsordnung nutzbar zu machen war. In Person (Nr. 58), S. 4 bestätigt OM die Diagnose von Jèze: Die französische Rechtswissenschaft gewinne „nach und nach wieder Fühlung“ mit der deutschen. — Man hat es also mit einem wechselseitigen „Veredelungsverkehr“ (Wittmayer, Rezension OM, AöR 37 (1918), S. 475 und Lebenswerk, S. 522) zu tun, bei dem OM zugleich „Verpflanzer deutsch-systematischer Behandlung ins französische Verwaltungsrecht wie französisch-geistreicher Behandlung ins deutsche“ ist (Landsberg, Fakultät, Sp. 23). — Die Beachtung der verwaltungsrechtlichen Arbeiten OMs in Frankreich hat Berthélemy, Vorwort zu OM, Droit, Bd. 1 (Nr. 35), S. 1 bestätigt: „Les travaux

und Gefahren der Rezeption folgendermaßen zusammengefaßt: „Gesetz und Rechte ‚erben' sich nicht bloß fort, sie ‚rücken' auch ‚sacht von Ort zu Ort'"[163], sie „erben sich ... nicht bloß von den Vätern, sondern auch von den Nachbarn"[164]. „Die fremden Rechtsideen fallen, getragen vom frischen Luftzug der Kulturgemeinschaft reichlich und reichlicher auf unser Feld, bringen da teils neue Frucht, teils auch wuchern sie als fremdes Unkraut erstickend zwischen unserem eigenen Gewächs."[165] Es mußte also ausgewählt und geprüft werden, was gebraucht werden konnte und was nicht.[166] Dabei ist allerdings unbestreitbar, daß der Selektionsprozeß die weitgehende Übertragbarkeit französischen Rechts zum Ergebnis hatte. Das gilt ganz besonders für das Verwaltungsrecht. Eine Ablehnung der Übernahme französischen Rechts konnte darin begründet sein, daß trotz der Tatsache, daß man es mit zwei verwandten Kulturstaaten zu tun hat, entweder einzelne Ideen[167] auseinanderliefen oder die gesellschaftlichen Verhältnisse[168] doch in Einzelfällen relevant[169] voneinander abwichen. Daneben können auch unterschiedliche historische Entwicklungen beachtlich sein. Letzteres gilt in Bezug auf Frankreich vor allem für die strikte Trennung von Justiz und Verwaltung: „Die schroffe Fernhaltung der Gerichte von allen öffentlich-rechtlichen Fragen, zu welcher in Frankreich bekannte geschichtliche Eindrücke geführt haben", sei uns fremd[170]. Für eine derart strenge Trennung der Gewalten fehlten in Deutschland die historischen Voraussetzungen. So habe Deutschland nie etwas wie die selbstherrlichen französischen Parlamente gehabt, und im Gegensatz zu Frankreich bestehe das Justizpersonal aus derselben Art von Leuten wie das der Ver-

---

de M. le professeur Otto Mayer sout connus, en France de tout ceux qui s'intéressent aux questions de droit public." Vgl. auch Bühler, Rezension OM, VerwArch 27 (1919), S. 286.

[163] Bundesstaat (Nr. 34), S. 371.

[164] Änderung (Nr. 59), S. 7.

[165] Bundesstaat (Nr. 34), S. 371 f. Diese Aussage gilt für Ideen allgemein, siehe OM, Gegenwart (Nr. 49), Sp. 483, wo von dem „wunderliche(n) Gang, den die Ideen manchmal nehmen", die Rede ist.

[166] Abgelehnt wird zum Beispiel im Verwaltungsrecht die Übertragung des Instituts des „recours pour excès de pouvoir" (Verwaltungsrecht, 1. Aufl., Bd. 1 — Nr. 16 —, S. 192 Fn. 25).

Ganz der Ablehnung verfällt die französische Völkerrechtslehre, vgl. Rezension Fried, JW 48 (1919), S. 21.

[167] OM, Arbeitgeber (Nr. 9), S. 67.

[168] Die Bedeutung des gesellschaftlichen Entwicklungsstandes betont OM auch im Zusammenhang mit dem römischen Recht. Es habe „viel einfachere Lebensverhältnisse" vor sich gehabt (Arbeitgeber — Nr. 9 —, S. 134).

[169] Hier eröffnete sich natürlich ein weiter Spielraum der Beurteilung, um so mehr als Gelegenheit gegeben war, je nach Bedarf das eine oder das andere Kriterium heranzuziehen.

[170] OM, Entschädigungspflicht (Nr. 41), S. 15.

waltung[171]. Die sich bei der Gewaltenteilung zeigende Unerbittlichkeit in der Durchführung der öffentlich-rechtlichen Ideen in Frankreich („Reinkulturen") wird andererseits wieder in Zusammenhang gebracht mit dem französischen Nationalcharakter: In Frankreich würden, seiner „Volksart entsprechend, alle neuen öffentlich-rechtlichen Ideen mit einer gewissen Schroffheit zum Ausspruch und zur Durchführung gelangen"[172] wie überhaupt „unseren Nachbarn jenseits der Vogesen ... die Gabe verliehen (sei), alle Fragen, welche die menschliche Gesellschaft bewegen können, auf das Schärfste zuzuspitzen und dramatisch zu gestalten"[173]. „Der juristische Genius unseres Nachbarvolkes" spiele „so gern mit klingenden Worten". „Dahinter steht dann die eigentlich entscheidende Gedankenreihe, von einer so merkwürdigen formalen Schärfe, um nicht zu sagen Spitzfindigkeit, daß wir oft nur ungern folgen".[174] Es sind also auch Überlegungen zum Nationalcharakter miteinzubeziehen. Unterschiedliche Anschauungsweise und Auffassungsgabe verlangen unter Umständen Berücksichtigung.[175] Freilich ist es hier nicht immer einfach, falsche oder bloß unzulängliche Ausführungen einer gemeinsamen Idee durch das französische Recht von der Idee selbst abzuschichten.[176]

Bei dieser partiell unterschiedlichen Lage ist mithin ein blinder Nachahmungstrieb unangebracht[177], ein deutsches Verwaltungsrecht kann keine bloße Blaupause des französischen sein.

---

171 Vgl. Justiz (Nr. 32), S. 39. Hinsichtlich der Judikatur spricht OM, Teilungsklagen (Nr. 5), S. 126 davon, daß das französische Recht eine etwas einseitige Auffassung vom Richteramte habe: „bewegungslose Rechtsprechung ist seine Aufgabe". Zur Homogenität des Juristenstandes in Deutschland siehe unten, S. 109.

172 Verwaltungsrecht, 1. Aufl., Bd. 1 (Nr. 16), S. 55.

173 Gegenwart (Nr. 49), Sp. 481.

174 Arbeitgeber (Nr. 9), S. 126. Siehe auch Änderung (Nr. 59), S. 1: Frankreich führe „alles, was es macht", „auf seine Weise durch: stilvoll und großzügig, aber auch nicht ohne einen starken Zusatz von Fanatismus".

175 Vgl. OM, Grundsätze (Nr. 7), S. 217 f.: deutsche Reflexion anstatt des glücklichen Instinkts der Franzosen; OM, Arbeitgeber (Nr. 9), S. 134: selbständige schöpferische Tätigkeit der französischen Gerichte, die von den deutschen „nie" zu erwarten sei. — Solche Gegensätze gibt es auch im Verhältnis zu den Römern. So sagt OM zu der Auffassung des römischen Rechts von der Aufsaugung der rechtlichen Existenz der hängenden Frucht durch die Hauptsache: „In ein römisches Gehirn will eine andere Auffassung nicht passen" und fügt hinzu: „Wir können von dem unsrigen das Gleiche nicht voraussetzen", denn bei uns könne die Trennbarkeit der hängenden Frucht von der Hauptsache „gedacht" werden (Grundsätze — Nr. 7 —, S. 245).

176 Zu der in Deutschland erforderlichen systematischeren Behandlungsweise des Verwaltungsrechts siehe unten S. 80 ff.

177 Vgl. OM, Justiz (Nr. 32), S. 39: Was so herübergepflanzt sei, müsse verschwinden.

2. Die zentrale Stellung der Juristen

Der Prozeß des Suchens, Aufdeckens und Darstellens der rechtlich relevanten Ideen bedurfte eines Trägers. Bei Savigny war dies der Juristenstand. Savigny glaubte, daß, jedenfalls in seiner Zeit, das Recht weitestgehend durch die Jurisprudenz erzeugt werde.[178] Die Juristen repräsentieren den Volksgeist, die eigentliche, d. h. ursprüngliche Quelle des Rechts. Eine ähnlich zentrale Rolle weist auch Otto Mayer den Juristen zu. Ohne Juristen wird nämlich das System, das in jeder ausgebildeten Rechtsordnung steckt[179] und das „ein wohlgefügter Bau ineinandergreifender Rechtsideen“ ist, nicht sichtbar. Sie müssen es „herausarbeiten und klarstellen“.[180] Und da vieles im argen liegt, der Nachholbedarf enorm ist, muß die „Ameisenarbeit des Juristentums“[181] „wieder einmal das Beste tun“[182].

An Ideen ist auch das zutage zu fördern, was bisher niemandem bewußt geworden ist, selbst dem Gesetzgeber nicht.[183] Natürlich ist es von Vorteil, wenn der Gesetzgeber die Idee erkennt und die Konsequenzen daraus zieht. Tut er dies aber nicht, „schlägt man sich eben einstweilen so durch“.[184] Die Jurisprudenz braucht keine neuen Ideen zu schaffen, sie darf es auch nicht: „Die Rechtswissenschaft ist ... nicht dazu berufen, neue Ideen in die Welt zu setzen“[185]. Sie hat die Ideen bloß zu erforschen, dabei aber nötigenfalls auch in der Tiefe der Rechtsordnung zu schürfen, um sie ans Licht zu bringen. Diese Aufgabe zu bewältigen, ist der Jurist in hervorragender Weise geeignet.

3. Die Problematik richtigen Erkennens und richtiger Auswahl der Ideen

So wie nun auf der einen Seite sich durch das breite Angebot an Ideen, die in der Welt sind, zunächst ein weites Betätigungsfeld auftut, so besteht andererseits die Schwierigkeit darin, nach dem richtigen Erkennen der — immerhin möglicherweise verborgenen! — Ideen die richtigen auszusuchen. Die Auswahlproblematik besteht auf alle Fälle.

---

[178] Beruf, S. 14.

[179] OM, Rezension Hatschek, ZSgesStWiss 63 (1907), S. 546: „... das wird doch wohl auch bei unserem deutschen Verwaltungsrecht ... nicht anders sein“.

[180] Ebd.

[181] OM, Justiz (Nr. 32), S. 35.

[182] Ebd. S. 41.

[183] OM, Rezension Hawelka, AöR 27 (1911), S. 345: „Daß die Idee des öffentlichen Eigentums dem Codex Theresianus ebensowenig bewußt geworden ist, wie irgend einer anderen deutschen Gesetzgebung jener oder späterer Zeit, ist klar.“

[184] Verwaltungsrecht, 2. Aufl., Bd. 1 (Nr. 73), S. 180 Fn. 6.

[185] OM, Portalis (Nr. 30), S. 7.

Sie kann nicht etwa dadurch umgangen werden, daß man sich damit zufrieden gibt, gefundene Ideen einfach nebeneinander zu stellen.

Diese Art positivistischer Abbildung der Wirklichkeit ist vernünftigerweise bereits dadurch ausgeschlossen, daß nicht alle Ideen miteinander harmonieren werden. Die reine Aneinanderreihung unverträglicher oder sogar gegenläufiger Ideen würde den Juristen zum Sammler degradieren, der „Linsenzählerei“, wie Thibaut Savignys Methode nannte[186], nicht unverwandt. Hat man einmal durch „Anschauung“[187] das Wesen eines Rechtsinstituts ergründet[188], so kann die dahinterstehende Idee herausgeschält werden. Diese ist ebenfalls „Anschauung“, „ursprüngliche Anschauung“[189], nun allerdings in der Bedeutung von „Auffassung“.

Das Offenlegen der Ideen ist mithin nur die unumgängliche Vorarbeit zur zweiten Stufe, der richtigen Auswahl der Idee. Es könnte nun daran gedacht werden, darauf abzustellen, welche Ideen insgesamt oder in einzelnen Rechtsinstituten überwiegen.

Dies wäre auch eine Wiedergabe der Wirklichkeit, wenngleich eine vergröberte, da die unterlegenen Ideen vernachlässigt werden. Eine solche Verfahrensweise wäre allerdings nicht mit Otto Mayers methodischem Selbstverständnis zu vereinbaren. Denn die Ideen befinden sich nicht in Ruhelage. Sie *arbeiten*[190] und bilden eben darum eine Macht, die es für den Juristen zu erkennen gilt. Weil die Rechtsideen nicht regungslos verharren, sondern unsere Kulturwelt überall bewegen[191], trägt nämlich „das gewordene Recht ... in sich die Keime der Weiterentfaltung wie des Verfalls“[192], und es „ist nicht alles lebensfähig, was rechtsgeschichtlich interessant ist“[193]. Ideen füllen nicht nur das Vakuum bisher ideenfreier Räume, sondern konkurrieren auch untereinander. Es findet zwischen ihnen ein Verdrängungswettbewerb statt. Welche Idee dabei welche aus dem Felde schlagen wird, ist nicht unbedingt eine Frage der momentanen Verbreitung der rivalisierenden Ideen. Da die Ideen arbeiten, kommt es nicht auf die Quantität an, wenngleich diese ein Indiz für die Stärke einer Idee ist. Entscheidend ist ihre Qualität. Da die Ideen unterschiedlich fortgeschritten sind, be-

---

186 Zitiert nach Wilhelm, Methodenlehre, S. 34 Fn. 75.

187 OM, Concurrence (Nr. 6), S. 377: „... das Wesen ... ergibt sich aus der Anschauung“.

188 Die Fähigkeit der französischen Verwaltungsrechtswissenschaft zur „genialen unmittelbaren Anschauung“ bewundert OM, ebd. S. 376.

189 OM, Grundsätze (Nr. 7), S. 235.

190 OM, Regelung (Nr. 19), S. 213.

191 OM, Rezension Werner, AöR 37 (1918), S. 126.

192 OM, Regelung (Nr. 19), S. 213.

193 OM, Portalis (Nr. 30), S. 11.

finden sich darunter solche, die ihren Zenit erreicht haben, andere die bereits darüber hinaus sind. Wie bei einer Kurve im Koordinatensystem steigen Ideen an, die einen steil, die anderen langsam und stetig, halten ihren Gipfel kurz oder länger, um wieder in unterschiedlicher Weise abzufallen. Es genügt somit nicht, den Punkt auszumachen, den eine Idee gerade erreicht hat. Das bleibt unzulänglich, solange nicht gleichzeitig ihre Richtung aufgewiesen werden kann. Verschätzt man sich in der Beurteilung, ob eine Idee aufsteigende oder abfallende Tendenz zeigt, hat das ein falsches Ergebnis zur Folge.

In einem Gutachten für den 16. deutschen Juristentag über die Frage, ob die deutschrechtlichen oder die römisch-rechtlichen Grundsätze hinsichtlich des Fruchterwerbs in das BGB aufgenommen werden sollten, hat Otto Mayer zu dieser Auswahlproblematik eingehend Stellung genommen.[194] Er konstatiert das Vorhandensein verschiedener Systeme, in denen unterschiedliche Ideen zum Ausdruck kommen, und beantwortet die Frage, wie man sich zu den Systemen verhalten solle, mit der Verneinung einer freien Wahlmöglichkeit: Im Gegensatz zu früher „haben (wir) jetzt mehr Achtung vor den Tatsachen. Nicht das subjektive Meinen und Dafürhalten darf entscheiden, sondern es handelt sich darum, um sich zu schauen und *zu beobachten, wohin das Ganze geht* (Hervorhebung durch den Verf.). Unsere Gesetzgebung, Rechtspflege und Rechtslehre bieten uns ja eine Fülle von Erscheinungen, an welchen vielleicht eine bestimmte Richtung zu erkennen ist, und ist das der Fall, so muß in die Richtung weitergegangen werden, *es gibt dann keine Wahl* (Hervorhebung durch den Verf.).“[195] Ein anderes Verhalten würde schließlich dazu führen, altes, überholtes Recht zu konservieren. Ein Recht, in dem „der Geist des Rechtes ... nicht mehr lebendig“ ist, in dem also keine zukunftsträchtige Idee mehr arbeitet, ist aber nur mehr jene „tote Form“, mit der „je eher je lieber aufzuräumen“ ist.[196]

Im Einzelfall geht Otto Mayer meist so vor, daß er versucht, eine einmal erkannte Idee möglichst umfassend in den verschiedensten rechtlichen Gestaltungen nachzuweisen. Denn je mehr sich die jeweilige Idee in der Rechtshandhabung nachweisen läßt, desto wirklicher erscheint sie. Wo es aber darum geht, zu begründen, weshalb einer derzeit noch unterlegenen, vielleicht sogar nur in Ansätzen erkennbaren Rechtsidee die Zukunft gehören wird und die Gegenwart gehören soll, versagt eine solche Beweisführung. Womit sollte belegt werden, daß die im geltenden Recht noch überwiegende Idee nur mehr ein Scheinleben führt? Aus Entwicklungen in der Vergangenheit kann man zwar extrapolie-

---

194 Grundsätze (Nr. 7).

195 Ebd. S. 226.

196 OM, Regelung (Nr. 19), S. 214.

ren, doch weder verlaufen die Entwicklungslinien von Ideen linear, noch sind überhaupt Vorhersagen für die Zukunft mit letzter Sicherheit möglich.

In solchen Situationen wich Otto Mayer — ganz im Sinne der Hegelschen Dialektik — auf die „Vernünftigkeit" einer Idee aus. Denn es gilt nicht nur, daß das, was wirklich ist, vernünftig ist, sondern auch, daß das, was vernünftig ist, wirklich ist. Das eine rechtfertigt es, die Ideen in der Wirklichkeit zu suchen, das andere, die Wirklichkeit nach Ideen zu gestalten.

Nachdem Otto Mayer hatte feststellen müssen, daß sogar die von ihm für äußerst kräftig gehaltene moderne Staatsidee, so wie er sie verstand, „nicht notwendig so von selbst und in äußerlich erkennbarer Weise" erscheint, blieb nur übrig, auf den „Inhalt... der staatlichen Tätigkeit" zurückzugehen, um das gewünschte Ergebnis, eine bestimmte Grenzziehung zwischen privatem und öffentlichem Recht, zu erreichen.[197] Der materiale Gehalt ist dann richtig, wenn das Recht „von einleuchtender Vernünftigkeit" ist.[198] Offenbar war sich Otto Mayer bewußt, daß hier Raum war für persönliche Auffassungen. Es gefiel ihm, juristische Diskussionen auf diese Ebene zu heben.[199] Dabei wurde genau die vordergründige Neutralität der juristischen Methode dekuvriert. In bemerkenswerter Klarheit hat er dies gegenüber der vorgeschlagenen Neuregelung der Ehescheidungsgründe im Entwurf des Bürgerlichen Gesetzbuchs getan[200]: Wenn er mit dem Entwurf über juristische Begriffe und über die denselben entsprechende Art der Rechtsgestaltung streite, so „könnte es den Anschein haben", führt er aus, „als läge wirklich die letzte Entscheidung der Frage in solchen juristischen Erwägungen". Darüber dürfe man sich allerdings nicht täuschen. Denn „die juristischen Konstruktionen (hätten) beiderseits (gemeint sind die des Entwurfs und die Otto Mayers, der Verf.) keine selbständige Bedeutung". Die beiden Richtungen könnten sich „mit rechtswissenschaftlicher Erörterung gegenseitig nichts anhaben". Die Begründung, die Otto Mayer gibt, ist von geradezu provokativer Schärfe: „Alle juristischen Auseinandersetzungen sind nur Verbrämungen." Letztlich seien die juristischen Auffassungen „diktiert" von der „Gesinnung": „Es kommt einfach darauf an, was man will, nicht darauf, was man weiß."[201]

---

[197] Vgl. Lehre (Nr. 11), S. 34 f.

[198] Vgl. OM, Justiz (Nr. 32), S. 40.

[199] Vorzugsweise dann, wenn so gegen eine von ihm bekämpfte juristische Auffassung erfolgversprechend angegangen werden konnte.

[200] Ehescheidungsgründe (Nr. 12), S. 108.

[201] Daß es hier um eine rechtspolitische Frage ging, mildert die Schärfe nur wenig angesichts der gängigen Argumentation allein aus den Begriffen heraus und mit deren Zusammenhang.

Diese Demaskierung der rein juristischen Methode will nicht sagen, es sei Aufgabe der Rechtswissenschaft, von willkürlichen Standpunkten aus Recht zu konstruieren. Sie ist lediglich die Voraussetzung für eine Auseinandersetzung um die *richtige* Grundauffassung.

Richtige Ideen sind diejenigen, die dem „Recht, das mit uns geboren ist“[202], entsprechen. Dieses ist epochales Recht, ein Recht, das etwa dem modernen Staate adäquat ist, seiner Natur gemäß ist, kurz gesagt, es handelt sich um die großen modernen, weil zeitgemäßen Ideen. Dazu gehört beispielsweise auch die Idee der Gerechtigkeit, die sich in der Form des Rechts verwirklichen soll.

Dieser Rückzug auf „Vernünftigkeit“, „Gerechtigkeit“ u. ä. hat Otto Mayer verschiedentlich den Vorwurf eingetragen, er propagiere in Wirklichkeit ein Naturrecht. Die Besorgnis ist unbegründet.[203] Otto Mayer war ein strikter Gegner eines Naturrechts im Sinne eines universalen, ewigen, unabänderlichen Rechts. „Das Naturrecht ist gefallen. Wir glauben nicht mehr daran“, lautet Mayers Verdikt.[204] Er kritisiert die überraschenden Fluktuationen des Naturrechts, seine Korrumpierbarkeit, die in der „Neigung, sich anzupassen an die Wünsche dessen, der es lehrt“, liege[205]. Darüber hinaus stört ihn die unzulängliche Berücksichtigung der Realitäten. Das Naturrecht habe schließlich „von jeher die Neigung gehabt, es mit den Wirklichkeiten nicht so genau zu nehmen“.[206]

Otto Mayers „juristische Ideen sind ... keine ewigen Wahrheiten“.[207] Sie sind zwar in einer Epoche vorhanden, jedoch keineswegs schon immer da gewesen und werden auch nicht auf Dauer bleiben. Allerdings kümmerte es Mayer wenig, daß man sein Recht für Naturrecht halten könnte, auch wenn „die neuere Literatur in Deutschland ... eine tugendhafte Scheu ... vor allem, was nach Naturrecht aussehen könnte“, an den Tag legte.[208] Wenn es sich auch um keine „ewigen Wahrheiten“ handelt, so sind es doch epochale Wahrheiten, „arbeitende Ideen“, die als solche „wirklich“ sind. Der Jurist hilft mit, sie noch „wirklicher“ zu machen, indem er sie in der Rechtswirklichkeit erkennt und bewußt

[202] OM, Justiz (Nr. 32), S. 20 f.

[203] Er hat das Mißverständnis allerdings selbst genährt. Das „Recht, das mit uns geboren ist“, dem er (Justiz — Nr. 32 —, S. 20 f.) Geltung verschaffen wollte, erläutert OM in Rezension Cathrein, DtZSfKiR 20 (1911), S. 391: Mephistopheles spreche nicht vom Recht, das mit uns geboren *wird*, sondern setze „geboren *ist*, wobei er dem ganzen Zusammenhang nach ... den Schüler verleiten (wolle), an ein *objektives* Naturrecht zu glauben“.

[204] Völkerrecht (Nr. 78), S. 5.

[205] Rezension Kohler, AöR 39 (1920), S. 260.

[206] Schiffahrtsabgaben (Nr. 55), S. 25.

[207] OM, Stand (Nr. 56), S. 521.

[208] Entschädigungspflicht (Nr. 41), S. 15.

macht. In Sonderfällen erfaßt der Jurist auch Ideen, die erst im vorrechtlichen Raum virulent sind, und verschafft ihnen Eingang in die Rechtswirklichkeit. Das ergibt dann jene juristischen Werke, „die in der Geschichte ... eine vorwärtsdrängende schöpferische (Rolle) gespielt haben".[209] Ihnen zollt Otto Mayer Hochachtung: „Wir verneigen uns vor (diesen) Werken".[210]

Otto Mayer hat, indem er zum Schöpfer der modernen deutschen Verwaltungsrechtswissenschaft geworden ist, eine solche Rolle gespielt. Er war sich auch durchaus darüber im klaren, daß er damit die traditionellen Bahnen der juristischen Methode verließ. Die Gerechtigkeitserwägungen etwa führen, so sagt er, „allerdings über das eigentliche Betätigungsfeld der Kräfte hinaus, welche Laband als die Bedingung wirksamer juristischer Schriftstellerei bezeichnete".[211]

Die arbeitenden vorrechtlichen Ideen tendieren dazu, in Recht umzuschlagen. Wo sie bereits die „Schwelle zur Rechtserzeugung" überschritten haben, werden sie „gepflegt und ausgedehnt"[212], wo dies noch nicht der Fall ist, sind sie „geneigt, von selbst zu entstehen"[213]. Sie drängen dazu, „Lücken in der Wirklichkeit des Rechts" auszufüllen. Ihre Kraft ist so groß, daß „der Rechtshandhabung irgendein äußerlicher [!] Anhaltspunkt im gegebenen Recht" genügt, um die Idee mit „entlehnter Rechtssatzkraft auszustatten"[214]. Die Anforderungen an den bereits vorfindbaren positiv-rechtlichen Niederschlag der Idee sind minimal; es „genügen auch ... wenig geschickte Andeutungen des Gesetzes"[215]. Völlig verzichtbar sind diese nicht, denn: „Ganz ohne äußere Grundlage kann es natürlich nicht sein."[216] Nur einen derart geringen Rückhalt im positiven Recht zu verlangen, öffnet auch gewagten Konstruktionen Tür und Tor. Je gewagter sie sind, als desto ungeschickter könnte eben die Andeutung des Gesetzes deklariert werden.

Bei der Einräumung dieser Möglichkeit schöpferischer Tätigkeit des Juristen darf deshalb nicht vergessen werden, daß Otto Mayer sie wohlweislich als die krasse Ausnahme betrachtet, als den Juristen oder besser: einzelnen Juristen gestattete Überschreitung der Grenzen ihres Berufes.[217]

---

209 OM, Rezension Hatschek, ZSgesStWiss 63 (1907), S. 542.

210 Ebd.

211 Völkerrecht (Nr. 78), S. 37.

212 OM, Entschädigungspflicht (Nr. 41), S. 7, 12. Es geht im Zusammenhang um die Idee der Billigkeit.

213 Ebd. S. 12.

214 Ebd.

215 Ebd. S. 13.

216 Ebd. S. 14.

217 Vgl. Rezension Hatschek, ZSgesStWiss 63 (1907), S. 542.

Eine weitere Begrenzung der schöpferischen Tätigkeit ergibt sich aus der Rückbeziehung auf die „praktische Brauchbarkeit“[218] eines Rechts, daraus, ob es die „praktischen Bedürfnisse“[219] erfüllt. Es ist dies ein weiterer Teil der Eingliederung des Rechts in die Wirklichkeit. Rechtsbegriffe, so Otto Mayer, seien nämlich „keine rein logischen Gebilde, wenn sie ihre *soziologische Funktion*“ (Hervorhebung durch den Verf.) nicht erfüllten, seien sie „keine praktischen Rechtsbegriffe und deshalb unbrauchbar“[220].

Doch auch hier beim Problem der Befriedigung moderner[221] Bedürfnisse wechselt er von der Orientierung an den tatsächlichen Verhältnissen zu der „sein“ Naturrecht ausmachenden Vernünftigkeit und verknüpft beide geschickt durch die „Zweckmäßigkeit“. Durch „Eindringen in das Wesen der einzelnen Verhältnisse“[222] können aus der „Natur der Sache“[223] „Naturrechtsregeln“, „natürliche Rechtspflichten“[224] gewonnen werden. Solche „naturrechtlichen Grundsätze“[225] sind vernünftig etwa aufgrund der in ihnen zum Ausdruck kommenden „inneren Gerechtigkeit der Sache“[226]. Sie bewirken eine unmittelbare *rechtliche* Bindung, obwohl sie weder „gesetztes“ noch „durch Richterspruch geschütztes“ Recht darstellen[227]; die Nichtbeachtung derartiger „Naturrechtssätze“ kann zur Rechtswidrigkeit einer Maßnahme führen[228]. Gleichzeitig kann man unbesorgt um die Zweckmäßigkeit solcher naturrechtlicher Forderungen sein, denn — so Otto Mayer — „das vernünftige Recht ist

[218] OM, Rezension Ehrlich, AöR 18 (1903), S. 282. Vgl. auch OM, Rezension Goldschmidt, VerwArch 11 (1903), S. 351: zu prüfen, ob man mit einer Begriffsbestimmung „auskommt“; ebd. S. 352: eine bestimmte Begriffsabgrenzung würde „sehr unsichere Zustände geben“; OM, Rezension Goez, AöR 19 (1905), S. 597: „praktisch unmögliche ... Rechtsordnung“. So führt er auch zur Begründung, daß eine juristische Grundauffassung falsch sei, an: „In der Praxis glaubt uns das kein Mensch“ (Bundesstaat — Nr. 34 —, S. 369).

[219] OM, Rezension Goez, AöR 19 (1905), S. 596: neben der Überprüfung am positiven Recht „praktisches Bedürfnis“.

[220] Rezension Lassar, JW 51 (1922), S. 77.

[221] In Eisenbahn II (Nr. 29), S. 237 ff. stellt OM z. B. auf die Entwicklung der modernen Verkehrsverhältnisse und das Wachstum der Städte ab. — In Lebensversicherungssumme (Nr. 8 a), S. 107, rechtfertigt OM seine Befangenheit im französischen Recht damit, daß es ja „doch ein Recht (sei), welches gerade den modernen Bedürfnissen sehr entgegenzukommen pflege“.

[222] OM, Eisenbahn II (Nr. 29), S. 237.

[223] Ebd. S. 236, 240.

[224] Ebd. S. 237.

[225] Ebd. S. 241 f.

[226] Ebd. S. 243.

[227] Ebd. S. 235. OM vertritt im Zusammenhang die Auffassung, die Staatsbahn als Eisenbahnunternehmer sei gegenüber dem Wegeherrn, dessen öffentliche Wege durch den Schienenweg „zerstückt“ werden, verpflichtet, für die öffentlichen Wege Ersatz zu schaffen. Es sei falsch, daß hier alles nur „guter Wille und von einem Recht keine Rede“ sei.

[228] Ebd. S. 236.

immer auch zweckmäßig"[229]. Weil das so ist, kann man nach der Methode Otto Mayers auch direkt auf die Vernünftigkeit, also auf eine Naturrechtsregel, zusteuern. Es schadet nicht nur nicht, wenn „im Einzelfall die Zweckmäßigkeit nicht besonders einleuchtet", es ist sogar geboten, dessen ungeachtet die Naturrechtssätze als „Rechtsregeln" anzuerkennen.[230]

In dieser dialektischen Beziehung von Theorie und Praxis, nämlich dem Erscheinen der Ideen in der Wirklichkeit, ihrem Zurückwirken auf die Wirklichkeit in der vom Juristen erkannten Gestalt unter der Voraussetzung, daß sie vernünftig sind und damit Bedürfnissen der Wirklichkeit entsprechen — denn nur dann hat der Jurist die Ideen zu propagieren —, bewahrheitet sich, was Otto Mayer von sich selbst gesagt hat: er sei ein „praktischer Theoretiker"[231].

4. Die konstruktive Funktion der Ideen

An diesen induktiven Teil schließt sich ein deduktiver an. Die — mindestens in „Andeutungen" auch im positiven Rechtsstoff — gefundenen Rechtsideen verwirklichen sich nun im Recht. Wie „die Civilrechtswissenschaft dadurch so reich und anziehend geworden (sei), daß sie sich nicht scheute, die großen Rechtsideen in die kleinsten Einzelheiten des praktischen Lebens zu verfolgen", so werde sich die „Wissenschaft des öffentlichen Rechts ... in derselben Weise ausbilden".[232] Die Rechtsideen durchdringen den Stoff und ordnen ihn neu; sie bilden Begriffe und Institute oder bestimmen deren Inhalt neu.[233]

Die Rechtsinstitute werden so zu „Erscheinungsformen der Idee".[234] Dabei gibt die Anwendung einer Idee auf eine Sache als die Natur der Sache einem Rechtsinstitut die bestimmte Gestalt.[235]

Die Rechtsideen brauchen nur „voll ausgedacht" zu werden, um zu einem „wohlgefügten Systeme" zu führen.[236] Rechtswissenschaft besteht

[229] Ebd. S. 237.

[230] Ebd.

[231] Unteilbarkeit (Nr. 3), S. 493. In Selbstdarstellung (Nr. 89), S. 15, berichtet OM aus seiner Straßburger Zeit als Leiter der Baupolizei, der Straßburger Bürgermeister Back habe ihn auf eigene Verantwortung eine bis dahin nicht gekannte administrative Zwangsvollstreckung einführen lassen und nachher den Erfolg mit den Worten kommentiert, „die Theorie sei doch etwas sehr Praktisches".

[232] OM, Eisenbahn (Nr. 26), S. 511.

[233] Vgl. dazu OM, Rezension Holstein, AöR 42 (1922), S. 382, wo sich OM gegen das „dünkelhafte Pharisäertum eines vermeintlichen Positivismus beim Festhalten des längst überwundenen Sinnes hergebrachter Ausdrücke" wendet.

[234] Vgl. OM, Concurrence (Nr. 6), S. 365; Eisenbahn (Nr. 26), S. 519.

[235] Vgl. Eisenbahn (Nr. 26), S. 515.

[236] OM, Grundsätze (Nr. 7), S. 235. Siehe auch OM, Entschädigungspflicht (Nr. 41), S. 6: Die Idee ist „durchzudenken in alle ihre Folgerungen".

in der Verwertung von Ideen[237], darin, diese umzusetzen in die Form des Rechts.[238]

Wie sich Eisenpartikel an einem Magnet ausrichten, durchwirkt die Idee das Recht. Die Rudimente überlebter Ideen im Rechtsstoff stößt sie ab. Mit den toten Formen wird aufgeräumt[239], die Grundbegriffe sind — so notwendig — zu revidieren[240]. Diese Verdrängung des Alten bezeichnet Otto Mayer als „geistige Befreiung"[241], sie meint er, wenn er dazu auffordert, das „unfertige Recht" „fertig" zu machen[242]. Am Ende soll ein „Recht aus einem Gusse" stehen.[243]

Insofern, aber nur insoweit, ist Otto Mayers Methode eine konstruktive, ist seine Rechtswissenschaft „konstruktive Jurisprudenz". Er hat sich dazu bekannt: Man werde auf das Konstruieren „nicht ... verzichten können, so lange (man) überhaupt Rechtswissenschaft treibe."[244]

Vornehmlich in den Bereichen der Rechtswissenschaft, die noch einer umfassenden gesetzlichen Regelung harren oder die systematisch nicht oder nur unzureichend durchgebildet sind, führt das methodische Vorgehen Otto Mayers zunächst[245] zur Aufstellung einer mehr oder weniger reinen Theorie. Er selbst hat seine Lehre vom öffentlichen Eigentum „ganz oder gar ... Theorie" genannt.[246] Seine 1886 erschienene umfassend systematische Darstellung des französischen Verwaltungsrechts trägt dementsprechend den Titel „Theorie des französischen Verwaltungsrechts".

Der theoretische Charakter, den sein knapp zehn Jahre später veröffentlichtes Lehrbuch „Deutsches Verwaltungsrecht" — notwendiger-

---

[237] Vgl. OM, Portalis (Nr. 30), S. 7.

[238] Vgl. OM, Völkerrecht (Nr. 78), S. 26.

[239] Vgl. OM, Regelung (Nr. 19), S. 214.

[240] OM, Rezension Rosin, AöR 1 (1886), S. 717.

[241] Wirkung (Nr. 4), S. 63.

[242] Stand (Nr. 56), S. 514: „Warum wird dieses Rechtsgebilde *nicht fertig?* Warum entwickeln unsere Juristen diese öffentlich-rechtliche Sachherrschaft nicht zu einem echten und gerechten öffentlichen Eigentum ...?" Den unfertigen Zustand der deutschen Verwaltungsrechtswissenschaft hat OM unablässig betont. Statt vieler Stellen Rezension Rosin, AöR 1 (1886), S. 717.

[243] OM, Wirkung (Nr. 4), S. 58. Es ist dies bezeichnenderweise die gleiche Formulierung, mit der OM später das aus der französischen Revolution hervorgegangene Recht beschrieben hat (Verwaltungsrecht, 1. Aufl., Bd. 1 — Nr. 16 —, S. VII).

[244] Rechtskraft (Nr. 47), S. 19. Siehe auch OM, Rezension Goez, AöR 19 (1905), S. 595; Rezension Triepel, JW 47 (1918), S. 159; Entschädigungspflicht (Nr. 41), S. 15.

[245] D. h. bis zur Übernahme durch den Gesetzgeber oder wenigstens die Rechtshandhabung.

[246] Rezension Hawelka, AöR 27 (1911), S. 345.

weise — auch noch hatte, war dann auch der Zielpunkt der Kritik. Georg Jellinek sprach von einem „künstliche(n) System“[247], gleichzeitig davon, daß es sich gar „nicht um ein System“, sondern um eine Theorie des deutschen Verwaltungsrechts handle[248]. Otto Mayers „einfache Formeln“ stimmten „fast niemals mit der sehr verwickelten Wirklichkeit“ zusammen.[249] Edgar Loening hielt ihm vor, seine Rechtskrafttheorie bestehe aus „willkürliche(n) Konstruktionen, die in dem positiven Rechte keinen Boden haben“[250].

Otto Mayer störte der Einwand, seine Konstruktionen seien theoretischer Natur, nicht. Für ihn kam es schließlich nur darauf an, daß sie von den richtig erkannten richtigen Ideen abgeleitet waren. Waren sie das, waren sie auch brauchbar. Dann lief man nicht Gefahr, „Luftgebäude“ aufzuführen, die „keinen Boden in der Wirklichkeit“ haben[251]. Denn die modernen Ideen, auf die sie letztlich zurückgingen, wären eben keine modernen Ideen, denen Gegenwart und Zukunft gehören, wenn sie nicht brauchbare Ergebnisse lieferten. Deshalb war es für ihn kein hinreichendes Argument, auf den fehlenden Rückhalt im Gesetz hinzuweisen.[252] Nicht einmal eine entgegenstehende gesetzliche Bestimmung konnte danach von der Weiterverfolgung einer Idee abhalten.[253]

---

[247] Rezension OM, VerwArch 5 (1897), S. 304 f.

[248] Ebd. S. 306.

[249] Ebd. S. 309.

[250] Loening, Rechtskraft, S. 15.

[251] Vgl. OM, Rechtskraft (Nr. 47), S. 19.

[252] Rezension Müller, AöR 27 (1911), S. 344: „Ganz unzureichend“ sei der Hinweis, es fehle für ein „Recht am Urteil“ die positive Gesetzesbestimmung.

[253] OM, Neues (Nr. 83), S. 77: Es komme nicht in Betracht, sich aller weiteren Begründung entheben zu wollen durch Berufung auf ein Gesetz, „als wäre (ein Gesetz) ein Befehl an die Wissenschaft ... ein für allemal!“ Siehe auch Verwaltungsrecht, 3. Aufl., Bd. 1 (Nr. 88), S. 117 Fn. 6.

Zweites Kapitel

Staatstheoretische Grundlagen

I. Die moderne Staatsidee

Kein anderes Konstruktionselement hat mehr die Eigenart des Verwaltungsrechtes von Otto Mayer geprägt, ist mißverständlicher formuliert, häufiger mißverstanden und mehr befehdet worden als Mayers „neuzeitliche Staatsidee"[1]. Er nennt sie auch „echte kräftige Staatsidee"[2] und bringt bereits dadurch seine positive Einstellung zu ihr zum Ausdruck. Überhaupt ist durch diese Idee der moderne Staat in besonderer Weise ausgezeichnet, erscheint er doch hier „in all seiner Herrlichkeit"[3].

1. Der rechtliche „Mehrwert" des Staates

Dieser Staat, dem „Majestät"[4] zukommt, der *„Jenseitige(s)"*, „Metajuristische(s)"[5] aufzuweisen hat, ist „von Natur berufen zu herrschen"[6]: seine Staatsgewalt ist „rechtlich allmächtig"[7]. Die „Idee des Staates ... als des großen Rechtssubjektes, in dessen Namen alles geschieht"[8], besteht eben darin, daß der Staat „rechtlich schlechthin alles" vermag[9]. Daß er oberste Gewalt ist, macht seine Souveränität aus.[10]

Die rechtliche Unwiderstehlichkeit des Staates, die in der Souveränität liegt[11] und die zu einem Grundpfeiler seines Verwaltungsrechtssystems geworden ist, hat Otto Mayer unablässig betont.[12] Ein Staat ist

---

[1] Ausdruck bei OM, Staatsrecht (Nr. 61), S. 11.

[2] Justiz (Nr. 32), S. 35.

[3] OM, Völkerrecht (Nr. 78), S. 25.

[4] OM, Rezension Ryffel, AöR 19 (1905), S. 124.

[5] OM, Schiffahrtsabgaben II (Nr. 64), S. 63.

[6] OM, Bundesstaat (Nr. 34), S. 349 Fn. 14.

[7] OM, Schiffahrtsabgaben II (Nr. 64), S. 53.

[8] OM, Haftung (Nr. 70), S. 2.

[9] OM, Lehre (Nr. 11), S. 30, 38.

[10] OM, Staat (Nr. 50), S. 714.

[11] Ebd.: Souveränität des Staates „bedeutet, daß sein Wille innerhalb seines Gebietes keinem rechtlich gleichwertigen begegne, keinen höheren über sich habe und andererseits rechtlich unwiderstehlich sei gegenüber allen menschlichen Lebensäußerungen, die auf seinem Gebiet erscheinen." Ähnlich Staatsrecht (Nr. 61), S. 11 u. Thüringen (Nr. 66), S. 8.

entweder in diesem Sinne souverän oder er ist kein Staat bzw. kein richtiger, bzw. ist der Staat — in Mayers gängiger Ausdrucksweise — „noch nicht fertig“: „Bei Volk und Gebiet gibt es ein Mehr oder ein Weniger, bei der Staatsgewalt nicht. Fehlt etwas an ihr, so ist das Gemeinwesen als Staat noch nicht fertig ...“[13] Um dafür eine prägnante Formel zu finden, zitiert Mayer sogar zustimmend Napoleon, für den er ansonsten kaum Zuneigung empfand[14]: „La souveraineté ... n'est rien, si elle n'est pas tout.“[15]

Für Otto Mayer ist der dieser „neuzeitlichen Staatsidee“ entsprechende Staat lapidar „die große Tatsache“[16]. Das ist durchaus so gemeint, daß aus der bloßen Faktizität seine rechtliche Allmacht fließt. So führt er zum Verhältnis von Staat und Recht aus: „... für den Staat heißt es zweifellos nicht: im Anfang war das Recht. Sein Anfang und sein bleibender Grund ist die *Macht*.“[17] Dieser Auffassung, wonach ein Staat allein durch das Vorhandensein einer effektiven Staatsgewalt konstituiert wird, ist Otto Mayer auch in der Zeit des Umsturzes und der Umbildungen nach dem ersten Weltkrieg treu geblieben. In Anmerkungen zu zwei hochpolitischen Gerichtsurteilen hat er seinen Standpunkt bekräftigt und verdeutlicht: „Sobald wieder auch nur ein vorläufiger Besitz der Staatsgewalt sich tatsächlich ergeben“ habe, dürfe „die Trägerschaft sich wieder ausgestattet halten mit der ‚Heiligkeit und Unverletzlichkeit‘, welche die bisherige Ordnung verleihe“[18]. Allein entscheidend sei der „tatsächliche Bestand“ der Staatsgewalt, sei

[12] Etwa Lehre (Nr. 11), S. 30: „Die Kraft der Staatsgewalt ... bedeutet ein allgemeines Recht, der höhere maßgebende Wille zu sein“; ebd. S. 47: der Staat sei „Herrscher und hoheitliche Macht gegenüber jedermann, den sein Arm tatsächlich erreichen könne“; Person (Nr. 58), S. 67: „Der Staat ist der Simson, den man vergeblich zu binden sucht“; Rezension Giese, AöR 40 (1921), S. 126: eine „Selbstbindung der souveränen Staatsgewalt an die Norm“ sei lediglich „G. Jellineks Mystik“; Völkerrecht (Nr. 78), S. 23: „unbindbare Souveränität des Staates“.

[13] Staatsrecht (Nr. 61), S. 11. Vgl. auch OM, Trennung (Nr. 82), S. 4 f., wo von „unverkürzbarer Souveränität“ die Rede ist. — Eine Einschränkung, deren Tragweite allerdings unklar bleibt, findet sich in Staat (Nr. 50), S. 724. OM äußert dort Skepsis, daß sich „die nach Aufsaugung alles öffentlichen Lebens strebende Staatsidee ohne Rest verwirklichen“ lasse.

[14] Vgl. Kaiser-Wilhelms-Universität (Nr. 84), S. 10; Fichte (Nr. 72), S. 22.

[15] Staat (Nr. 50), S. 714; ebenso in deutscher Übersetzung in Fameck (Nr. 39), Sp. 417 und nahezu gleichlautend in Portalis (Nr. 30), S. 10, wobei dort allerdings der Satz dem französischen Staatsrat Portalis zugeschrieben wird.

[16] Person (Nr. 58), S. 47.

[17] Ebd. Folgerichtig heißt es dort auch, ein Staat sei gegeben mit dem „tatsächlichen Zustand, status, daß eine oberste Gewalt eingerichtet ist für ein gewisses Gebiet und für die zugehörigen Menschen“, also sobald das der Fall ist.

[18] Anmerkung zu RGSt v. 4. 4. 1919, JW 48 (1919), S. 733. Die „Heiligkeit und Unverletzlichkeit“ kam damals dem Rat der Volksbeauftragten als dem aktuellen Inhaber der Staatsgewalt zustatten.

er gegeben, so komme man „mit dem eigensinnigen Satze: Recht muß Recht bleiben ... dem Staate gegenüber nicht durch".[19] Da vermöchten auch die Juristen nichts auszurichten: „... wenn er es wirklich ist, der uns da entgegentritt, können auch wir Juristen uns nur vor ihm verneigen."[20] Und in der Besprechung eines Buches über „Revolutionsgewalt und Notstandsrecht" beantwortet Mayer die Frage, ob eine aus der Revolution hervorgegangene Regierung ohne weiteres Rechtssätze, „Verordnungen mit Gesetzeskraft" schaffen könne, wie folgt: „Sofern sie tatsächlich in den Besitz der Staatsgewalt getreten ist, zweifellos, ... denn die Staatsgewalt bedeutet eben auch Macht über das Recht."[21]

Die Relevanz dieses Verständnisses der moderen Staatsidee für die Ausbildung eines bestimmt gearteten Verwaltungsrechts liegt darin, daß der Staat, den Otto Mayer „getrost Überperson nennen" lassen will, „zu gewaltig" erscheint, „sich in den Rahmen zu fügen, der für Unternehmungen des bürgerlichen Rechts geformt ist"[22]. Deshalb ist ihm ein eigener Bereich zu reservieren, in dem all diese Macht und Herrlichkeit entfaltet werden kann — der des öffentlichen Rechts.[23] In ihm kann seine Natur zutage treten[24], die in der „rechtlichen Mehrwertigkeit"[25] des Staates besteht. Durch das Erscheinen dieser Ungleichwertigkeit ist das öffentliche Recht charakterisiert: „Zwischen Gleichen unterhalb der Staatsgewalt[26] entsteht das zivilrechtliche ..., zwischen Ungleichen, d. h.

---

[19] Anmerkung zu PrOVG v. 10. 11. 1921, JW 51 (1922), S. 610.

[20] Ebd.

[21] Rezension Friters, AöR 39 (1920), S. 105 f. — Diese Machtbezogenheit des Staates beinhaltet aber keineswegs eine völlige Bindungslosigkeit der Staatsgewalt. OM geht durchaus von einer moralischen Gebundenheit aus, nur gehört die „Staatsmoral" ins Reich des Unjuristischen (vgl. Reichsverfassung — Nr. 80 —, S. 210 sowie Völkerrecht — Nr. 78 —, S. 24 ff. mit der Gerechtigkeit, die jedem das Seine zukommen lasse, im Zentrum).

[22] OM, Person (Nr. 58), S. 57. Zutreffend somit die Feststellung von Henke, Zum Verfassungsprinzip der Republik, JZ 1981, S. 249, das öffentliche Recht habe in seiner Entstehung in enger Verbindung mit dem „modernen Staatsgedanken" gestanden.

[23] Bühler, Rezension OM, VerwArch 27 (1919), S. 289, konnte daher mit Recht sagen, die — konkrete — Unterscheidung zwischen öffentlichem und privatem Recht sei eine der Voraussetzungen von Otto Mayers System.

[24] Vgl. OM, Lehre (Nr. 11), S. 81.

[25] OM, Neues (Nr. 83), S. 94. Hold-Ferneck gibt in einer Schrift mit dem aufschlußreichen Titel „Der Staat als Übermensch" (Jena 1926), S. 67 an, OM stütze sich auf ihn.

Der Ausdruck „Mehrwerttheorie", der später von Kelsen (Rechtsgeschäft, S. 210, 211; Rezension Layer, ZSfÖR 1 (1918/19), S. 169; Staatslehre, S. 89; Rechtslehre, S. 284; vgl. auch Römer, Die Reine Rechtslehre Hans Kelsens als Ideologie und Ideologiekritik, PVS 12 (1971), S. 583) zur Kennzeichnung der Position OMs in die wissenschaftliche Auseinandersetzung eingeführt worden ist, geht also auf OM selbst zurück.

[26] Die Notwendigkeit, den Zusatz: „unterhalb der Staatsgewalt" aufzu-

zwischen Staatsgewalt und Untertan, das öffentlich-rechtliche Rechtsgeschäft."[27] Das ganze Gebiet des öffentlichen Rechts ist somit ein großes Gewaltverhältnis.[28] Dadurch, daß der Staat hier „von vorneherein alles, was er will", vermag, wird der Bürger im öffentlichen Recht zum Untertan.[29]

Otto Mayer, der den Begriff „Untertan" in diesem Zusammenhang ständig verwendet[30], war sich über die Makelbehaftetheit des Wortes[31] sehr wohl im klaren. Anders kann seine Aufforderung, nicht allzu ängstlich zu sein, das Wort Untertan, das das Verhältnis des Menschen im Staate ganz gut bezeichne, zu gebrauchen[32], nicht verstanden werden. Die Berufung auf Rousseau[33], der den Ausdruck „sujet" (Untertan) „ungescheut" verwendet habe, dient dementsprechend dazu, die Verwendung des Begriffs unverdächtig zu machen.

Wenn Otto Mayer das Wort trotz seines schlechten Klangs nicht missen wollte, so findet dies seine Erklärung darin, daß er damit die Wirkung der modernen Staatsidee vortrefflich bezeichnet fand. Die Untertaneneigenschaft des Einzelnen ist Konsequenz dieser großen Idee bzw. der Grundauffassung, die Otto Mayer von ihr hat.[34]

---

nehmen, offenbart eine Schwäche der Mehrwerttheorie, die OM gesehen hat. Im Verhältnis öffentlicher Verwaltungen zueinander gebe es „außergewöhnliche Gestaltungen auf öffentlich-rechtlichem Boden"; diese „Nebenerscheinungen" könne die Wissenschaft des Verwaltungsrechts nicht begreifen (Neues — Nr. 83 —, S. 94), mit ihnen rage „ein fremdes Element in das Gebiet des Verwaltungsrechts hinein" (Rezension Apelt, AöR 40 (1921), S. 245).

[27] OM, Lehre (Nr. 11), S. 60 Fn. 87. Siehe auch OM, Neues (Nr. 83), S. 94: Ein „anderes brauchbares Merkmal des öffentlichen Rechts als das der Erscheinung der öffentlichen Gewalt" werde „nicht wohl zu finden sein", wohingegen der Grundgedanke der „Macht des einfachen Bürgers" das bürgerliche Recht kennzeichne; OM, Selbstdarstellung (Nr. 89), S. 166: „... Grundgedanke des öffentlichen Rechts das rechtliche Überwiegen (des) irgendwie geäußerten Willens" des Staates.

[28] OM, Lehre (Nr. 11), S. 53. Die „besonderen Gewaltverhältnisse" sind als „Seitenstücke", „engere Kreise" nur „besonders scharfe Ausprägung(en)" dieses allgemeinen Gewaltverhältnisses (ebd.).

[29] Ebd. S. 81: „großes Gewaltverhältnis der Untertanenschaft".

[30] Statt vieler Belege Stand (Nr. 56), S. 500 f.: „... öffentlich-rechtliches Rechtsinstitut ... gebaut ... auf der Grundlage der Ungleichwertigkeit der beteiligten Rechtssubjekte, des Staates und des Untertans." Selbst die Kirchen stehen nach dem „Grundsatz des neuzeitlichen Staates", der „unbedingten Souveränität" in einem „allgemeinen Untertanenverhältnis zum Staat" (OM, Trennung — Nr. 82 —, S. 3; ähnlich OM, Staat — Nr. 50 —, S. 714).

[31] Stolleis, Untertan, weist darauf hin, daß das Wort „Untertan" bereits um 1770 legitimationsbedürftig geworden war.

[32] Verwaltungsrecht, 3. Aufl., Bd. 1 (Nr. 88), S. 13 Fn. 2.

[33] Ebd.

[34] Vgl. OM, Rezension G. Jellinek, AöR 9 (1894), S. 285: „Hier ist die Frage auf den richtigen Punkt zurückgeführt, wo die Meinungen sich trennen. Uns sind Staat und Untertan von Natur rechtlich ungleich."

Dieser die umfassende Rechtsmacht des Staates betonende Grundzug bot eine der Hauptangriffsflächen von Otto Mayers Verwaltungsrecht.[35] Man hat darin eine Überspannung der hoheitlichen Natur des Staates"[36] gesehen, insbesondere geargwöhnt, das Recht verkümmere hier, während die reine Macht triumphiere.

Besonders kraß fiel der Vorwurf Edgar Loenings aus, Grundlage aller Ausführungen Mayers sei, „daß der Staat nur auf Gewalt beruhe"[37]. Otto Mayer hat solche Beurteilungen als unbegründete Verdächtigungen empfunden und wiederholt den Versuch unternommen, seinen Standpunkt ins rechte Licht zu rücken. Zunächst allerdings hatte er das Mißverständnis selbst genährt. In seiner ersten größeren Abhandlung zum deutschen Verwaltungsrecht hatte er geschrieben, es gebe „in dem Verhältnisse der Verwaltung zu den Untertanen ... nur eine einzige eigentümlich öffentlich-rechtliche Einwirkung", das sei „der Befehl"[38]. Später folgte die Klarstellung, sein Begriff des öffentlichen Rechts sei nicht deckungsgleich mit Befehl und Zwang.[39]

Tatsächlich ist das öffentliche Recht nach Mayer zwar definiert durch die einseitige „Einwirkung"[40] des Staates auf den Untertan, diese jedoch ist vielgestaltig und differenziert. Sie ist es vor allem hinsichtlich der Intensität des Gebrauchs staatlicher Macht, und zwar weitaus mehr, als man es nach der Beschreibung des Einzelnen als „der leidende Teil, auf welchen gewirkt wird und der sich nur dazu hergeben muß, damit es geschehen kann,"[41] annehmen möchte. Die Allgegenwart der staatlichen Überlegenheit im öffentlichen Recht manifestiert sich Otto Mayer zufolge nämlich auch in „Art(en) von Einwirkung ..., welche nicht ...

---

[35] Typisch für die Kritik Kaufmann, Mayer, S. 395: „Unser Verwaltungsrecht ist so staatsabsolutistisch und autoritär nicht ... wie das deutsche bei Otto Mayer erscheint."

[36] G. Jellinek, Rezension OM, VerwArch 5 (1897), S. 306.

[37] Rechtskraft (Nr. 47), S. 13.

[38] Lehre (Nr. 11), S. 4 f.

[39] Haftung (Nr. 70), S. 5; Neues (Nr. 83), S. 94: „...Äußerung öffentlicher Gewalt ... selbstverständlich nicht gleichbedeutend mit dem plumpen Befehl"; Rezension Layer, AöR 17 (1902), S. 452: Der Begriff des imperiums sei „zu eng und zu steif und zur Erklärung des modernen Rechts nicht anwendbar". Er wolle „nichts damit zu tun haben"; ebd. S. 453: Die öffentliche Gewalt decke sich bei ihm nicht mit „imperium"; Verwaltungsrecht, 3. Aufl., Bd. 2 (Nr. 88), S. 273: „Früher [!] wollte man ja öffentliches Recht überhaupt nur da sehen, wo der Staat dem Einzelnen gegenübertritt mit Befehl und Zwang"; Verwaltungsrecht, 2. Aufl., Bd. 2 (Nr. 77), S. 73: „Die Erscheinung der öffentlichen Gewalt kann, wie wir wissen, sehr mannigfache Gestaltungen annehmen. Wer immer nur einen Befehl als solche anerkennen will, verzichtet von vornherein auf das Verständnis unseres neuzeitlichen Verwaltungsrechts."

[40] Vgl. Theorie (Nr. 10), S. 17, 156.

[41] OM, Lehre (Nr. 11), S. 25.

Zwang und Pflichtauferlegung bedeuten“, beispielsweise in der „Verleihung von Nutzungen an öffentlichen Anstalten und Einrichtungen, Konzessionen, Gewährung von Unterstützungen und Entschädigungen“[42]. Dies alles falle unter den Begriff des „einseitigen Bestimmens des Rechtsverhältnisses“, der das öffentliche Recht umgrenze.[43] Gegen Laband gewendet, dessen „ganz unzulängliche Anschauung vom Wesen des öffentlichen Rechts“ er rügt, da nach Laband öffentliches Recht nur da sei, wo der Staat befiehlt[44], hat Otto Mayer seine Vorstellung von der Vielfalt öffentlich-rechtlicher Wirkungsmöglichkeiten nochmals präzisiert.

„Es gelte“, so sagt er, „dem Mangel an Verständnis abzuhelfen für den Reichtum des neuen öffentlichen Rechtes, der da enthalten ist in den Gestaltungsmöglichkeiten der unseren Rechtsstaat kennzeichnenden Einrichtungen: Rechtssätze, durch die der Staat hier handelt (nicht bloß herrscht), obrigkeitliche Akte, durch die er im Einzelfall bestimmt, was rechtens sein soll (nicht bloß befiehlt), und schließlich die mehr oder weniger gebundene tatsächliche Macht, in der er dem einzelnen gegenübertritt (nicht bloß zwingt)“.[45] *Diese* Art „einseitigen Bestimmens“ durch den Staat ergibt mithin das Terrain des öffentlichen Rechts[46], auch die „positiv fördernde Einwirkung“(!)[47] ist Emanation des „großen Gedankens der bindenden Kraft des Staatswillens“[48].

Daher ist die von Otto Mayer gegebene Definition des öffentlichen Rechts, wonach darunter „die Ordnung von Verhältnissen, an welchen ein Träger öffentlicher Gewalt als solcher und damit die öffentliche Gewalt selbst beteiligt ist“, zu verstehen ist[49], ihrem Wesen nach keine — wie man zunächst meinen könnte[50] — Subjektstheorie.

---

[42] Ebd. S. 32.

[43] Ebd. S. 33.

[44] Selbstdarstellung (Nr. 89), S. 165: das sei eine polizeistaatliche Anschauung.

[45] Ebd. Vgl. auch die Kritik an Georg Jellinek in Verwaltungsrecht, 2. Aufl., Bd. 2 (Nr. 77), S. 74 Fn. 3.

[46] Vgl. OM, Lehre (Nr. 11), S. 32.

[47] Formulierung bei OM, Regelung (Nr. 19), S. 215.

[48] Vgl. OM, Lehre (Nr. 11), S. 33.

[49] Verwaltungsrecht, 3. Aufl., Bd. 1 (Nr. 88), S. 15.

[50] Bachof, Recht, S. 8 f. ordnet neuerdings abweichend vom Herkömmlichen mit einer gewissen Vorsicht die Definition OMs der am Rechtssatz orientierten Subjektstheorie zu. Für OM leitet sich aber öffentliches Recht gerade nicht aus Rechtssätzen ab, sondern allein aus dem Erscheinen der rechtlichen Übermacht des Staates. Deshalb kann öffentliches Recht auch bei Fehlen eines Rechtssatzes ermittelt werden. Wie Bachof, jedoch ohne die Ausrichtung am Rechtssatz, bereits Kummer, Recht, S. 50: Die Mehrwerttheorie OMs stelle sich im Grunde als eine „modifizierte Subjektstheorie“ dar.

Denn „Staat als solcher" ist bloß der einseitig bestimmende Staat[51]; das Bemerkenswerte dabei ist nur die dargelegte Bandbreite der dazu zählenden Einwirkungsmöglichkeiten, in der selbst staatliche Gewährungen Platz finden.

Dieselbe Struktur weist der „zentrale Begriff der Verwaltungsrechtswissenschaft"[52], der „Verwaltungsakt" auf. Als „die ordentliche Form, in welcher die Obrigkeit ... dem Untertanen bestimmt, was für ihn im Einzelfall rechtens sein soll"[53], ist er Teil des öffentlichen Rechts. Diese Definition setzt anstelle eines „befiehlt" ein „bestimmt" und läßt damit wenigstens andeutungsweise die Offenheit bezüglich unterschiedlicher Handlungsformen erkennen. Otto Mayer selbst hat die „Mannigfaltigkeit des Verwaltungsakts"[54] unterstrichen. Auch hier grenzt er sich gegen Laband ab, der ihm den „machtvolle(n) einheitliche(n) Begriff des Befehls" in der Diskussion um die „Theorie des französischen Verwaltungsrechts" in den Weg gestellt habe[55].

Damals hätten contrats administratifs und pacta censoria zu Hilfe kommen müssen, die beide obrigkeitliche Verfügungen seien „und doch in ihrer äußeren Form von der starren Form des Befehls so weit entfernt als möglich" wären. Seitdem — Otto Mayer sagt das im Jahre 1906 — „sei der wichtige Prozeß der Differenzierung gewaltig vorwärts geschritten"[56]. Der Begriff des Verwaltungsaktes ist somit nicht der Eingriffsverwaltung zuzuordnen, sondern er hat Raum und Bedeutung auch im Bereich leistender Staatstätigkeit. Im letzteren ist das Kriterium des rechtlichen Übergewichts des Staates allerdings nur mehr ausgedünnt anzutreffen. Das mag nicht nur manche falsche Einsortierung verursacht haben, sondern stellt auch eine Schwäche der Verwaltungsaktdefinition wie der des öffentlichen Rechts Otto Mayers dar. Je mehr sich nämlich die als zugrundeliegend behauptete Idee — hier die neuzeitliche Staatsidee — als verflüchtigt darstellt, desto weniger einsichtig erscheint es, diese Idee — und nicht eine andere bzw. ein anderes Merk-

[51] Das ergibt sich im übrigen auch aus der Definition OMs selbst. Nur wenn nämlich „ein Träger öffentlicher Gewalt" „*als solcher*" auftritt, ist „die öffentliche Gewalt selbst beteiligt". Wesentlich sind also die Worte: „als solcher". OM hat zudem, Verwaltungsrecht, 3. Aufl., Bd. 1 (Nr. 88), S. 114, das Entscheidende der Subordination in der Formulierung zum Ausdruck gebracht, daß „Beteiligung der öffentlichen Gewalt" und „Ungleichheit der Rechtssubjekte" gegeben sein müsse.

[52] OM, Rezension Spiegel, AöR 25 (1909), S. 494. In Rechtskraft (Nr. 47), S. 23 bezeichnet OM den Verwaltungsakt als den „Kern des neuen Verwaltungsrechts".

[53] OM, Rechtskraft (Nr. 47), S. 63; Recht (Nr. 51), S. 31; ähnlich Verwaltungsrecht, 3. Aufl., Bd. 1 (Nr. 88), S. 93.

[54] Stand (Nr. 57), S. 500.

[55] Vgl. ebd.

[56] Ebd.

mal — als das Entscheidende anzusehen. Mit dieser Schwierigkeit hatte Otto Mayer insbesondere bei seinem — im wesentlichen gescheiterten — Versuch zu kämpfen, die Existenz eines echten öffentlich-rechtlichen Vertrages als mit dem Wesen des öffentlichen Rechts unvereinbar abzulehnen.

Angesichts des besonderen Begründungszwanges hinsichtlich der Zuordnung von Rechtsinstituten zum öffentlichen Recht, dem sich Otto Mayer gegenüber sah, war es für ihn besonders wichtig, die „moderne Staatsidee" in all den rechtlichen Gestaltungen aufzuweisen, die er für das Verwaltungsrecht reklamieren wollte. Und da er beabsichtigte, das Verwaltungsrecht zu einem „völlig geschlossenen, autarken Rechtssystem des öffentlichen Rechts" auszugestalten, mußte ihm dies auch bezüglich der Rechtsbeziehungen der öffentlichen Verwaltung gelingen, die als „Besitz-[57], Beschaffungs- und Leistungsverhältnisse des Staates herkömmlich den Regeln des allgemeinen Besitz- und Verkehrsrechts (Privatrechts) folgte(n)"[58].

Als „Schlüssel" zum richtigen Verständnis des Verwaltungsrechts erschien ihm „der rechte Staatssinn"[59]. Hier zeigt sich eine auffällige Parallele zu der oben[60] bei der allgemeinen Vorstellung der Methode Otto Mayers erwähnten Aussage, letztlich seien die juristischen Auffassungen von der „Gesinnung" diktiert. Der „rechte Staatssinn" hält das öffentliche Recht für das dem Staate „angemessene"[61], für das dem Staate „angeborene"[62].

Damit aber verleugnet der Staat seine Natur, wenn er zivilrechtlich handelt.[63] Otto Mayer zieht denn auch die naheliegende Konsequenz, ein solches „Hinabsteigen"[64] in die Ebene des Privatmannes nur als „begrenzte Ausnahme" gelten zu lassen.[65] Ist hiermit eine Art Beweislast zuungunsten der privatrechtlichen Einstufung eines Rechtsinstituts oder eines Rechtsverhältnisses, an dem der Staat beteiligt ist, geschaffen, so kann nicht zweifelhaft sein, zu wessen Gunsten die Grenz-

---

[57] Beispielsweise das öffentliche Eigentum, bei dem das Bestreben OMs klar dahin ging, es ins öffentliche Recht zu vereinnahmen.

[58] Vgl. Bullinger, Recht, S. 66, der allerdings auf das methodische Mittel nicht eingeht.

[59] Vgl. Stand (Nr. 56), S. 504 f.

[60] S. 41.

[61] OM, Haftung (Nr. 70), S. 6.

[62] Ebd. S. 5; siehe auch OM, Justiz (Nr. 32), S. 5 f.

[63] So OM ausdrücklich in Haftung (Nr. 70), S. 5.

[64] Vgl. die Formulierung ebd. Es handelt sich dabei um einen echten Abstieg, denn der Staat begibt sich dabei dessen, was ihn in besonderer Weise auszeichnet, seiner Hoheit.

[65] Ebd.

ziehung zwischen privatem und öffentlichem Recht in aller Regel ausfällt. Wir sehen uns einem methodisch vorprogrammierten Geländegewinn für das öffentliche Recht — so wie Otto Mayer es versteht — gegenüber.[66]

Immerhin verlangt die Methode Mayers jedoch, die neuzeitliche Staatsidee, die das öffentliche Recht durchpulst, in der Wirklichkeit nachzuweisen, sie als „Offenbarungen dieser Kraft" erkennen zu können.[67] Eine Möglichkeit bestand darin, im einzelnen Rechtsinstitut, im konkreten Handeln der öffentlichen Gewalt die einseitige staatliche Einwirkung ausfindig zu machen. Und da es „kein Zwischengebiet von Verschwommenheit" zwischen öffentlichem und privatem Recht gibt[68], außerdem das öffentliche Recht „oft (nur) das Unbewußte" ist[69], werden die Anforderungen an den Nachweis der bindenden Kraft des Staatswillens äußerst gering gehalten.

Das vereinbart sich mit der Methode Otto Mayers, obwohl hier systembildend ein Element sein soll, das nur in Spurenelementen aufgezeigt werden kann. Solche geringen Untermischungen können aber auch genügen, da die arbeitende, zukunftsträchtige Idee keineswegs bereits voll ausgebildet zu sein braucht.[69a]

Derjenige allerdings, der über den „rechten Staatssinn" noch nicht verfügt, wird, wenn das obrigkeitliche Moment nahezu unkenntlich ist, den Gebietsanspruch des öffentlichen Rechts zurückweisen. Er wird die hoheitlichen Einsprengsel vielleicht für Rudimente eines überholten Rechtszustandes halten und dann eher auf ihre Beseitigung sinnen als ihre Festigung anstreben.

Konnten die Versuche, im tatsächlichen Auftreten des Staates diesen als den, „der er eigentlich ist"[70], zu erkennen, allein nicht überzeugen, so erlaubte es Otto Mayers Methode, auf dem Umweg über eine die

[66] Vgl. Bullinger, Recht, S. 66, der von dem Versuch OMs spricht, „die öffentliche Verwaltung in ihrem eigentlichen Aufgabenkreis dem Privatrecht fast ausnahmslos zu entziehen". Siehe auch OM selbst, Selbstdarstellung (Nr. 89), S. 166: Das Gebiet, auf dem der Staat den „Grundgedanken des öffentlichen Rechts, das rechtliche Überwiegen seines irgendwie geäußerten Willens" verleugnend ausnahmsweise auf dem Boden der Gleichwertigkeit mit dem Einzelnen verkehre und demgemäß die Voraussetzung für die Anwendbarkeit des Zivilrechts gegeben sei, sei „viel enger, als es dem blöden Auge des Polizeistaats" habe erscheinen können.

[67] OM, Lehre (Nr. 11), S. 86.

[68] Ebd. S. 19.

[69] Ebd. S. 77.

Im Zusammenhang mit dem öffentlichen Eigentum spricht OM in Rezension Hawelka, AöR 27 (1911), S. 345, von der Bewußtmachung einer verborgenen Rechtsidee.

[69a] Siehe oben S. 39 f.

[70] OM, Haftung (Nr. 70), S. 6.

Nachahmung rechtfertigende gleiche Kulturgrundlage auf das Beispiel anderer Staaten hinzuweisen.

Bei diesem Rekurs auf die Wandereigenschaft auch der modernen Staatsidee hat Otto Mayer in größerem Umfang als sonst üblich auf den römischen Staat und dessen Recht Bezug genommen.[71] Mayer setzt die moderne „allgemeine hoheitlich wirkende Staatsgewalt“ mit der „alten majestas populi Romani“ gleich[72], hält somit „die römische Staatsidee (für) ... wiedergefunden für das Verhältnis zwischen Staat und Untertan“[73] und erklärt die Anwendbarkeit von Zivilrecht für ausgeschlossen, wenn die „mächtige Staatsidee des altrömischen Rechts“ erscheint[74]. Insgesamt hat die römische Staatsidee eine „ungeheure Bedeutung für die Wissenschaft des öffentlichen Rechts“[75].

Daneben bleibt auch hier die Vorbildhaftigkeit des französischen Verwaltungsrechts bestehen. Bereits in der „Theorie des französischen Ver-

[71] OM hatte eine enge Beziehung zum römischen Recht: „Meine erste Liebe“, schreibt er in einem autobiographischen Beitrag (Curriculum — Nr. 63 —, Sp. 1041), „gehörte dem römischen Rechte“. Ein Pandektenpraktikum bringt ihn in nähere Beziehungen zu v. Scheurl (OM, Selbstdarstellung — Nr. 89 —, S. 156), der sein Lehrer und — später — sein Freund wird (Curriculum — Nr. 63 —, Sp. 1041). In dem erhalten gebliebenen Rest des Nachlasses von OM befinden sich drei Briefe von Scheurls an OM aus den Jahren 1869 und 1870. OMs Doktorarbeit behandelt ein Gebiet des römischen Rechts. Die Dissertation, für die er, wie er nicht ohne Stolz vermerkt, ein „ungewöhnliches gutes Prädikat erhalten“ hat (Selbstdarstellung — Nr. 89 —, S. 157), erweitert er zu dem Buch „Die justa causa bei Tradition und Usukapion“ (Nr. 1). Für das im Mai 1871 abgelegte Staatsexamen war allein das römische Recht Grundlage (Selbstdarstellung — Nr. 89 —, S. 156). Scheurl war es auch, der OMs Gedanken auf eine akademische Laufbahn lenkte (Selbstdarstellung — Nr. 89 —, S. 156). OMs Pläne, sich für römisches Recht zu habilitieren, scheinen, wenn auch mit unterschiedlicher Intensität, über Jahre hinweg bestanden zu haben (vgl. Dupré, Dina — Nr. 21 —, S. 250, 278; ders., Kriege — Nr. 52 —, S. 4 f.). Anfang der siebziger Jahre erscheint dann auch eine weitere römisch-rechtliche Abhandlung aus seiner Feder (Versuch — Nr. 2 —). Das erste Gutachten, das OM vor dem deutschen Juristentag 1882 abgibt, hat ebenfalls einen römisch-rechtlichen Einschlag (Grundsätze — Nr. 7 —). Im gleichen Jahr soll OM sogar als Nachfolger v. Scheurls hinsichtlich des römisch-rechtlichen Teils von dessen Lehrstuhl nach Erlangen berufen werden. Nur eine aufgetretene Verzögerung bewirkt, daß die Universität Straßburg der von Erlangen zuvorkommt und verhindert damit die Rückkehr OMs zum römischen Recht (Curriculum — Nr. 63 —, Sp. 1045). Selbst danach hat sich OM noch mit dem Gedanken getragen, die Beschäftigung mit römischem Recht fortzusetzen. In einem Brief an Richard Schröder (Universitätsbibliothek Heidelberg) schreibt er am 2. Januar 1886: „Mit den französischen Ausflügen ist's genug ... Sie sollen sehen, auf einmal kriegen Sie irgendein römisches Rechtsinstitut zugeschickt vom französischen Standpunkt aus betrachtet.“

[72] Verwaltungsrecht, 3. Aufl., Bd. 1 (Nr. 88), S. 54.

[73] Lehre (Nr. 11), S. 33; ebenso Eisenbahn II (Nr. 29), S. 49: „... uns überhaupt die antike Staatsidee wiedergewonnen ist...“

[74] Vgl. Eisenbahn II (Nr. 29), S. 45; Lehre (Nr. 11), S. 8.

[75] Lehre (Nr. 11), S. 33.

waltungsrechts“ hatte Otto Mayer geschrieben: „Wenn ... etwas zur Nachahmung empfohlen werden könnte, so wäre es ... der Geist des Ganzen (des französischen Verwaltungsrechts, der Verf.), jener großartige Zug von Achtung vor der hoheitlichen Tätigkeit des Staates ...“[76] Die Majestät des Staates findet dabei „ihren hervorragenden Ausdruck im Begriffe des Verwaltungsaktes, acte administratif, auch acte d'autorité, acte de commandement genannt“.[77] Der Verwaltungsakt im verwaltungsrechtlichen System Otto Mayers ist dann „nur eine Übersetzung von acte administratif“[78] und braucht auch nicht mehr zu sein.

Auch mit der zusätzlichen Berufung auf die Mustergültigkeit des französischen Verwaltungsrechts auch in dieser Hinsicht scheint sich Otto Mayer von Anfang an darüber im klaren gewesen zu sein, daß seine Vorgehensweise bei der Grenzabsteckung des öffentlichen Rechts nicht restlos überzeugen konnte.

2. Einseitige Einwirkung des Staates als Folge der Zugehörigkeit zum öffentlichen Recht

Bereits in der 1888 erschienenen Abhandlung „Zur Lehre vom öffentlich-rechtlichen Vertrag“ stellt er Überlegungen an, ob das Anknüpfen an das *Erscheinen* der einseitig bindenden Kraft des Staatswillens sinnvoll und ausreichend sei. Obwohl er an diesem Kriterium im wesentlichen bis zuletzt festgehalten hat, konzediert er doch, daß diese einseitig bindende Kraft des Staatswillens „nicht notwendig so von selbst und in äußerlich erkennbarer Weise“ erscheint[79]. Damit ist die Aufmerksamkeit auf das Entscheidende gelenkt. Würde man bei dem Auswahlgesichtspunkt des Auftauchens der einseitigen obrigkeitlichen Einwirkung verharren, bliebe vieles mangels ausreichender Überzeugungskraft aus dem öffentlichen Recht ausgesperrt. Otto Mayer will aber auch solche Dinge zum öffentlichen Recht rechnen können, „welche keine so ausgesprochen öffentlich-rechtliche Form zur Schau tragen“.[80] Um das zu erreichen, kehrt er die Kausalbeziehung einfach um: „... nicht weil die bindende Kraft des Staatswillens darin wirksam wird, wird (ein) Akt als öffentlich-rechtlicher anerkannt, sondern weil er aus irgend einem anderen Grunde zum öffentlichen Rechte gehört, rechnet man bei seiner juristischen Behandlung mit jener Kraft.“[81]

---

[76] (Nr. 10), S. VIII f.

[77] OM, Lehre (Nr. 11), S. 16 f.

[78] OM, Rezension Meyer, AöR 11 (1896), S. 159. Freilich handelt es sich dabei um eine „doppelte“ Übersetzung, siehe unten S. 79 ff.

[79] (Nr. 11), S. 34.

[80] Lehre (Nr. 11), S. 34.

[81] Ebd. OM wiederholt dieses Ableitungsverhältnis S. 57, wo er ausführt,

Diese Sätze sind nahezu systemstürzend. Zwar entwerten sie das formale Definitionsmerkmal nicht gänzlich, sie degradieren es jedoch zu einem sekundären. Denn letztlich müßte sich danach die Zugehörigkeit zum öffentlichen Recht materiell bestimmen. In der Tat erklärt Mayer, es „bleibe nur übrig, zurückzugehn auf Inhalt und Gegenstand der staatlichen Tätigkeit“[82]. Die solchermaßen geweckte Erwartungshaltung wird sodann jedoch nicht befriedigt. Otto Mayer referiert zwar Vorschläge für inhaltliche Maßstäbe, darunter auch den des öffentlichen Interesses. Er kann sich aber für keines der Kriterien entscheiden und sucht am Ende doch wieder Zuflucht bei seinem Merkmal des äußerlich erkennbaren Staatswillens. Er bleibt also, nachdem er einen Schritt in Richtung auf eine am Inhalt der staatlichen Tätigkeit orientierte Definition des öffentlichen Rechts getan hat, auf halbem Wege wieder stehen. Er räumt auf der einen Seite zwar ein, daß die öffentlich-rechtliche Form nur Folge einer schon zuvor vorhandenen öffentlich-rechtlichen Eigenschaft sei, auf der anderen Seite läßt er im Dunkeln, was es ist, das die öffentlich-rechtliche Form auslöst. Das ist unschädlich, solange die öffentlich-rechtliche Form als solche hinreichend deutlich zu erkennen ist; ist sie das nicht, hilft die Form nicht weiter: Otto Mayer ist am Ausgangspunkt der Schwierigkeiten angelangt, die er eigentlich überwinden wollte.

3. Die Vernünftigkeit der öffentlich-rechtlichen Ordnung

Eineinhalb Jahrzehnte danach wagt er dann doch noch den Sprung zur „Vernünftigkeit“ der öffentlich-rechtlichen Ordnung, mit einer gewissen Vorsicht, die ihm hier stets eigen war — aber immerhin!

Zunächst gesteht Otto Mayer ein, daß in einer Zeit des Übergangs, in der sich der Sinn für öffentliches Recht noch nicht durchgerungen habe, seiner Methode die überzeugende Kraft fehle.[82a] Er bekennt sogar ausdrücklich die „Schwäche“ der von ihm bisher vertretenen Lehre.[82b] Auch wenn er dennoch *im Prinzip* an ihr festhalten will[82c], so dürfe man doch in solchen Fällen, meint er, den „Maßstab auch einmal zu holen suchen aus dem, was hinter allen Rechtseinrichtungen steht: sie sollen den Menschen dienen in bestimmter Weise und dieser Absicht angemessen, d. h. *vernünftig* sein.“[82d] Die Vernünftigkeit öffentlich-recht-

---

das Staatsdienstverhältnis sei nicht öffentlich-rechtlich, weil es ein Gewaltverhältnis sei, „sondern das öffentlich-rechtliche (sei) es eben, was das Dienstverhältnis zu einem Gewaltverhältnis mach(e).“

[82] Ebd. S. 35.

[82a] Eisenbahn II (Nr. 29), S. 65 f.

[82b] Ebd. S. 66 Fn. 29.

[82c] Ebd.: Man habe „nur die Wahl ... zwischen ihr und gänzlicher Zerfahrenheit“.

[82d] Eisenbahn II (Nr. 29), S. 66.

lichen Eigentums besteht beispielsweise darin, durch die öffentlichrechtliche Form und den damit verbundenen Ausschluß des Zivilrechts eine Sache einem besonderen, nämlich öffentlichen Zweck zu erhalten.[82e] An anderer Stelle hat Mayer das so ausgedrückt: „Daß die öffentliche Sache extra commercium, d. h. außerhalb der rücksichtslosen Wirkung des Zivilrechts gestellt wird, das hat die praktische Bedeutung, daß sie unbedingt bei ihrer ... Zweckbestimmung erhalten werden soll."[83] Wenig später — 1906 — schreibt er: „Das Zweckmäßigkeitsgefühl sträubt sich dagegen, daß ... wichtige Einrichtungen künftig abhängig werden sollen von den Zufälligkeiten zivilrechtlicher Rechtsbegründungen"[84]. Somit wird nicht mehr von der Form der staatlichen Willensäußerung ausgegangen, vielmehr ruft die inhaltliche Sachgemäßigkeit die Unterstellung unter das öffentliche Recht hervor. Eine „Machterweiterung des Staates"[85], für die Otto Mayer ein „unverkennbare(s) praktische(s) Bedürfnis" für gegeben hält[86], liefert die Rechtfertigung der öffentlich-rechtlichen Zuordnung und damit der öffentlich-rechtlichen Figur des öffentlichen Eigentums. Über dieses „praktische Bedürfnis", über die „Zweckmäßigkeit" sind wir wieder bei der Vernünftigkeit der Rechtsordnung angelangt.[87] Eine Mißachtung des Bedürfnisses, der Zweckmäßigkeit ist zwar nicht ausgeschlossen, dadurch aber würde der Staat in ein widernatürliches System gepreßt. Es darf jedoch nicht gleichgültig sein, sagt Otto Mayer dazu, „ob Recht von einleuchtender Vernünftigkeit ist oder nicht"[88].

Mit diesen Hinweisen auf die inhaltlichen Komponenten von Otto Mayers Verwaltungsrechtsdenken soll nicht verwischt werden, daß die öffentliches Recht konstituierenden Inhalte der Verwaltungstätigkeit bei ihm mehr angedeutet als im einzelnen ausgeführt sind.[89]

Die einzige Stelle, an der das „öffentliche Interesse" in den Mittelpunkt gerückt ist, findet sich bezeichnenderweise außerhalb der juristischen Veröffentlichungen Mayers. In einem Debattenbeitrag im Leipziger Kommunalparlament[90] begründet er, weshalb die Gewährung von Unterstützung an Privat-Mädchenschulen kein Rechtsgeschäft des bür-

[82e] Vgl. ebd.

[83] Rezension Goez, AöR 19 (1905), S. 596.

[84] Stand (Nr. 56), S. 507.

[85] OM, Rezension Kloess, AöR 27 (1911), S. 348.

[86] Vgl. Stand (Nr. 56), S. 513.

[87] Siehe dazu die oben S. 44 f. allgemein zur Methode OMs gemachten Ausführungen. In Eisenbahn II (Nr. 29), S. 71 geht OM von einer Koinzidenz von „praktische(r) Vernunft" und „Zweckmäßigkeit" aus.

[88] Justiz (Nr. 32), S. 40.

[89] Bullinger, Recht, S. 65, nennt die Ausbildung der „rechtsinhaltlichen Grundsätze" der Verwaltung bei OM nicht zu Unrecht „schwach entwickelt".

[90] Verhandlungen 1910, S. 416.

gerlichen Rechtsverkehrs darstellt. Der Staat dürfe, so Otto Mayer, gar nichts schenken. Man würde daher nichts geben, „wenn nicht das Interesse der Gemeinde damit verfolgt würde". Im öffentlichen Interesse gebe man „diese Subventionen, und diese Subventionen (seien) *deshalb* (Hervorhebung vom Verf.) keine Schenkungen i. S. des Bürgerlichen Gesetzbuchs."

In seinen verwaltungsrechtlichen Schriften ist allein als weiteres von Otto Mayer anerkanntes materiales Moment eine „dem öffentlich-rechtlichen Verhältnis eigentümliche Billigkeitsidee"[91] näher ausgeführt, die allerdings nur einen schmalen Sektor des Verwaltungshandelns erfassen kann. Diese ist für Mayer eine Folgerung aus der neuzeitlichen Staatsidee. Die „große Einrichtung Staat" könne zwar „von ihren Angehörigen Opfer verlangen jeder Art", jedoch erfordere es die Gerechtigkeit, „daß diese Opfer verteilt seien nach dem gleichen Maßstabe".[92] Daher habe der Staat einen „seinem Untertanen widerfahrenen besonderen Nachteil" auszugleichen.[93] Dieser Billigkeitsausgleich ist für Mayer öffentlich-rechtlich, „mögen die Gesetzgeber sich bei ihrem Gesetze gedacht haben, was sie wollen"[94]. Bei diesem erstaunlichen Auftauchen einer spezifisch öffentlich-rechtlichen Gerechtigkeitsidee darf nicht außer acht gelassen werden, daß sie unmittelbar an die Entfaltung staatlicher Macht angekoppelt ist, Otto Mayer sich also von seiner alles durchwirkenden Zentralidee im Grunde nicht entfernt.[95]

Otto Mayer verharrt also bei allem Hinausgehen über die formalen Momente des Auftauchens der staatlichen Hoheitsgewalt letztlich doch im Bannkreis obrigkeitlichen Denkens. Das liegt daran, daß er der Vorstellung verhaftet ist, ein wie auch immer inhaltlich begründetes und ausgestaltetes staatliches Handeln müsse partout in der Form irgendeiner einseitigen Einwirkung auf den Bürger, der dadurch zum Untertan wird, erfolgen.

4. Die moderne Staatsidee als Konstruktionsprinzip

Ist die maßgebende Idee erst einmal festgestellt, regelmäßig anhand der von ihr geprägten Form, gelegentlich durch Rekurrieren auf inhalt-

---

[91] Verwaltungsrecht, 2. Aufl., Bd. 2 (Nr. 77), S. 536 f.

[92] Haftung (Nr. 70), S. 11.

[93] Auf der anderen Seite ist OM der Meinung, dem Staat komme „eigentlich" der Mehrwert zu, der durch staatliche — im gegenständlichen Fall: städtische — Entwicklungsmaßnahmen bewirkt werde (Verhandlungen 1899, S. 231). Er teilt insoweit die Grundansicht des SPD-Gemeinderats und späteren Reichstagsabgeordneten Böhle!

[94] Haftung (Nr. 70), S. 14.

[95] Daneben taucht bei dieser „Sonderopfertheorie" OMs allerdings das Gleichbehandlungsgebot als Spezifikum staatlichen Handelns auf; vgl. insoweit die Einstufung der Billigkeitsidee OMs bei Rümelin, Billigkeit, S. 19.

liche Ausfächerungen der Idee, der induktive Teil also geleistet, so kann der deduktive folgen.

Den Zusammenhang zwischen beiden hat Otto Mayer in Anwendung auf die moderne Staatsidee in dem bereits mehrfach erwähnten Aufsatz „Zur Lehre vom öffentlich-rechtlichen Vertrag“ herausgestellt. „Ich bin der Meinung“, sagt er, „daß uns für die Beherrschung und Durchdringung (des) Stoffes die einheitliche Grundlage nicht fehlt, deren ein selbständiger Zweig der Rechtswissenschaft bedarf. Sie ist bereits *gefunden* (Hervorhebung vom Verf.) in jener besonderen Kraft des Staatswillens, welche wir ... anerkannt sehen.“[96] Diese „einheitliche Grundlage“, präzisiert Mayer unter Bezugnahme auf Gumplowicz, sei „der *eine* Punkt, aus welchem das *ganze* Rechtssystem der Verwaltung heraus zu konstruieren“ sei (Hervorhebungen vom Verf.)[97]. Bemerkenswert an diesem zentralen Beleg für die Methode Otto Mayers ist, daß die Äußerung aus dem Jahre 1888 stammt, das ist die Zeit, in der er den Auftrag erhalten und angenommen hat, ein Deutsches Verwaltungsrecht zu schreiben[98].

Wie nun bei den Römern und Franzosen „die gleiche staatsrechtliche Grundlage ... *selbständig* (Hervorhebung vom Verf.) ... die gleichen Erscheinungen“ erzeugte[99] und damit „neben dem System der Privatrechtsinstitute ein ‚correspondierendes‘ System von Verwaltungsrechtsinstituten“ entstand[100], so wiederholt sich bei uns das Bild, „kaum daß bei uns die Staatsidee kräftig geworden“ ist[101].

Setzt man diese den Eindruck eines Automatismus erweckenden Formulierungen in Bezug zu der von Otto Mayer als treffend bezeichneten von Gumplowicz, so zeigt sich, daß der Prozeß gar nicht so „selbständig“ abläuft. Es bleibt schon den Juristen überantwortet, richtig zu „konstruieren“.[102] Sie mögen dabei bei Otto Mayer in gewisser Weise als Agenten der mächtigen Idee zu begreifen sein, jedenfalls aber haben sie einen Handlungsspielraum — sonst bräuchten sie nicht, wie Mayer das unermüdlich tut, zur Nachahmung eines bestimmten Systems aufgerufen zu werden.

---

96 S. 86.

97 S. 86 Fn. 122. Die Berufung auf Gumplowicz, Rezension Grais u. a., Grünhuts ZS 14 (1887), S. 482, ist nur in Bezug auf den methodischen Ansatz Gumplowicz' berechtigt. Der „eine Punkt“ jedoch ist bei Gumplowicz im Zusammenhang das öffentliche Interesse.

98 Vgl. OM, Selbstdarstellung (Nr. 89), S. 164; Verwaltungsrecht, 1. Aufl., Bd. 1 (Nr. 16), S. VII u. IX.

99 OM, Lehre (Nr. 11), S. 45.

100 Ebd. S. 6.

101 Ebd. S. 45.

102 Gumplowicz, Rezension Grais u. a., Grünhuts ZS 14 (1887), S. 482 wendet sich ausdrücklich an die Verwaltungsrechtslehrer. Zur Rolle der Juristen siehe auch oben S. 38 u. 42 f.

Es bedarf demnach „einer entschlossenen Durchführung des Gedankens“ der „besonderen Kraft des Staatswillens“ durch die Juristen.[103] Rechtsschutzinstitute sind „aus dem Banne des Privatrechts zu lösen und selbständig nach Gedanken, die dem öffentlichen Rechte eigen sind, durchzubilden“.[104]

Da die moderne Staatsidee bereits mächtig ist, müßten ordentlicherweise die rechtlichen Gestaltungen dem bereits Rechnung getragen haben. Daran fehlt es nun zwar insofern, als die Überweisung an das öffentliche Recht nur in einem völlig unzureichenden Ausmaß erfolgt ist, „das ungedeckte Bedürfnis nach dem öffentlich-rechtlichen Rechtssatze“ führte jedoch zu einer „fast uferlosen Dehnung der zivilrechtlichen Begriffe“[105]. Weil die tätige Staatsidee sich aber damit nicht begnügen kann, die öffentlich-rechtlichen Rechtsinstitute nämlich „innerlich immer ganz anders“ aussehen müssen[106], sind diese vom Zivilrecht zu Unrecht okkupierten Randzonen des öffentlichen Rechts vom Privatrecht zu „befreien“[107]. Otto Mayer setzte seine ganze Wortgewalt dazu ein, dem Zivilrecht bzw. den zivilistisch Konstruierenden vorzuhalten, daß sie sich auf ein Terrain gewagt hätten, auf dem sie nichts zu suchen und das Recht nur denaturiert hätten. Das von Mayer herangezogene polemische Potential sei an einem einzigen Beispiel, der Abhandlung „Die Entschädigungspflicht des Staates nach Billigkeitsrecht“ wiedergegeben. Auf zehn Seiten verteilen sich folgende Formulierungen: „verwegenste Zurechtbiegungen zivilrechtlicher Sätze“[108], „mißhandelt“[109], „Gewaltsamkeit“[110], „gewagteste Quasiverträge“[111], „flagrante Übergriffe in das natürliche Gebiet des öffentlichen Rechts, Verrenkungen und Ausrenkungen der zivilrechtlichen Rechtsinstitute“[112], „Kraftstück“[113] ,„künstliche Formulierungen“[114], „Zufallsprodukte der juristischen Konstruktionskunst“[115], „wunderliche Konstruktionen“[116], „un-

---

[103] Vgl. OM, Lehre (Nr. 11), S. 86.

[104] OM, Neues (Nr. 83), S. 90.

[105] Vgl. OM, Haftung (Nr. 70), S. 6, im Zusammenhang mit der Entschädigungspflicht des Staates.

[106] Vgl. ebd. S. 10.

[107] Siehe oben S. 46.

[108] (Nr. 41), S. 16.

[109] S. 17.

[110] S. 17, 22.

[111] S. 18.

[112] S. 21.

[113] Ebd.

[114] Ebd.

[115] S. 22.

[116] S. 23.

willkürliche Verfälschungen des öffentlichen Rechtes“[117], „künstliche Konservierung des Zivilrechts“[118].

II. Die Rechtsstaatsidee

1. Bedeutung der festen Form

Zur „modernen Staatsidee“ gesellt sich als weiteres Konstruktionselement die „Rechtsstaatsidee“. Der Rechtsstaat ist nach Otto Mayer wesentlich der „Staat des wohlgeordneten Verwaltungsrechts“[119]. Dies meint, daß das Besondere des Rechtsstaats darin besteht, daß staatliche Wirksamkeit „überall“, also auch in dem vordem vom Rechte gemiedenen Bereich der Verwaltung „in der Weise des Rechts bestimmt ist“[120]. Verrechtlichung der Verwaltung bedeutet, staatliches Handeln bestimmbar zu machen, vorhersehbar für den einzelnen und überprüfbar durch Gerichte. Mit der Entwicklung des Rechtsstaates werde es relevant, sagt Otto Mayer, „festzustellen, was gewollt werden konnte, was dadurch rechtlich gewirkt ist, was aufgrund davon weiter geschehen kann“[121].

Ein wichtiges Mittel zur Herstellung der Bestimmbarkeit[122] sind „bestimmt umgrenzte Rechtsinstitut(e)“[123], die Ordnung und damit Berechenbarkeit in die „alte unterschiedslose Masse“[124] staatlichen Handelns bringen. Sie sind ein „Hilfsmittel der Rechtswissenschaft zur Beherrschung der Fülle von Stoff“.[125]

Das Rechtsinstitut ist feste Form, desgleichen der Begriff. Das Recht selbst ist Form, wenn auch nicht ausschließlich.[126] Es „bringt die Be-

---

[117] S. 25.

[118] Ebd.

[119] Verwaltungsrecht, 3. Aufl., Bd. 1 (Nr. 88), S. 58.

[120] Ebd. Die Formulierung übernimmt OM von Stahl, siehe ebd. Fn. 7.

[121] Ebd. S. 114.

[122] Bestimmbarkeit des staatlichen Dürfens und Bestimmbarkeit des staatlichen Handelns.

[123] Vgl. Verwaltungsrecht, 3. Aufl., Bd. 1 (Nr. 88), S. 114.

[124] Ebd. S. 117.

[125] Ebd. S. 113.

[126] Definitionen des Rechts hat OM an entlegenen Stellen gegeben: Rezension Seidler, AöR 14 (1899), S. 133: „Recht ist jede Regel für äußeres Verhalten, für deren Aufrechterhaltung die öffentliche Gewalt eintritt.“ Präziser ist die Begriffsbestimmung in der Rezension Niedner, TheolLitBl. 38 (1917), S. 46, wo OM sagt, mit dieser Definition komme man überall aus: „Recht bedeutet eine Ordnung menschlicher Machtverhältnisse, für deren Aufrechterhaltung die Obrigkeit, die öffentliche Gewalt sich einsetzt.“ Ebd. S. 45 ist auch die Rede davon, daß Recht nicht bloß feste Form sei.

Daß als Recht Ideen nur beachtlich sind, wenn sie in Formen des Rechts gegossen sind, ergibt sich aus Rezension Cathrein, DtZSfKiR 20 (1911), S. 389: „Wiewohl wir nicht verkennen, daß hinter den Rechtsordnungen auch ...

ziehungen der Menschen in feste Formen".[127] Dementsprechend ist es Aufgabe der Rechtswissenschaft, „alles auf ... feste *Formen* zurückzuführen".[128]

Wo die Formen zu „nebensächlichen Erscheinungen" werden, „hört die Rechtswissenschaft auf".[129] Recht ist also nicht bloße Kopie der Wirklichkeit, sondern es ist ein bestimmt gestalteter Ausschnitt, gekennzeichnet durch die Anwendung leitender Ideen auf die Wirklichkeit in festen Formen. Der Rechtsstaat ist mithin gerichtet auf die Sicherung des zu fordernden Maßes von Freiheit speziell gegenüber dem in der Verwaltung handelnden Staat — in und durch die Formen des Rechts.[130]

2. Bestimmtheit, Geschlossenheit der Rechtsbegriffe

Infolgedessen müssen auch die Rechtsbegriffe klare Grenzen haben. Nur dann erfüllen sie ihren Zweck, das Recht hinreichend bestimmt und damit kalkulierbar zu machen. Spiegel hat sich in der Monographie „Die Verwaltungsrechtswissenschaft"[131] umfassend mit der Methode Otto Mayers auseinandergesetzt und entschieden gegen jene Grundauffassung Otto Mayers Stellung bezogen. Den Wert von Begriffen sieht er in etwas völlig anderem: „Die ganze Arbeit der Rechtswissenschaft ist auf die *Erkenntnis* der Erscheinungen gerichtet, die sie beobachtet, *und muß es sein, weil es sich um Wissenschaft handelt.* Der Wert der Rechtsbegriffe liegt also nicht darin, daß sie fest abgegrenzt sind, sondern darin, daß sie mit den tatsächlichen Erscheinungen, aus denen sie abgezogen sind, *übereinstimmen.* Sie können deshalb nur insoweit fest abgegrenzt werden, als eben diese tatsächlichen Erscheinungen fest

---

andere Ideen stehen ..., so haben wir doch den Glauben daran verloren, daß auch diesen die Form des Rechts eigen sei und daß sie den Namen Recht verdienen."

[127] OM, Rezension Eckert, JW 48 (1919), S. 486.

[128] Vgl. OM, Bundesstaat (Nr. 34), S. 338 f. Siehe auch S. 340: „Aufgabe der Rechtswissenschaft ist, daß sie die Rechtsformen aufweist"; ferner OM, Auskunftsbureaus (Nr. 8), S. 135: „Der Gedanke ist gut, aber er muß eine feste juristische Form bekommen, um wirksam zu sein."

Die Formgebung hat allerdings an den Grenzen des rechtswissenschaftlichen Wirkungsbereiches halt zu machen: „Wenn ... den Juristen der Vorwurf gemacht wird, daß sie ... einen strengen Formalismus in ... die Dinge brächten, für die er nicht paßt, so ist das der Vorwurf, daß sie schlechte Juristen seien. Denn für den richtigen Juristen ist es die erste Aufgabe, daß er sich überall der Grenzen seines Kunstgebietes bewußt bleibe." (OM, Rezension Köhler, AöR 11 (1896), S. 292). D. h., andere Ideen entziehen sich, unter Umständen teilweise, einer Verbindung mit der Idee des Rechts.

[129] OM, Rezension Triepel, JW 47 (1918), S. 159.

[130] Vgl. OM, Rezension v. Laun, AöR 25 (1909), S. 495.

[131] Untertitel: „Beiträge zur Systematik und Methodik der Rechtswissenschaft". Spiegel nennt sein Buch eine „Polemik" gegen die Schriften OMs (S. VIII).

abgegrenzt sind. Wo es in der Welt der Tatsachen fließende Grenzen, Übergänge, Mischformen, ‚Halbtöne', gibt, dort darf auch die Wissenschaft vor der Konstatierung dieser Erscheinungen nicht zurückschrecken. Eine Naturwissenschaft, die den Begriff des Tieres von dem der Pflanze scharf abgrenzt, ist wertlos, solange sie nicht imstande ist, diese scharfe Grenze in der Natur aufzuweisen. Daß es sich auf dem Gebiete des Rechts anders verhält, darf nicht a priori angenommen werden."[132]

Otto Mayer vermißt in einer solchen, von Spiegel befürworteten naturgetreuen Wiedergabe der Wirklichkeit das spezifisch juristische Element und widerspricht deshalb der Gleichsetzung von Jurisprudenz und Naturwissenschaft: „Die Naturwissenschaft ... für unsere Begriffe zum Vorbild zu nehmen, führt zu Unzulänglichkeiten." Denn während die Naturwissenschaft ihre Erscheinungen „von der Natur geliefert" erhalte „mit dem ganzen Reichtum der Mannigfaltigkeiten" und sie in möglichst übersichtliche Ordnung bringe und dazu ihre schmiegsamen Begriffe bilde, habe es die Rechtswissenschaft „mit den vom Menschengeist bewußt oder unbewußt geschaffenen Ordnungen gesellschaftlichen Lebens zu tun". Diese Ordnungen seien Recht nur, weil sie „feste Regeln" seien. „Sie bedienen sich als vornehmsten Hilfsmittels der Rechtsbegriffe, die Rechtsbegriffe nur sind, weil sie fest abgegrenzte Begriffe sind." Man könne zwar darüber streiten, „wieweit das menschliche Zusammenleben durch solche Regeln und Begriffe bestimmt, wieweit der Willkür Spielraum gelassen werden soll(e)". Aber soweit sie gelten, würden sie der Menschheit ihren eigenartigen Segen nur dadurch bereiten, „daß sie eben das Feste und Bestimmte" seien.[133] Dieser „eigenartige Segen" beruht also auf der rechtsstaatlichen Funktion der Abgegrenztheit der Begriffe. Unter diesem[134] rechtsstaatlichen Blickwinkel ist die Erfassung der Wirklichkeit durch den Begriff zweitrangig: Packe die Rechtswissenschaft den Stoff, den das „wirkliche Leben" bereithalte, so sei es gut, schlimmer sei es aber auf alle Fälle, wenn sie ihn gar nicht packe.[135] Letzteres tue sie, wenn sie „aus zarter Rücksicht für den Stoff" nur mehr Begriffe zulasse, für die „eine feste Grenze nicht zu ziehen" sei und „grundsätzlich alle Bestimmtheiten und

---

[132] Verwaltungsrechtswissenschaft, S. 196.

[133] Rezension Spiegel, AöR 25 (1909), S. 490.

[134] Es handelt sich um ein rein formales Rechtsstaatsverständnis.

[135] OM, Rezension Spiegel, AöR 25 (1909), S. 490. Das erinnert an den Decisionismusbegriff Carl Schmitts. So wie dem Decisionismus wichtiger ist, *daß* entschieden wird als *wie* entschieden wird (vgl. Schmitt, Arten, S. 28), eine falsche Entscheidung also besser ist als gar keine, kommt es hier in erster Linie darauf an, daß überhaupt echte, d. h. scharf abgegrenzte Begriffe gebildet werden, nicht darauf, welche es sind. Oder zugespitzt formuliert: Eine falsche Abgrenzung der Begriffe ist besser als gar keine.

Scheidelinien" verwische. Eine solche Rechtswissenschaft bleibe „unter der Aufgabe", wäre „kümmerliche Handwerksjurisprudenz".[136]

Das „wirkliche Leben", an dem Spiegel die rechtswissenschaftlichen Begriffe orientieren will, findet bei Otto Mayer nur mittelbar Eingang in den Begriff. Die Rechtswissenschaft, so Otto Mayer, habe es „selbstverständlich zu beachten", denn „es liefert ja den Stoff, der mit ihrem Begriff und mit den sie verwendenden Einrichtungen zurecht gemacht und gemeistert werden soll"[137]. Das „wirkliche Leben" nimmt bei Otto Mayer einen (Um-)Weg über die Ideen. Es ist das Substrat der Ideen, die ihrerseits von ihm abstrahiert sind. Die Rückwirkung erfolgt in der festen Form des Rechts, wobei diese selbst wieder Ausdruck einer Idee, nämlich der Rechtsstaatsidee ist.

Recht im Rechtsstaat ist Otto Mayer somit verläßliches, meßbares, berechenbares Recht.[138] Geschlossene Begriffe sind die Bausteine dazu.[139] Nicht von ungefähr hat Otto Mayer einen beachtlichen Teil seiner methodischen Erörterungen der Notwendigkeit fester Begriffe gewidmet und in der Auseinandersetzung mit denjenigen, die von ihm erkannte Grundvoraussetzungen rechtsstaatlichen Rechts seiner Meinung nach nur unzureichend berücksichtigten, mit Ironie und Polemik nicht gespart. Wer nichts zu bieten habe als Begriffe, die nur „Halbtöne" seien, „in denen alles zerfließt", hält er Tezner vor, nehme an der rechtswissenschaftlichen Arbeit nicht teil[140]. An Arndt kritisiert er, dessen Rechtsbegriffe seien „Molluske, die sich den Zangen der Logik entziehen"[141]. Meurer liefere statt einer klaren Abgrenzung des Verbandsbegriffs „uferlose Massen, mit denen nichts, aber auch gar nichts für die Rechtsordnung anzufangen" sei[141a].

Aus demselben Grund hat Otto Mayer stets den Wert echter Begriffe betont. Die Begriffe müßten „feste Form"[142], „feste Gestalt"[143], „steife

[136] OM, Rezension Spiegel, AöR 25 (1909), S. 490 f.

[137] Ebd. S. 490.

[138] Jedenfalls im Verhältnis Staat-Bürger.

[139] Vgl. OM, Person (Nr. 58), S. 10: fertiger Begriff als „Baustein für das Haus des Rechts".

[140] Rezension Tezner, AöR 17 (1902), S. 144.

[141] Rezension Arndt, AöR 18 (1903) S. 103.

[141a] Person (Nr. 58), S. 89. OM illustriert das an Meurers Stiftung zur Fütterung der Vögel im Würzburger Glacis, die — Meurer zufolge — für die Würzburger gemacht sei, um deren „ohnehin so schönen Frühling noch schöner zu gestalten". OM ist höchst unklar, wer in diesem Zusammenhang „die Würzburger" sein sollen: „Die Gemeindebürger? Oder alle Heimatsberechtigten? Vielleicht eher alle dort Wohnhaften; es genügt wohl aber auch Aufenthalt, und Durchreisende haben von solchen Dingen den allergrößten Genuß."

[142] Rezension Arndt, AöR 18 (1903), S. 99.

[143] Ebd.; Rezension Ehrlich, AöR 18 (1903), S. 282.

Linien"[144] aufweisen[145], was bedeutet, daß sie scharfe Grenzen[146] haben, klar bestimmt[147] sind, kurz gesagt, die Begriffe geschlossen[148] sind. Nur Begriffe dieser Art „meistern die Wirklichkeit", der solch schroffe Scheidungen fremd sind („Natura non facit saltum"[149]), „zwingen sie in ihre Formeln, schneiden scharf ab, was nicht darin enthalten sein soll, mag es innerlich noch so dazu gehören"[150]: „Die juristischen Begriffe ... haben eine eigentümliche Härte und Sprödigkeit. Sie schmiegen sich nicht den wogenden schwankenden Wirklichkeiten an, sondern schneiden sie herrisch mitten durch. Da gibts kein Schillern, keine Übergänge; sondern: hier ist die Linie, links davon ist ja und rechts davon ist nein. Das muß so sein." „Man mag ... einwenden ..., alles sei nur ein Gradunterschied mit allmählichen Übergängen. Gewiß, aber das Gesetz[151] macht eben in diese verschwimmende Masse eine Cäsur und es macht sie in seiner einfachen, vielleicht von manchem als roh empfundenen Weise."[152] Erst solche „Machtsprüche" der Juristen geben „der Handhabung des Rechts jenes eherne Gleichmaß, auf dem für das Gemeinwesen der Segen des Rechts beruht".[153] Die rechtsstaatliche Funktion dieses Rechts fordert, trotz möglicherweise bestehender innerer Verwandtschaft von Sachverhalten Grenzen zu errichten, über die, wenn sie gezogen sind, „nicht mehr gewechselt" wird.[154]

---

[144] Rezension Spiegel, AöR 25 (1909), S. 490.

[145] Vgl. auch Rezension Haab, AöR 37 (1918), S. 249.

[146] Rezension Thoma, AöR 21 (1907), S. 451: „Schärfe des juristischen Begriffs"; Rezension v. Strauss, AöR 21 (1907), S. 446: „scharf bestimmte Rechtsbegriffe"; Rezension Riecker, AöR 15 (1900), S. 611: Aufgabe echter Rechtswissenschaft sind „klare, scharfe Unterscheidungen"; Rezension Tezner, AöR 17 (1902), S. 144: „Die ganze Arbeit der Verwaltungsrechtswissenschaft ist auf feste Abgrenzung ihrer Begriffe gerichtet und muß es sein, weil es sich um Rechtswissenschaft handelt."; Rezension Anschütz, AöR 17 (1902), S. 465: „Die wissenschaftliche Darstellung ist berechtigt und verpflichtet, ... in aller Schroffheit zu scheiden"; Person (Nr. 58), S. 42: zwei Begriffe untereinander „geschiedene Dinge, wie ein guter juristischer Begriff es sein muß"; Rezension Meyer, AöR 11 (1896), S. 159: „aufgestellte(r) Begriff kein genügend abgegrenzter".

[147] Rezension Köhler, AöR 11 (1896), S. 292 f.: „klare Bestimmtheit" der Begriffe; ebd. S. 293: „Bestimmtheit" der Rechtsbegriffe.

[148] Ebd. S. 293: „Geschlossenheit" der Rechtsbegriffe; Person (Nr. 58), S. 11: „geschlossener Begriff".

[149] OM, Rezension Anschütz, AöR 17 (1902), S. 465.

[150] Person (Nr. 58), S. 10.

[151] Gemeint ist im Zusammenhang der vom Gesetz verwendete Rechtsbegriff der „besonderen Anstalt".

[152] OM, Schiffahrtsabgaben (Nr. 55), S. 38, 39.

[153] Person (Nr. 58), S. 10.

[154] Ebd. Deshalb muß an unfertigen Begriffen, das sind solche, die diese Funktion noch nicht erfüllen, „gearbeitet werden", um sie „tauglich zu machen".

Gegenüber Veränderungen des „wirklichen Lebens“ sind die Begriffe weitgehend immun. Ändern sich die Dinge, so lautet die Frage nur, ob sie jetzt unter einen anderen Begriff fallen, „die Begriffe selbst bleiben dabei unbewegt“.[155] Sie verharren, einmal richtig gebildet, solange regungslos, bis eine neue relevante Idee mit der Verdrängung der alten Idee auch die Formen verändert oder mit neuem Inhalt füllt.

Das Herausstellen der Notwendigkeit, überhaupt feste Begriffe zu haben, soll nicht besagen, daß unter rechtsstaatlichem Blickwinkel die Frage des juristisch richtigen Inhalts der Begriffe völlig nebensächlich ist. Was der richtige Inhalt ist, ist in diesem Zusammenhang — erneut — weniger eine Frage der Übereinstimmung mit dem wirklichen Leben als die der Erfassung rechtsgleicher Sachverhalte in einem Begriff. Nur die juristisch korrekte Begriffsausfüllung sichert die rechtsstaatlich wertvolle Nachvollziehbarkeit von Normen und Entscheidungen sowie Vorhersehbarkeit der letzteren. Nur sie gewährleistet mittels Zurückführung unterschiedlicher Lebenssachverhalte auf allgemeine Begriffe jene Abstraktionshöhe, durch die Recht erst übersichtlich und kalkulierbar wird.

Der Begriff enthält die „rechtliche(n) Grundgedanke(n)“[156], er ist das geistige Band, das eine Vielfalt von Erscheinungen zusammenhält. Diese „feste geistige Zusammenfassung“ ist um so unentbehrlicher, „je bunter und mannigfaltiger ... die Fülle der Erscheinungen“ ist, die unter einem Namen gehen sollen.[157] Der Begriff muß, will er diesen Anforderungen gerecht werden, auf einer Abstraktion „gewisser wesentliche(r) Eigenschaften“ beruhen, die sich bei „gleichartigen Erscheinungen finden“.[158] Nur was die gleichen charakteristischen Merkmale aufweist, ist juristisch „einerlei Ding“.[159] Als „Generalnenner“[160] juristisch gleichartiger Lebenswirklichkeit bilden die Begriffe gewissermaßen die Grundbausteine im Gefüge des Rechts. Die Oberbegriffe sind der größere gemeinsame Nenner, und die Rechtsinstitute sind ebenfalls „gleichbleibende Einheiten“ zur „Beherrschung der Fülle von Stoff“. Es wird jeweils das Ganze auf solche konstanten Einheiten zurückgeführt, „in deren ständiger Wiederholung es besteht“.[161]

---

[155] OM, Schiffahrtsabgaben (Nr. 55), S. 39 Fn. 1.

[156] OM, Rezension Triepel, JW 47 (1918), S. 159.

[157] Ebd.

[158] Vgl. OM, Rezension Gluth, AöR 3 (1888), S. 487.

[159] Vgl. OM, Rezension Meyer, AöR 11 (1896), S. 159; OM, Neues (Nr. 83), S. 80 sowie OM, Rezension Stengel / Fleischmann, AöR 31 (1913), S. 569.

[160] OM, Rezension Meyer, AöR (1896), S. 160.

[161] Vgl. OM, Verwaltungsrecht, 3. Aufl., Bd. 1 (Nr. 88), S. 113. Da also bereits das einzelne Rechtsinstitut das Allgemeine ist und OMs „Deutsches Verwaltungsrecht“ vorwiegend die Institute des Verwaltungsrechts abhandelt, ist auch der Besondere Teil des Lehrbuchs im Grunde nichts anderes als die

Der juristisch prägnante Inhalt bedarf einer unverwechselbaren sprachlichen Einfassung. D. h., dem Begriffsinhalt ist ein passendes Wort zuzuordnen, mit dessen Auftauchen sich sofort eine präzise Vorstellung verbindet.[162] Anders ausgedrückt, es ist ein Wort zu suchen, das zur Bezeichnung eines Rechtsbegriffs geeignet ist, in das der Begriff dann hineingelegt werden kann.[163]

Ob ein Wort für einen bestimmten Begriff in Frage kommt, ist mit eine Frage seiner maximalen Bedeutungsbreite. Es ist „für einen juristischen Begriff nur verwendbar, wenn es sich eine mehr oder weniger große Dehnung oder Zurechtschneidung gefallen läßt gegenüber seinem ursprünglichen und landläufigen Sinne". Verträgt es das nicht, so ist es unbrauchbar. „Läßt es sich nur durchsetzen für die Bezeichnung einer nebensächlichen Ausscheidung, so ist ein anderer Ausdruck zu wählen."[164] Voraussetzung dafür, einen Begriffsinhalt mit einem bestimmten Wort zu belegen, ist demnach, daß es möglich ist, ihn innerhalb der äußersten Grenzen des Bedeutungsspektrums des Wortes anzusiedeln. Die anzustrebende Unverwechselbarkeit verlangt darüber hinaus, daß für einen anderen Begriffsinhalt, mag er auch in demselben Wortbedeutungsrahmen liegen, ein anderes Wort gewählt wird.[165] So wie sachlich Verschiedenes verschieden zu bezeichnen ist, ist — andererseits — Gleiches gleich zu bezeichnen.[166]

Es ist bereits angeklungen, daß hinter dieser Anleitung, Begriffe zweckmäßig zu benennen, der Durchsetzungsgesichtspunkt steht. Eine einheitliche Sprachregelung ist Grundvoraussetzung eines allgemeinen und gleichen Verständnisses des Rechts; jede sprachliche Konfusion wäre dem abträglich. Eine Begriffsverwirrung kann am ehesten dadurch vermieden werden, daß bei der Begriffsbildung einerseits auf den allgemeinen Sprachgebrauch und andererseits auf die „allgemeine rechtliche Wertschätzung" Rücksicht genommen wird.[167] Daneben ver-

---

Fortsetzung des Allgemeinen Teils, was schon Georg Jellinek, Rezension OM, VerwArch 5 (1897), S. 305 bemerkt hat.

[162] Deshalb ist auch ein seiner spezifischen Bedeutung entleerter Begriff nur mehr „ein überflüssiger Name" (OM, Rezension v. Laun, AöR 25 (1909), S. 488).

[163] Vgl. OM, Rezension Gluth, AöR 3 (1888), S. 485. Der Begriff, so OM, wird nicht aus dem Wort herausgelesen: „Die sprachliche Zergliederung kann zu nichts führen" (ebd.). Überhaupt sind Namen für sich belanglos: „Namen sind billig wie Brombeeren" (OM, Person — Nr. 58 —, S. 21 Fn. 2).

[164] OM, Rezension Gluth, AöR 3 (1888), S. 487. Vgl. auch OM, Rezension Niemeyer, AöR 39 (1920), S. 105.

[165] Rezension Thoma, AöR 21 (1907), S. 450 tritt OM dafür ein, „juristisch Ungleichartiges auch terminologisch zu trennen". Eingebürgerte Begriffe seien zu differenzieren.

[166] Vgl. OM, Rezension Rosin, AöR 1 (1886), S. 716.

[167] Vgl. OM, Rezension Herzog, AöR 27 (1911), S. 347.

sprach sich Otto Mayer, der ein hochempfindliches Gespür für die Durchsetzungsproblematik hatte, offensichtlich auch einiges von einem Vorpreschen einzelner. Es klingt arrogant und sieht geradezu danach aus, als würde Otto Mayer die neuen Begriffe vorschreiben, wenn er im Vorwort zur ersten Auflage seines bahnbrechenden Verwaltungsrechtslehrbuches an die Mitteilung, er habe versucht, häufig vorkommenden Ausdrücken ein scharfes Gepräge zu geben, den Satz anschließt: „Da trete ich in einen Widerspruch zu dem herrschenden Sprachgebrauch, dem ich zumute, sich einzuschränken.“[168]

Otto Mayers Begriff des „Verwaltungsaktes“ ist ein Musterbeispiel für die Einengung der Bedeutung eines Wortes auf einen juristisch relevanten Kernbereich.[169] Bevor Otto Mayer in seinem „Deutschen Verwaltungsrecht“ diese Bezeichnung der obrigkeitlichen Bestimmung dessen vorbehielt, was für den Untertanen im Einzelfall rechtens sein soll, hatte man sie in der deutschen Verwaltungsrechtswissenschaft undifferenziert auf jegliches Verwaltungshandeln erstreckt.[170] Wenn Georg Jellinek deshalb die von Otto Mayer behauptete Herkunft dieses Terminus leugnete und meinte, er habe sich selbständig auf deutschem Boden entwickelt[171], so verkannte er damit das Anliegen Otto Mayers. Denn diesem kam es ausschließlich darauf an, dem Wort „Verwaltungsakt“ einen „bestimmten Inhalt vorzubehalten“[172]. Nur durch Eingrenzung auf den „juristisch-technischen Sinn des Wortes“[173] konnte die alte „zwecklose Verschwommenheit“[174] des Wortes beseitigt werden[175], wodurch es erst zum echten Begriff und damit auch brauchbar wurde für eine rechtsstaatliche Verwaltungsrechtswissenschaft.[176]

---

[168] Verwaltungsrecht, 1. Aufl., Bd. 1 (Nr. 16), S. IX. Das stimmt durchaus mit dem zuvor Gesagten überein. Ein Begriff soll ja nicht in Übereinstimmung mit dem allgemeinen Sprachgebrauch gewählt werden, sondern es soll auf diesen nur Rücksicht genommen werden. Dementsprechend schreibt OM, ebd., er wolle es darauf ankommen lassen, „ob nicht der richtig erkannte Begriff genügende Anziehungskraft auf den *nächstliegenden* (Hervorhebung durch den Verf.) Ausdruck bewährt“.

Zu OMs Zuversicht, seine Vorreiterrolle werde erfolgreich sein, siehe auch Rezension Thoma, AöR 21 (1907), S. 451: „Die Praxis ... wird sich in ... terminologischen Dingen allmählich fügen.“

[169] Zum „Verwaltungsakt“ siehe bereits oben S. 54.

[170] Einzelheiten unten S. 136 ff.

[171] Rezension OM, VerwArch 5 (1897), S. 306.

[172] Rezension Thoma, AöR 21 (1907), S. 451. Gelinge dies nicht, so OM, wäre er dafür, das Wort „Verwaltungsakt“ „als unnützes Spielzeug aus der wissenschaftlichen Sprache gänzlich hinauszuwerfen“ (ebd.). Ähnlich OM, Rezension Meyer, AöR 11 (1896), S. 159: „Wenn Verwaltungsakt ... nichts anderes bedeutet als Verwaltungstätigkeit überhaupt, so sage man einfach Verwaltungstätigkeit und spare sich den überflüssigen terminus technicus.“

[173] OM, Lehre (Nr. 11), Fn. 21.

[174] OM, Rezension Thoma, AöR 21 (1907), S. 451.

[175] Die im übrigen nach dem gewöhnlichen Sprachgebrauch auch in Frank-

3. Systematische Rechtswissenschaft

Doch auch der scharfkantige und durchsetzungskräftige Begriff ist für sich kein Garant eines rechtsstaatlichen Verwaltungsrechts. Zwar ist er tauglicher Baustein für das Haus des Rechts, vollkommen wird dieses aber erst dadurch, daß die Bausteine richtig geordnet aneinandergereiht und verbunden werden. Das notwendige Beziehungsgefüge, das System, wird durch die großen beherrschenden Gedanken bestimmt.[177] Die Ideen durchpulsen nicht nur die einzelnen Rechtsinstitute, sie bewirken auch ihre Anordnung und wechselseitige Zuordnung. Von dem „einen Punkt", von dem aus alles zu konstruieren ist[178], strahlt die höchste Idee, die moderne Staatsidee, aus, erfaßt vor allem das gesamte Verwaltungsrecht und verbindet sich dort unter wechselseitiger Durchdringung mit der Rechtsstaatsidee. Wären die einzelnen Institute nicht Ausfächerungen der beiden großen Ideen, wäre der Verwaltungsrechtswissenschaft eine „systematische Entwicklung und Zusammenordnung" des „ganzen Gehaltes an eigenartigen[179] Rechtsinstituten" des Verwaltungsrechts[180] auch nicht möglich.

Deshalb ist für Otto Mayer ein System kein Wert an sich: „... auf das System um seiner selbst willen sich etwas einzubilden, ist eitel Torheit ..."[181] Die richtigen Ideen müssen systembildend geworden sein.[182] Fehlt es daran, ist der Ertrag eines — dann — bloßen Schemas äußerst gering. Es erhöht vielleicht die Übersichtlichkeit[183], trägt jedoch nicht dazu bei, die „Entwicklung des Inhalts der Rechtssätze zu erleichtern und zu fördern"[184]. Daher verfällt auch die staatswissenschaftliche Methode der Darstellung des Verwaltungsrechts der Ablehnung durch Otto Mayer: „Eine neue Richtung, welche seit den sechziger Jahren in

---

reich zu verzeichnen war. OM erwähnt in Lehre (Nr. 11), S. 17 Fn. 21, daß im langage ordinaire unter Verwaltungsakt jede Willensäußerung eines Verwaltungsorgans verstanden worden sei.

[176] Daß es entscheidend auf diese Funktion ankam, zeigt der Satz OMs, Rezension Thoma, AöR 21 (1907), S. 452: „Bis etwas besseres gefunden wird und *durchdringt*, bleibe ich bei meinem Wort Verwaltungsakt in der *bestimmten* Bedeutung" (Hervorhebungen vom Verf.).

[177] Vgl. OM, Rezension v. Arnstedt, AöR 21 (1907), S. 454.

[178] Vgl. OM, Lehre (Nr. 11), S. 86 Fn. 122.

[179] Die Eigenart besteht gerade darin, daß sie Ausfluß der *einen* Idee sind.

[180] OM, Verwaltungsrecht, 3. Aufl., Bd. 1 (Nr. 88), S. 20.

[181] OM, Rezension Seydel, AöR 12 (1897), S. 496.

[182] Vgl. OM, Verwaltungsrecht, 3. Aufl., Bd. 1 (Nr. 88), S. 20 Fn. 14: „... die Aufgabe konnte nicht sein, nur einen Allgemeinen Teil zu liefern, wie er in den Pandektenvorlesungen vorausgeschickt wurde. Damit wäre wenig gedient. Auf die Pandekten selbst kommt es an!"

[183] OM, Rezension v. Arnstedt, AöR 21 (1907), S. 454.

[184] OM, Rezension Seydel, AöR 12 (1897) S. 496. Vgl. auch OM, Person (Nr. 58), S. 21.

Gang kam", habe es verstanden, „die Verwaltungslehre so vorzutragen, daß die Einzelheiten der staatlichen Tätigkeit als wissenschaftlich notwendige Offenbarungen der dahinter stehenden großen Ideen angesehen werden wollten. Danach gliederte sich alles in einem geschlossenen System nach den verschiedenen Zwecken, die da verfügt wurden, als Schulwesen, Gewerbewesen, Gesundheitswesen, Armenwesen, Eisenbahnwesen usw. Das Verwaltungsrecht wurde von diesen ‚Wesen' einfach ins Schlepptau genommen, indem ein jedes mit derselben wissenschaftlichen Notwendigkeit das ihm entsprechende Recht ‚erzeugte'."[185] Von den hierin enthaltenen Vorwürfen interessiert an dieser Stelle allein der die rechtsstaatliche Komponente betreffende. Die Unschärfe der verschiedenen Wesen der Organismuslehre lief Otto Mayers Absicht, berechenbares Verwaltungsrecht zu schaffen, zuwider.[186] Sie bot zudem keine Kriterien der Trennung des Juristischen vom Unjuristischen. Aus dem gleichen Grund zu geringer Randschärfe sprach er sich dagegen aus, das öffentliche Interesse zum maßgeblichen[186a] Kriterium des öffentlichen Rechts zu machen. Der Begriff des öffentlichen Interesses sei zu verschwommen, weshalb auch bei allen Versuchen, sich an ihm zu orientieren, „noch nie etwas Bestimmtes herausgekommen" sei.[187] Im Gegensatz dazu erlaubte es das Festhalten an dem leitenden Gedanken der staatlichen Einwirkung auf den einzelnen, der Darstellung des Verwaltungsrechts „eine gewisse Sicherheit" zu gewähren „gegen das Hereinströmen so mancher Stücke allzu reichlichen Stoffes".[188] Erst Otto Mayers Konstruktion aus einem Punkt konzentriert den beinahe unüberschaubaren Stoff, indem unnachsichtig alles ausgeschieden wird, was nicht durch die einseitige Einwirkung gekennzeichnet ist.[189]

---

185 Verwaltungsrecht, 3. Aufl., Bd. 1 (Nr. 88), S. 18.

186 OM lehnte die Organismustheorie und deren Hauptvertreter Lorenz v. Stein gleichermaßen ab. In Rezension Bornhak DJZ 12 (1907), Sp. 1036 erklärt er den Satz: „Mit dem bloßen Wort Organismus wird viel Unfug getrieben" für zustimmungswürdig und spricht gleichzeitig von Lorenz von Steins „krause(r) Gedankenwelt".

186a Zu seiner ausnahmsweisen Heranziehung siehe oben S. 60 f.

187 Rezension Apelt, AöR 40 (1921), S. 245.

188 Vgl. OM, Rezension Triepel, JW 47 (1918), S. 159.

189 Das sei an einem Beispiel OMs aus dem Polizeirecht veranschaulicht: In Rezension v. Arnstedt, AöR 21 (1907), S. 454 f. kritisiert er die Aufnahme von Dingen ins Polizeirecht, die nicht dahin gehörten: „Gar nichts von Polizeirecht kann ich darin finden, daß der Schutzmann, wenn er dienstlich vor Gericht erscheint, den Helm aufbehält, wenn er als Partei erscheint, ihn abnimmt ..., daß der Minister ihm vorgeschrieben hat, im Dienst möglichst viel Helm zu tragen ..., daß der Gendarm bei Meldungen an Zivilvorgesetzte vom Pferde nicht absitzt" usw. Es ist also bei OM nicht alles Polizeirecht, woran die Polizei beteiligt ist.

4. Die Anlehnung an das Zivilrecht

Bei seinem Bemühen, ein durch feste Begriffe sicher gemachtes Recht auch für die Verwaltung zu schaffen, sah sich Otto Mayer einer ausgesprochenen Mangelsituation gegenüber. Es gab wenig im Verwaltungsrecht, worauf zurückgegriffen werden konnte, und selbst dieses Wenige entbehrte meist der nötigen Bestimmtheit. Nichts lag näher, als in dieser Lage die strengen Formen des Zivilrechts auf das Verwaltungsrecht zu übertragen.[190] Dabei gab es zwei Möglichkeiten: Zum einen konnte man die Art der Zivilrechtsbegriffe zum Vorbild nehmen, d. h., die „juristischen Kernbegriffe" waren „nach dem Muster des Civilrechts für das öffentliche Recht ... herauszuarbeiten"[191]. Zum anderen bot sich an, Begriffe ins Verwaltungsrecht zu „verpflanzen"[192].

Hier wiederum kam zum einen in Betracht, Parallelbegriffe zu bilden.[193] Dabei war allerdings zu beachten, daß die Eigentümlichkeit des öffentlichen Rechts eine inhaltliche Umgestaltung der Zivilrechtsbegriffe erforderte: „Der entlehnte Terminus kann ... für das hier (im öffentlichen Recht, der Verf.) zu Bezeichnende immer nur so dienen, daß man ihn entsprechend anders versteht, als er ursprünglich gemeint ist."[194]

Zum anderen bestand die Möglichkeit, gewisse Privatrechtsbegriffe als spezifisch öffentlich-rechtlich für das Verwaltungsrecht zu reklamieren. „Das sich auflösende deutsche Privatrecht" werde, meint Otto Mayer, „eine ganze Reihe von Rechtsinstituten herausgeben, die es jetzt noch in Anspruch" nehme[195].

---

190 Vgl. OM, Lehre (Nr. 11), S. 44 Fn. 63: „Wo sollen wir überhaupt eine Terminologie hernehmen, wenn wir nicht wagen, sie vom Zivilrecht zu entlehnen."

191 OM, Rezension Arndt, AöR 18 (1903), S. 96.

192 OM, Rechtskraft (Nr. 47), S. 1: „Verpflanzungen".

193 Vgl. OM, Lehre (Nr. 11), S. 86: „Das deutsche Verwaltungsrecht enthält eine Fülle von Stoff mit ... Parallelismus zu den Rechtsinstituten des Civilrechts ..." Ähnlich Eisenbahn II (Nr. 29), S. 232: „Das öffentliche Recht leidet noch an einer ungenügend ausgebildeten Terminologie. So haben wir auch hier (mit dem Begriff „öffentlich-rechtlicher Besitz", der Verf.) wieder eine Entlehnung aus dem Privatrecht machen müssen, wie das ja namentlich im Gebiet des öffentlichen Sachenrechts so häufig geschieht."

194 OM, Eisenbahn II (Nr. 29), S. 232. Ähnlich ebd. S. 234: Man müsse sich „wohl hüten, daß man nicht mit der Übertragung ... civilrechtliche(r) Ausdrücke zu viel Übereinstimmung auch in der juristischen Gestalt und Natur der entsprechenden öffentlich-rechtlichen Erscheinungen sucht." In Rechtskraft (Nr. 47), S. 1, unterstreicht OM zunächst allgemein die „Notwendigkeit der Anpassung an die neuen und eigenartigen Verhältnisse" des öffentlichen Rechts, um dann, S. 4, für die dem Zivilprozeßrecht entlehnte Rechtskraftidee besonders zu betonen, sie sei der „Eigenart" des Verwaltungsrechts „anzupassen und selbständig dafür zu entfalten".

195 OM, Lehre (Nr. 11), S. 86. OM nennt öffentlich-rechtliches Eigentum, öffentlich-rechtliches Servitut, öffentlich-rechtliche Entschädigung.

All diese Verfahrensweisen waren geeignet, „feste scharf bestimmte Rechtsbegriffe, ... gerade wie im Zivilrecht“[196], zustande zu bringen. Und darum ging es ja großteils bei der Ausbildung eines rechtsstaatlichen Verwaltungsrechts.

Da Otto Mayer Rechtswissenschaft — unter rechtsstaatlichem Blickwinkel — weitgehend mit logisch-systematischem Vorgehen gleichsetzte, ergab sich bereits von daher die Mustergültigkeit des Zivilrechts. „Zivilrechtliche Lehre und Gedankenzucht“ sind nach ihm „der Stolz alles echten Juristentums“[197], und bürgerliches Recht ist die „vornehmste und wichtigste“ Rechtsart, „an der alles juristische Denken sich ausgebildet hat“[198]. Eben weil die Zivilrechtswissenschaft die ursprüngliche und eigentliche Rechtswissenschaft ist, ist auch „der rechtswissenschaftliche [!][199] Gehalt des Verwaltungsrechts desto deutlicher und einleuchtender erkennbar zu machen, je näher seine Ordnungen jeweils dem Zivilrecht verwandt sind, das die angestammte Heimat aller Rechtswissenschaft ist und bleibt“[200]. Und deshalb bestehen auch die „Conglomerate“, die das Verwaltungsrecht aus Begriffen, „Formen und Rechtsinstituten, welche die anderen wahren [!] rechtswissenschaftlichen Disziplinen liefern“, bildet, aus viel Zivilrecht[201].

Es kann vermutet werden, daß die weitreichende Identifizierung von Rechtswissenschaft mit zivilrechtlicher Stringenz der Gedanken und Begriffe damit zusammenhängt, daß Otto Mayer vom Zivilrecht herkam. Wie er in der autobiographischen Novelle „Dina“ berichtet, beabsichtigte er ursprünglich, sich im Anschluß an das Staatsexamen zu habilitieren, wobei er deutsches Privatrecht als Hauptfach nehmen wollte.[202] Dazu kam es zwar zunächst nicht, immerhin aber war Mayer im Rahmen seiner rund zehnjährigen Anwaltstätigkeit in erster Linie mit zivilrechtlichen Fällen befaßt. Sämtliche seiner in dieser Zeit erschienenen juristischen Veröffentlichungen[203] behandeln Probleme aus

---

[196] OM, Rezension v. Strauss, AöR 21 (1907), S. 446.

[197] Rezension Zitelmann, AöR 39 (1920), S. 104.

[198] OM, Völkerrecht (Nr. 78), S. 15. Ähnlich OM, Rezension Eckert, JW 48 (1919), S. 486: „Verwaltungsrecht ist ohne privatrechtliche Grundlage nicht zu verstehen; das liegt ... in unserer Rechtsentwicklung begründet, und wer dafür keinen Sinn hat, sollte nicht von Wissenschaft reden.“

[199] Hier bestätigt sich erneut, daß für OM Recht wesentlich feste Form und Rechtswissenschaft wesentlich Formgebung ist. Darin besteht die Idee des Rechts, die sich — je nachdem, um welches Rechtsgebiet es sich handelt — mit anderen, die Eigenart des jeweiligen Rechtsgebietes ausmachenden Ideen verbindet.

[200] OM, Rezension v. Strauss, AöR 21 (1907), S. 446.

[201] OM, Lehre (Nr. 11), S. 5.

[202] (Nr. 21), S. 183.

[203] Bibliographie Nr. 2 bis incl. 8.

dem Zivilrecht. Als er sich Anfang 1881 dann doch noch habilitiert, geschieht dies entsprechend dem alten Vorhaben für Privatrecht.[204] In den ersten Jahren seiner Straßburger Lehrtätigkeit liegt demgemäß das Schwergewicht auf den zivilrechtlichen Veranstaltungen. Mayer liest französisches Zivilrecht, internationales Privatrecht und hält Handelsrechtspraktika ab.[205] Letztere behält er in Straßburg bis zuletzt bei,[206] auch nachdem sich mit Erweiterung seines Lehrauftrags im Jahre 1896[207] der Schwerpunkt zunehmend zugunsten des öffentlichen Rechts verschoben hatte. Die Wegorientierung vom Zivilrecht ist allem Anschein nach erst die Folge des außerordentlichen Erfolges, der der „Theorie des französischen Verwaltungsrechts" beschieden war. Zu einem Zeitpunkt, da dieses Werk gerade im Druck war, schreibt Mayer nämlich noch an Richard Schröder: „Ich will wieder ganz in's Civilrecht zurück ..."[208]

Die Anlehnung an das Zivilrecht bzw. das Zivilprozeßrecht[209] muß nach Otto Mayer dort besonders eng sein, wo im Hinblick auf das Schutzbedürfnis des einzelnen die Rechtssicherheit am ausgeprägtesten sein soll, in der Verwaltungsrechtspflege: „Die ganze Verwaltungsrechtspflege beruht auf der Übertragung von Begriffen und Einrichtungen des Zivilrechts auf die Tätigkeit der als Verwaltungsgerichte bezeichneten Verwaltungsbehörden."[210] Diese „Übertragung zivilpro-

---

[204] Die Angaben sind nicht eindeutig: Bei Laband, Jahresbericht, in: Der Rectoratswechsel an der Kaiser-Wilhelms-Universität Straßburg am 30. April 1881, Straßburg 1881, S. 8, heißt es, OM habe sich für „deutsches und französisches Zivilrecht und Handelsrecht" habilitiert. In seiner damaligen Eigenschaft als Rektor schreibt Laband am 7. 2. 1881 an den Kurator der Universität Ledderhose, OM habe die Erlaubnis erhalten, über „deutsches und französisches Zivilrecht sowie über internationales Privatrecht" Vorlesungen zu halten (Personalakte OMs, AL 103 paq. 110 no. 580, Archives départementales, Strasbourg). — Erst in der Verpflichtungserklärung OMs vom 31. 10. 1882 (ebd.) ist dann auch von Vorlesungen über Verwaltungsrecht die Rede, obwohl OM schon 1881 solche gehalten hatte (Brief der rechts- und staatswissenschaftlichen Fakultät an den Kurator der Universität vom 9. 5. 1887, ebd.).

[205] Siehe Brief der rechts- und staatswissenschaftlichen Fakultät v. 9. 5. 1887, Fn. 204.

[206] Siehe etwa Strassburger Taschenbuch für Juristen (hrsgg. von Josef Singer), Strassburg Wintersemester 1902/1903, S. 20.

[207] Auf Empfehlung der Fakultät wurde der Lehrauftrag OMs durch Beschluß des Statthalters v. 11. 8. 1896 auf Staatsrecht und Kirchenrecht ausgedehnt (Personalakte, AL 103 paq. 110 no. 580, Archives départementales, Strasbourg).

[208] Brief vom 2. 1. 1886, Universitätsbibliothek Heidelberg, Nachlaß Richard Schröder, Hs. 3899.

[209] Siehe Verwaltungsrecht, 1. Aufl., Bd. 1 (Nr. 16), S. 62: „Der Rechtsstaat bedeutet die tunlichste Justizförmigkeit der Verwaltung".

[210] OM, Rechtskraft (Nr. 47), S. 1.

zessualer Grundsätze" ergibt hier erst die nötige „feste Grundlage".[211] Im Zentrum steht der Begriff der Rechtskraft der verwaltungsgerichtlichen Urteile, der dem der Rechtskraft zivilgerichtlicher Urteile „nachgeahmt" ist.[212]

Dem gerichtlichen Urteil nahe verwandt ist der nach seinem Vorbild entwickelte Begriff des Verwaltungsaktes.[213] Er hat keine Entsprechung im Zivilrecht, ist aber nach dem Muster der Zivilrechtsbegriffe gearbeitet, mittelbar ebenfalls orientiert am zivilprozessualen Urteil.[214] Die Etablierung des Begriffs des Verwaltungsaktes hatte eine eminent rechtsstaatliche Funktion. Sie gab dem einzelnen überhaupt erst eine zuverlässige[215] Orientierung, was aus der „flutende(n) Masse der Verwaltungstätigkeit" ihn tangierte. Die Verwaltungsakte waren die „feste(n) Punkte", welche ihm „Halt gewähren" sollten.[216]

Als weitere Parallelbegriffe und „öffentlich-rechtliche Seitenstücke" zum Zivilrecht seien hier nur genannt das „öffentliche Sachenrecht", das „öffentliche Eigentum", die „Entschädigungspflicht des Staates"[217] und die „Polizeigüter"[218].

5. Anleihen beim französischen Verwaltungsrecht

Otto Mayer hat auch hinsichtlich der im öffentlichen Recht vorzunehmenden Begriffsbildung die Franzosen[219] als die großen Lehrmeister

---

211 OM, Rezension Müller, AöR 27 (1911), S. 342. Desgleichen Rezension Seydel, AöR 12 (1897), S. 499, wo OM von einer „feste(n) Bestimmung des Begriffs der Verwaltungsrechtspflege im Anschluß an die fertigen Lehren des bürgerlichen Prozeßrechtes" spricht.

212 Vgl. OM, Rezension Mendelsohn, AöR 17 (1902), S. 319 und OM, Rezension Müller, AöR 27 (1911), S. 342.

213 Vgl. OM, Verwaltungsrecht, 3. Aufl., Bd. 1 (Nr. 88), S. 93. Das verwaltungsgerichtliche Urteil ist für OM wiederum nur „der in Form der Rechtspflege erlassene Verwaltungsakt" (Rechtskraft — Nr. 47 —, S. 63).

214 OM, Verwaltungsrecht, 3. Aufl., Bd. 1 (Nr. 88), S. 61: „Seitenstück des zivilgerichtlichen Urteils"; Rechtskraft (Nr. 47), S. 24: Seine Wirkungskraft „sei für sich betrachtet ... der des zivilgerichtlichen Urteils wesensgleich"; ebd. S. 65 geht OM davon aus, daß der Verwaltungsakt dem gerichtlichen Urteil gleichartig ist.

215 Deshalb hat sich die Verwaltung der Form der ausdrücklichen Willenserklärung zu bedienen: „Der Landrat kann eine Polizeierlaubnis nicht erteilen durch freundliches Zulächeln" (OM, Rezension Neuwiem, AöR 40 (1921), S. 381 f.).

216 OM, Verwaltungsrecht, 3. Aufl., Bd. 1 (Nr. 88), S. 93.

217 OM, Entschädigungspflicht (Nr. 41), S. 6: „öffentlich-rechtliches Seitenstück" zur Bereicherungsklage des Zivilrechts.

218 OM, Verwaltungsrecht, 3. Aufl., Bd. 1 (Nr. 88), S. 214: Bezeichnung nach dem „Vorbilde des von der Zivilrechtswissenschaft gebildeten Begriffes der ‚Rechtsgüter'".

219 Daneben erwähnt OM gerne lobend die Römer, so auch Stand (Nr. 56), S. 502, wo er den „vollkommene(n) Parallelismus des Systems öffentlichrechtlicher Institute, der sich damals neben dem zivilrechtlichen hinzog", her-

angesehen.[220] Im Vorwort zur 2. Auflage seines „Deutschen Verwaltungsrechts" bekennt er denn auch, durch die „Schule der französischen Verwaltungsrechtswissenschaft" gegangen zu sein[221]. Seine Bewunderung gilt vor allem den Instituten, in denen sich die leitenden Ideen des Verfassungs- und Rechtsstaates ausgeprägt hatten. Das französische Verwaltungsrecht[222], wie es der Staatsrat seit der Französischen Revolution „in stetiger zielbewußter Arbeit geschaffen ... hat", erscheint Mayer so als „ein wundervolles Kunstwerk, dem römischen Zivilrecht nicht unebenbürtig"[223]. Die Franzosen hatten demnach die Übertragung zivilrechtlicher Begriffe schon geleistet, gewissermaßen vorgearbeitet, so daß darauf aufgebaut werden konnte. Der Feststellung Otto Mayers, die französische Verwaltungsrechtswissenschaft besitze „so wenig als die deutsche" „eine *eigene* (Hervorhebung vom Verf.) ihr vollkommen angemessene Rechtssprache"[224], kann daher nicht entnommen werden, daß er damit ausdrücken wollte, die französische Rechtssprache sei, was das Verwaltungsrecht anbelangt, ebenso „unfertig und mangelhaft"[225] wie die deutsche.[226] Die französische Verwaltungsrechtswissenschaft hatte die Mangelhaftigkeit durch Lehnbegriffe des Zivilrechts bereits zu einem beachtlichen Teil behoben. Nicht zuletzt darauf gründet sich ihre „wohlgefestigte Lehre mit einer verblüffenden Gleichartigkeit der Schriftsteller", wohingegen man nicht behaupten könne, „daß unsere Verwaltungsrechtswissenschaft auch nur annähernd zu einem ähnlichen Abschlusse gekommen sei"[227].

---

vorhebt. Der Hinweis auf das römische Recht ist in erster Linie für diejenigen gedacht, die es „für eine Forderung nationaler Tugendhaftigkeit" halten, „von den Franzosen nichts zu lernen".

[220] Siehe ebd. S. 499 f. — An dieser Stelle sind nur die Begrifflichkeit als solche und die Systematik von Belang. Zum spezifischen Inhalt der verwaltungsrechtlichen Begriffe in Anlehnung an das französische Verwaltungsrecht siehe oben, S. 36 f.

[221] (Nr. 73), S. VIII f.

[222] Eine entsprechende Anerkennung wird auch dem französischen Zivilrecht zuteil. Vgl. etwa Unteilbarkeit (Nr. 3), S. 481, wo OM sagt, wenn der Wert eines Instituts darin liege, „daß es die leitenden Grundideen klar und scharf hervortreten läßt", so sei das Prädikat dem französischen System der Unteilbarkeit des Geständnisses ganz vorzugsweise beizulegen.

[223] Rezension Jèze, AöR 32 (1914), S. 277. In Portalis (Nr. 30), S. 6 f. rühmt OM „jene wunderbar harmonische Ordnung", die der Gesetzgebung des Konsulates zu verdanken sei und „deren Glanz auch den der französischen Waffen überstrahlt und überdauert" habe.

[224] Theorie (Nr. 10), S. 21.

[225] So für das deutsche Verwaltungsrecht OM, Verwaltungsrecht, 1. Aufl., Bd. 1 (Nr. 16), S. VIII.

[226] Die bloße Gegenüberstellung von Diagnosen des Inhalts, sowohl die deutsche als auch die französische Rechtssprache sei noch nicht fertig, wie sie sich bei Heyen, Frankreich, S. 454 Fn. 41 findet, sagt über den jeweiligen Grad der Unfertigkeit noch nichts aus.

[227] OM, Verwaltungsrecht, 1. Aufl., Bd. 1 (Nr. 16), S. VII.

Diese grundsätzliche Vorbildhaftigkeit führte für Otto Mayer jedoch nicht zu einem einfachen Import des französischen Verwaltungsrechtssystems.[228] Vielmehr sei bei einer Rezeption „immer eine doppelte Übersetzung notwendig". Die eine, selbstverständliche, ist die von einer Sprache in die andere. Die andere Übersetzung — eine „höhere Art von Übersetzungskunst", da sie auch von demjenigen zusätzlich beherrscht werden muß, der der „fremde(n) Sprache ... vollkommen mächtig ist", — ist die von einer juristischen Denkweise in eine andere. Konkret sieht das so aus, daß jeweils zu fragen ist, wie ein ausländisches „rechtliches Institut in *unserer* Weise sich auszudrücken, in die Gesamtheit *unserer* Rechtsordnung sich einreihen" würde.[229] Hiermit wird bereits ausgesagt, daß Modifizierungen aufgrund der unterschiedlichen Denkweisen notwendig sind. In Bezug auf Frankreich sieht Otto Mayer sogar — in gewissem Kontrast zu der vorausgesetzten großen kulturellen Gemeinschaft — außergewöhnliche Schwierigkeiten. Die französische Rechtswissenschaft sei nämlich „hochgradig national", und es falle ihr besonders schwer, sich „fremder Denkweise ... anzuschmiegen". Ihre „großartige Uniformität ... und Abgeschlossenheit" sei „ein großes Hindernis für ein wirksames Arbeiten für das Ausland, das für *seine* Rechtswissenschaft Förderung" wolle.[230] Zwar sei in Frankreich durch die „strenge Abschließung" der Gewalten die Bahn frei geworden für die „Entfaltung eines eigenartigen öffentlichen Rechts, des droit administratif, welches die französischen Verwaltungsgerichte in der ersten Hälfte des vorigen (19., der Verf.) Jahrhunderts zu einem großartigen System herausgearbeitet" hätten, andererseits habe dies aber zu einem „argen Formalismus" geführt.[231] Überhaupt habe das aus der französischen Revolution hervorgegangene Recht eine gewisse Starrheit bewahrt.[232]

---

228 Rezension Hatschek, ZSgesStWiss 63 (1907), S. 546: Er „werde sich hüten, für solch schnöde Ausländerei in die Schranken zu treten".

229 Insgesamt OM, Theorie (Nr. 10), S. VIII.

230 Rezension Brie, AöR 5 (1890), S. 421. Siehe auch Theorie (Nr. 10), S. VII f.: Die französische Verwaltungsrechtswissenschaft vermöge dem „deutschgebildeten" Juristen nicht zu dienen. Sie sei „zu sehr befangen in den Voraussetzungen des besonderen Rechtslebens, aus dem sie hervorgehe".

231 Justiz (Nr. 32), S. 29. Die Beobachtungen OMs stimmen auffällig überein mit dem Urteil noch lebender Juristen. So bestätigt Zweigert, Frankreich, S. 500 einen „gewissen Formalismus des französischen juristischen Denkens", den er in Zusammenhang bringt mit dem zum Vorbild genommenen geometrischen Geist Descartes'. Schmitt, Formung, S. 3, konstatiert „Schärfe und Ausgeprägtheit des französischen Juristen", hält diese für „Wesensbestandteil(e) des ... französischen Nationaltypus selbst" und führt sie mit auf die „für epigrammatische Zuspitzungen besonders geeignete französische Sprache" zurück.

232 Justiz (Nr. 32), S. 30. OM fügt hinzu: „Es ist, als hätte sich die Nation damit erschöpft."

Abweichungen vom französischen Recht sind vor allem unverzichtbar bei der konstruktiven Umsetzung der — gemeinsamen — modernen Ideen. Typisch hierfür ist eine Äußerung Mayers, die er auf dem deutschen Juristentag 1885 noch in einem zivilrechtlichen Zusammenhang gemacht hat. Die Franzosen seien, so Otto Mayer, beim Konstruieren nicht sehr geschickt, aber „das dürfe man ... dem Grundgedanken nicht zu Schaden rechnen“[233]. Es gebe, heißt es an anderer Stelle, eine „eigentümliche Besonderheit der Denkweisen; was der Franzose mit glücklichem Instinkt zu schildern und anschaulich zu machen weiß, muß der Deutsche, um es sinnvoll zu beherrschen, in seine festen, scharf umrissenen Begriffe fassen; anders wird es bei uns nichts Rechtes“[234]. Der Grundgedanke im französischen Recht ist also regelmäßig in Ordnung, seine systematische Ausführung läßt aber aus deutscher Sicht zu wünschen übrig.[235] Für das französische Verwaltungsrecht bedeutete dies, daß Otto Mayer die zugrunde liegenden öffentlich-rechtlichen Theorien akzeptierte und lediglich ihre systematische Ausgestaltung für unzureichend hielt. Den letzteren Mangel suchte er noch für das französische Verwaltungsrecht in der „Theorie des Französischen Verwaltungsrechts“ zu beheben. Kritiker haben ihm nicht nur die Systematisierung als in Bezug auf das französische Verwaltungsrecht unangebracht vorgehalten, sondern ihm sogar vorgeworfen, das französische Verwaltungsrecht selbst entstellt zu haben.[236]

In der Herausstellung der unterschiedlichen Denkweise deutscher und französischer Juristen steht Mayer nicht allein[237]. Bereits vor ihm war Mohl aufgefallen, daß die französischen Verwaltungsrechtslehrbücher „nicht immer wohlgelungene Systeme im eigentlichen Sinne des Wortes“ enthielten.[238] Während die französischen Juristen sich besonders durch logisches Denken auszeichnen[239], sind die deutschen, wie es später Carl Schmitt formuliert hat, „auf wissenschaftliche theoretische Grundlegung und rechtssystematischen Zusammenhang bedacht“[240].

---

[233] Diskussionsbeitrag, Verhandlungen des 17. deutschen Juristentages 1885, Bd. 2, S. 126.

[234] Selbstdarstellung (Nr. 89), S. 162.

[235] Vgl. auch OM, Wirkung (Nr. 4), S. 3. Auch die wissenschaftliche Begründung im französischen Recht erschien OM nicht ausreichend (vgl. für den Begriff der „concurrence déloyale“ OM, Concurrence — Nr. 6 —, S. 376).

[236] Etwa Laband, Rezension OM, AöR 2 (1887), S. 149.

[237] Neumayer, Zivilrechtswissenschaft, S. 169: „tiefgreifende Unterschiede im Rechtsstil und in der juristischen Denkungsart“.

[238] Geschichte, S. 219.

[239] So urteilt Mohl, Geschichte, S. 206 über Cormerin, Questions de droit administratif, Paris 1834: „Cormerin ist kein Systematiker; allein er ist ein logisch vortrefflich bestellter Kopf ...“ Vgl. auch Schmitt, Formung, S. 9: französische Juristen „logisch und rationalistisch“.

Auch hinsichtlich der Systematisierung französischen Rechts war Otto Mayer nicht der erste. Bekannt ist das Beispiel des Heidelberger Professors Zachariä von Lingenthal, der den Code civil in ein System gebracht hat, was bis dahin von den französischen Juristen nicht unternommen worden war.[241]

Wegen dieser Übersetzung von der französischen in die deutsche Denkweise wäre es in der Tat abwegig, Otto Mayer der sklavischen Nachahmung des französischen Verwaltungsrechts zu bezichtigen. Schon Laband hat von Otto Mayers „Theorie des Französischen Verwaltungsrechts" gesagt, Otto Mayer sei keineswegs nur, wie er angegeben hatte, als „Berichterstatter" tätig gewesen, sondern habe „in origineller und zum Teil sehr subjektiver Auffassung das französische Verwaltungsrecht in ein System gebracht und ihm eine eigentümliche dogmatische Ausprägung gegeben"[242]. So hatte Otto Mayer seine „Berichterstattung" aber ja auch gar nicht verstanden wissen wollen. Seinen — isoliert betrachtet, mißverständlichen[243] — Schlußsatz des

[240] Formung, S. 9. Ähnlich Neumayer, Zivilrechtswissenschaft, S. 169; Zweigert, Frankreich, S. 504. Große Beachtung hat eine Äußerung des Dekans der Straßburger Juristenfakultät Aubry im Jahresbericht 1857 gefunden, in der dieser die Überlegenheit deutscher wissenschaftlicher Behandlung des Rechts rühmt, der gegenüber die französische „sans mérite et sans gloire" sei (zitiert nach Neumayer, Zivilrechtswissenschaft, S. 169 Fn. 15).

[241] Siehe hierzu Norden, Rechtsgemeinschaft, S. 144. Der in Fn. 240 genannte Aubry war es übrigens, der zusammen mit dem ebenfalls in Straßburg lehrenden Rau das Werk Zachariäs unter Bewahrung des Systems ins Französische übertragen hat (vgl. Neumayer, Zivilrechtswissenschaft, S. 172 f.). Hier zeigt sich eine Brückenfunktion der Straßburger Universität. OMs „Theorie des Französischen Verwaltungsrechts" ist schließlich ebenso wie die 1. Aufl. seines „Deutschen Verwaltungsrechts" in der Straßburger Zeit entstanden.

[242] Rezension OM, AöR 2 (1887), S. 149. Ähnlich Rehm, Rezension OM, KritViertjSchr 29 (1887), S. 125: „... der Verfasser ist mehr als ein Interpret fremder Gedanken, mit der Stellung eines Referenten hat er sich nicht begnügt. Das Material zum Aufbau hat er wohl französischer Jurisprudenz entnommen; der Aufbau selbst nach Plan und Ausführung ist des Verfassers eigenste Schöpfung."

[243] Erst recht mißverständlich wurde die Rolle OMs durch sein Vorwort zur ersten Auflage des „Deutschen Verwaltungsrechts". Dort, S. VII, meint er, er habe in der „Theorie des Französischen Verwaltungsrechts" aufrichtig schreiben können, er sei „bloß Berichterstatter über die Taten der französischen Juristen". Denn: „Alle Rechtsbegriffe waren fertig gegeben". Er hätte nur noch „eine andere Ausdrucksweise und Anordnung hinzutun" müssen. Allein die Ersetzung von „Denkweise" durch „Ausdrucksweise" ist geeignet, das Entscheidende zu verdecken. Und „Anordnung" ist ja nicht unbedingt gleichbedeutend mit juristischer Systematik. — In Bezug auf das Institut des „öffentlichen Eigentums" hat OM selbst eine Klarstellung vorgenommen: Er habe „die Theorie dieses Gegenstandes aus dem Studium der französischen Juristen geschöpft, aber keineswegs in dem Sinne", daß er „sie dort gerade so fertig vorgefunden hätte" (Rezension Jèze, AöR 32 (1914), S. 278). — Eine simple Übernahme ist etwa hinsichtlich der Lehre von der öffentlichen Anstalt insofern schlecht möglich gewesen, als — worauf Brohm, Strukturen,

Vorworts zur „Theorie des Französischen Verwaltungsrechts“, wonach er „keine eigenen Meinungen zu verteidigen“ habe, „sondern nur Berichterstatter über die Taten der französischen Juristen“ sei, hatte er zuvor dahin erläutert, daß es gelte, die französische Theorie des Verwaltungsrechts[244] „in's Deutsche zu übersetzen“, d. h., „in der Denkweise des deutschen Juristen wiederzugeben, was ... ihr Inhalt ist“[245]. Wie sehr es auf den Einzelfall ankommt, in welchem Umfang und in welcher Form französisches Verwaltungsrecht für ein deutsches nutzbar gemacht werden kann, hat Mayer im Vorwort zur französischen Ausgabe seines „Deutschen Verwaltungsrechts“ unterstrichen: „... il ne faut rien exagérer; il ne faut point vouloir expliquer tous les points communs par des emprunts au droit français. Une large part doit être faite au parallélisme des idées communes à tous les pays. Il reste, cependant, un assez grand nombre de matières dans lesquelles l'influence directe du droit français ne saurait être méconnue. Maintes fois, le droit français a été simplement copié. Plus souvent, on a adopté et transformé les institutions françaises en les combinant plus ou moins avec des idées d'origine allemande.“[246] Die Rezeption französischen Rechts ist also nur ein Teil der Methode Otto Mayers, wenngleich ein sehr wesentlicher. „Sehr irrig wäre es“, konnte Mayer daher im Vorwort zur 2. Auflage des „Deutschen Verwaltungsrechts“ schreiben, zu glauben, er „hätte die Gedankenbilder der einzelnen Rechtsinstitute so ganz einfach der französischen Rechtswissenschaft entnommen“. „Gerade was am meisten Widerspruch erfahren“ habe, sei „eignes Ge-

S. 168 Fn. 6 aufmerksam gemacht hat — OM noch nicht auf eine fundierte französische Lehre des „service public“ zurückgreifen konnte. Aufschlußreich ist auch die Einschätzung von Werner Bühler, Anstalt, S. 5, es könne von einer Entwicklung des Rechtsinstituts der öffentlichen Anstalt in Frankreich nicht gesprochen werden, es sei „vielmehr gleichsam auf einen Schlag entstanden“, u. zwar erst um die Wende zum 20. Jahrhundert. Zu der von OM vorgenommenen Abänderung siehe Eisenbahn II (Nr. 29), S. 41 et passim, besonders S. 55 Fn. 18, 69 Fn. 31 und 84 Fn. 46.

[244] Man beachte die Formulierung. Es ist bezeichnenderweise nicht die Rede von einer Theorie des *französischen* Verwaltungsrechts, sondern von einer französischen Theorie *des* Verwaltungsrechts, also eines — jedenfalls in gewisser Hinsicht — übernationalen Verwaltungsrechts. In der Tat war diese Monographie die direkte Vorstufe zu OMs Verwaltungsrechtslehrbuch, und er hat darin bereits im wesentlichen seine Auffassung von der Aufgabe *der* Verwaltungsrechtswissenschaft und von *den* Verwaltungsrechtsinstituten niedergelegt. Dementsprechend hat er später, wenn es um das Wesen von Verwaltungsrechtsinstituten ging, direkt auf die „Theorie des französischen Verwaltungsrechts“ Bezug genommen. So weist er beispielsweise in Rezension Müller, AöR 27 (1911), S. 343 darauf hin, er habe bereits in der „Theorie des französischen Verwaltungsrechts“ ausgeführt, daß die Form des eingehaltenen Verfahrens das Wesensmerkmal der Verwaltungsgerichtsbarkeit sei.

[245] Theorie (Nr. 10), S. VIII. Heyen, Frankreich, S. 454, nennt dieses Werk daher auch eine „deutsche Theorie französischen Verwaltungsrechts“.

[246] Droit (Nr. 35), S. XIV.

wächs".[247] Es nimmt daher auch nicht Wunder, was er an gleicher Stelle berichtet, daß nämlich sein „Deutsches Verwaltungsrecht" „in der französischen Bearbeitung einen sehr deutschen Eindruck gemacht" habe[248].

III. Das moderne Verwaltungsrecht als Kompromiß von Staatsidee und Rechtsstaatsidee

Staatsidee und Rechtsstaatsidee stehen bei Otto Mayer nicht beziehungslos nebeneinander. Sie sind vielmehr durch eine dritte Idee, die des Verfassungsstaates, in bestimmter Weise miteinander verknüpft. Der Verfassungsstaat ist die Voraussetzung des Rechtsstaates.[1] Erst seine „Grundidee" der Trennung der Gewalten[2] ermöglicht es, die Verwaltung in gewisser Hinsicht an die Legislative zu binden und die Einhaltung dieser Zuordnung einer justiziellen Kontrolle zu unterstellen.[3] Damit kann auch der bislang vom Recht gemiedene Bereich der Verwaltung „‚in der Weise des Rechts bestimmt'" werden.[4] Da in diesem Ausgreifen des Rechts auf die Verwaltung das Wesen des Rechtsstaates besteht[5], ist letztlich der Verfassungsstaat die Voraussetzung auch des Verwaltungsrechts[6].

Während Otto Mayer die Ideen des Verfassungs- und des Rechtsstaates für die dem europäischen Kulturkreise seiner Zeit eigentümlichen leitenden Gedanken hält[7], wurde von der modernen Staatsidee bereits die vorangegangene Epoche des Polizeistaates ausgebildet. Dennoch bleibt die moderne Staatsidee mit ihrer „großen Errungenschaft" der „unbedingten Übermacht der Staatsgewalt"[8] erhalten: Der Rechtsstaat steht insoweit auf den Schultern des Polizeistaats[9], was

---

[247] (Nr. 73), S. IX.

[248] Ebd. OM hat das wohl kommen sehen. So hatte er seiner französischen Bearbeitung gleich vorausgeschickt: „Le lecteur français n'hésitera pas, je l'espère, à reconnaître combien mon livre est allemand pour la manière de penser et d'exprimer les idées" (Droit — Nr. 35 —, S. XV).

[1] OM, Rezension Anschütz, AöR 17 (1902), S. 466; Rezension Hubrich, AöR 39 (1920), S. 96.

[2] OM, Verwaltungsrecht, 3. Aufl., Bd. 1 (Nr. 88), S. 55.

[3] So dürfte auch Müller, Vorbehalt, S. 18 zu verstehen sein, der die Gesetzmäßigkeit der Verwaltung als Sonderaspekt der Gewaltenteilung bezeichnet.

[4] OM, Verwaltungsrecht, 3. Aufl., Bd. 1 (Nr. 88), S. 58.

[5] Vgl. ebd. S. 55, 58.

[6] Ebd. S. 2, 55.

[7] OM, Finanzrecht (Nr. 91), S. 86 f.

[8] OM, Verwaltungsrecht, 3. Aufl., Bd. 1 (Nr. 88), S. 54; Vorlesungsmitschrift, S. 16: „rechtliche Unbeschränktheit der Staatsgewalt".

[9] OM, Verwaltungsrecht, 3. Aufl., Bd. 1 (Nr. 88), S. 54; Vorlesungsmitschrift, S. 16.

dieser „an Ideen geschaffen (hat), wird nicht ausgelöscht oder rückgebildet, sondern weiter entfaltet"[10].

Otto Mayers Deutsches Verwaltungsrecht basiert somit auf der Gleichzeitigkeit der Ideen des Verfassungsstaates, des modernen Staates und des Rechtsstaates in der Epoche. Inwieweit mit der dem Verfassungsstaat wesentlichen Trennung der Gewalten eine „Hemmung" und „Mäßigung"[11] der „furchtbaren Wucht der Staatsgewalt"[12] eintritt, hängt von dem Mischungsverhältnis der beiden Ideen des modernen Staates und des Rechtsstaates ab, dieses wiederum vom Inhalt der Idee des Verfassungsstaates. Erst eine Zerlegung von Mayers Verwaltungsrecht in diese Einzelbestandteile läßt die besondere Struktur seines bahnbrechenden Werkes als Ergebnis einer an epochalen Ideen orientierten Methode deutlich werden.

1. Der Vorrang des Gesetzes im gestuften Staatswillen

Nach Otto Mayers Verständnis vom Verfassungsstaat existiert eine rechtliche Bindung des Staates nicht. Der Staat kann alles[13], er ist allmächtig[14]. Die moderne Staatsidee bleibt insofern und insoweit unversehrt, als diese rechtliche Omnipotenz einem bestimmten Staatswillen, nämlich dem in Gesetzesform geäußerten zugesprochen wird. Das Gesetz kann alles bestimmen, was es will,[15] es ist immer im Recht[16]. Alle Grundrechte stehen damit zur Disposition des Gesetzgebers, sie sind nicht gesetzesfest.[17] Der rechtlich unbeschränkte Gesetzgeber,

---

[10] OM, Verwaltungsrecht, 3. Aufl., Bd. 1 (Nr. 88), S. 54.

[11] Vgl. ebd. S. 57; OM, Rezension Stier-Somlo, AöR 43 (1922), S. 365.

[12] OM,Verwaltungsrecht, 3. Aufl., Bd. 1 (Nr. 88), S. 57; Stand (Nr. 56), S. 505: der „eigentliche Staat", eine „unbändige Macht", die sich vor der Epoche des Rechtsstaats rechtlos herumgetrieben habe.

[13] Lehre (Nr. 11), S. 30, 38.

[14] Vorlesungsmitschrift, S. 16.

[15] OM, Schiffahrtsabgaben II (Nr. 64), S. 53; Rezension Arndt, AöR 18 (1903), S. 97; Vgl. auch Verwaltungsrecht, 3. Aufl., Bd. 1 (Nr. 88), S. 70 Fn. 12.

[16] OM, Landessynode 1913, S. 29. Insoweit mag man berechtigterweise von Gesetzespositivismus sprechen. Dabei darf jedoch nicht außer acht gelassen werden, daß nach OM alles daran zu setzen ist, daß — wie alles Recht — auch Gesetze den epochalen Ideen Rechnung tragen, sie gewissermaßen „ausführen". Entspricht ein Gesetz diesem Prüfungsmaßstab nicht, so versagt OM dem Gesetz zwar nicht die Anerkennung in dem Sinne, daß er seine Geltung bestreiten würde, wohl aber in dem, daß er es als „unvollkommenes" Recht brandmarkt. Siehe dazu oben S. 47, besonders Fn. 253.

[17] Dieser mindere Rang der Grundrechte entsprach der ganz herrschenden Meinung im letzten Drittel des 19. Jahrhunderts, vgl. Böckenförde, Entstehung, S. 65; Scheuner, Tragweite, S. 140; Grimm, Reformalisierung, S. 705; Guba, Wesen.

Eine Übersicht über die Rolle, die zur Zeit des Erscheinens der 1. Auflage von OMs Deutschem Verwaltungsrecht die deutsche Staats- und Verwalgleichgültig, ob Fürst oder Volk, oder — wie im deutschen Konstitutionalismus — beide zusammen, wird zum Souverän.[18]

Eine derartige Machtfülle beim Gesetzgeber legt die Frage nahe, ob dieser wirklich aller inhaltlichen Bindungen ledig war. Nachdem er als Souverän den höchsten Staatswillen verkörpert, können inhaltliche Anforderungen in Staatszwecken gesucht werden. Staatszwecke sind Otto Mayer nicht fremd. In Anlehnung an Hegel[19] formuliert er, der Staat habe „die Aufgabe und die Wirkung, Volkseinheiten zu schaffen und zu erhalten, Menschengemeinschaften, die in solcher Gestalt zusammengebunden ihre Eigenart entfalten und zur Geltung bringen sollen gegenüber den andern und handelnd und duldend mitarbeiten an dem Gange der Geschichte der Menschheit“[20]. Entnimmt man dem die Betonung eines Machtzweckes des Staates[21], so würde dadurch die inhaltliche Ungebundenheit des Gesetzgebers aber nicht eingeschränkt, eher noch gestützt. Allerdings ist zu beachten, daß Mayer bereits in der angeführten Staatsdefinition nicht nur vom „handelnden“, sondern auch vom „duldenden“ Staat spricht, diese also eine Begrenzung des Machtzwecks enthält. Otto Mayer lehnt in der Tat den ungehemmten Gebrauch staatlicher Macht sowohl im Verkehr mit anderen Staaten als auch im Innern des Staates ab. Solange zwischen Staaten „Macht und Reichtum und äußere Ehre die alleinigen Triebfedern staatlichen Handelns“ seien, kämen „wir über Machiavelli nicht hinaus“[22]. Eindrucksvoll ist auch die Grundauffassung Mayers über

tungsrechtslehre den Grundrechten zubilligte, gibt Stengel, Verwaltungsgerichtsbarkeit.

Zum Zusammenhang dieses Grundrechtsverständnisses mit dem Fehlen einer Staatsgerichtsbarkeit siehe Scheuner, Überlieferung.

[18] OM, Rezension Haff, AöR 40 (1921), S. 116. Bereits in Person (Nr. 58), S. 57 hatte OM die in Bundesstaat (Nr. 34), S. 363 geäußerte Auffassung aufgegeben, im konstitutionellen System sei das Volk nur Gehilfe des Souveräns, nicht aber selbst Souverän oder Mitsouverän. Mit dieser Korrektur hat OM nur eine Inkonsequenz beseitigt.

[19] Vgl. auch OM, Fichte (Nr. 73), S. 25.

[20] Person (Nr. 58), S. 47. Der Staat forme so die „konkreten Ideen, die Völkergeister für den Weltgeist“ (ebd. unter Bezugnahme auf Hegels Rechtsphilosophie).

Den gleichen Staatszweck enthält die Staatsdefinition in Verwaltungsrecht, 3. Aufl., Bd. 1 (Nr. 88), S. 1: „Der Staat ist das geordnete Gemeinwesen, zu welchem ein Volk zusammengefaßt ist, um seine Eigenart in der Geschichte zu entwickeln und zur Geltung zu bringen“. Unter „Volk“ versteht OM nicht „die jeweilige Menge von einzelnen Staatsangehörigen, sondern die davon wohl zu unterscheidende *geschichtliche Größe Volk*“ (Person — Nr. 58 —, S. 51). Für die Zukunft der letzteren darf der Staat sogar „seine Menschen massenweise opfern“ (Verwaltungsrecht, 3. Aufl., Bd. 1 — Nr. 88 —, S. 15).

[21] Für einen solchen könnte auch die lapidare Aussage über den Staat in: Staat (Nr. 50), S. 725, herangezogen werden: „ein Egoist ist er und darf er sein“.

[22] OM, Der Wert des Völkerrechts (unveröffentlicht), Privatbesitz.

die Handhabung der obersten Gewalt: „Es liegt unzweifelhaft schon im Besitz der obersten Gewalt über freie Menschen eine sittliche Macht, die den Besitzer zu dem Gebrauche drängt, wozu sie bestimmt ist. Wahnsinnig sind für uns die Tyrannen und die zur Herrschaft gelangten Volksmassen, die nichts davon zu spüren scheinen." „In solcher Weise" stehe „der Staat auf sich selbst als eine gewaltige Tatsache".[23] Danach wird man zum einen getrost davon ausgehen können, daß Otto Mayer in Hegelscher Dialektik nur den Staat als die Wirklichkeit der sittlichen Idee ansieht[24], der dieser sittlichen Idee auch entspricht. Zum anderen — und darauf kommt es hier entscheidend an — erhellt daraus, daß wir es lediglich mit einer sittlichen Bindung und nicht mit einer rechtlichen zu tun haben.[25] Der Gesetzgeber bleibt rechtlich frei[26]; nichts und niemand ist ihm übergeordnet. Wenn das Gesetz gehandelt habe, sei es daher für die „Juristen heilig und recht", sie könnten „nichts daran ändern", es stehe ihnen nicht zu, „zu sagen, (es) sei ungültig". Der Jurist könne nicht sagen: „Gesetz, du darfst das nicht", er dürfe lediglich sagen: „Gesetz, du sollst das nicht".[27]

Mit der rechtlichen Omnipotenz des Gesetzgebers rettet Otto Mayer auf dieser Ebene die reine Verwirklichung der modernen Staatsidee in die Epoche des Verfassungsstaates hinüber. Ungetrübt erscheint die Staatsidee aber ausschließlich im Gesetz. Denn jede andere Äußerung des Staatswillens ist zumindest bindbar. Ist die „öffentliche Gewalt in höchster Spitze" tätig geworden, so sind ihr alle anderen Manifestationen der öffentlichen Gewalt unterlegen.[28] Diese können keine Wirkungskraft entfalten, wenn sie dem — höchstrangigen — Gesetz widersprechen.[29] Otto Mayer nennt dies den „Vorrang des Gesetzes"[30]. Alle anderen Staatswillen sind demnach nicht mehr generell frei.

---

[23] Person (Nr. 58), S. 47 f.

[24] Dieses Hegelzitat findet sich ebd. S. 3.

[25] Dementsprechend fährt OM, ebd. S. 48, auch fort, Recht und Rechtsordnung könnten und sollten dazukommen, würden jedoch nie in das innerste Wesen des Staates eindringen. Siehe auch Verwaltungsrecht, 3. Aufl., Bd. 1 (Nr. 88), S. 78 Fn. 6, wo OM, gegen Jellinek gewendet, sagt, eine „Selbstbindung der ‚obersten Staatsorgane' durch *‚sittliche'* Pflichten" werde „man gern zugeben, wie aber daraus ohne weiteres *rechtliche* Gebundenheiten des Staates selbst werden, bleib(e) dunkel".

[26] Damit der Staat, der sich „als der schlimmste Feind erweisen (könne) für das Wohl seiner Untertanen und sein eigenes" richtig geleitet werde, suche ihm die Staatswissenschaft — also eine nichtjuristische Disziplin — das rechte Verständnis zu bereiten (OM, Finanzrecht — Nr. 91 —, S. 86).

[27] OM, Landessynode 1913, S. 29. Vgl. dazu oben S. 84 Fn. 16.

[28] Vgl. OM, Verwaltungsrecht, 3. Aufl., Bd. 1 (Nr. 88), S. 15.

[29] Ebd. S. 68.

[30] Ebd. Es ist dies ein Teil der Gesetzmäßigkeit der Verwaltung.

Die Überlegenheit des höchsten Staatswillens ist allerdings zunächst nur eine potentielle. Hat der Gesetzgeber nämlich nicht gehandelt, so kann ein Vorrang nicht zum Tragen kommen.

2. Der Vorbehalt des Gesetzes

In den Bereichen, die nicht vom Gesetz durch erfolgtes Tätigwerden des Gesetzgebers okkupiert sind, bliebe an sich Raum für ein Handeln der rangniederen öffentlichen Gewalt der staatlichen Verwaltung.[31] Denn der Staatswille ist auch auf den unteren Stufen frei, soweit er nicht nach der Idee des Verfassungsstaates gebunden ist. Der Verfassungsstaat sieht aber nun nach Otto Mayer neben der Bindbarkeit der Verwaltung, die im Vorrang des Gesetzes liegt, vor, daß der Staatswille unterhalb des Gesetzes in sachlicher Hinsicht von vorneherein beschränkt ist. Für „gewisse besonders wichtige Gegenstände“ ist ein selbständiges Vorgehen der Verwaltung ausgeschlossen.[32] Die Regelung ist vielmehr allein dem Gesetzgeber möglich, sog. „Vorbehalt des Gesetzes“[33]. Auf welche Bereiche sich der Vorbehalt erstreckt, bestimmen die sog. Grundrechte.[34] Diese sind nach damaligem Verständnis Abwehrrechte gegenüber administrativen Eingriffen in Freiheit und Eigentum. Deshalb kann — vereinfacht — die Wirkung des Vorbehalts des Gesetzes dahingehend zusammengefaßt werden, daß „der Staat niemandem etwas befehlen, niemandem eine Last auferlegen kann ohne Gesetz“[35].

Der Vorbehalt des Gesetzes bedeutet mithin nicht eine Begrenzung der Staatsgewalt überhaupt, sondern gibt nur eine bestimmte „Zuständigkeitsverteilung“ zwischen rangverschiedenen Staatsgewalten wieder[36]. Mit der Überweisung der grundrechtsempfindlichen Bereiche an den Gesetzgeber beruhigt sich der so verstandene Verfassungsstaat. Der Schutz der Freiheit wird allein beim Gesetzgeber gesucht[37]. Diesem wird die Wahrung der Grundrechte vollständig überantwortet. Darin liegt ein ungeheures Vertrauen in das Parlament, genauer gesagt: in die Be-

---

[31] Böckenförde, Organisationsgewalt, S. 81: Die Exekutivgewalt sei originäre öffentliche Gewalt.

[32] OM, Verwaltungsrecht, 3. Aufl., Bd. 1 (Nr. 88), S. 69 f.

[33] Ebd. S. 70; es ist dies ein weiterer Teil der Gesetzmäßigkeit der Verwaltung.

[34] Ebd.; OM, Rezension Arndt, AöR 18 (1903), S. 99; Rezension Jellinek, AöR 9 (1894), S. 285; Rezension Hatschek, JW 51 (1922), S. 1571: darin besteht „das Wichtigste an den Grundrechten“. Ausführlich zum Zusammenhang von OMs Vorbehaltslehre mit der Lehre von den Grund- und Freiheitsrechten Bühler, Rezension OM, VerwArch 27 (1919), S. 291 ff.

[35] OM, Lehre (Nr. 11), S. 27.

[36] Vgl. ebd. S. 30.

[37] Ebd.

teiligung des Volkes am Zustandekommen der Gesetze.[38] Mit der „Anteilnahme des Volkes“ gilt im Konstitutionalismus nach Otto Mayer der im Gesetz geäußerte Staatswille „als unschädlich gemacht“[39].

Dies entsprach einer Rückzugsposition des liberalen Bürgertums[40], das sich damit zufrieden gab, daß Freiheit und Eigentum nur mit Zustimmung des Parlaments, in dem man die eigene Repräsentanz sah, angetastet werden konnten.[41]

---

[38] Vgl. Huber, Grundrechte, S. 171; Peters, Diskussionsbeitrag, in Conrad, Bestrebungen, S. 71.

[39] Finanzrecht (Nr. 91), S. 87.

[40] Otto Mayer ist zum Bürgertum zu zählen. Wie die von Köbler, Herkunft, erstellte Übersicht über wesentliche Daten von 200 Rechtswissenschaftlern, welche mit mehr als der Hälfte ihrer Lebensjahre dem 19. Jahrhundert angehörten, zeigt, ist dies bei dem „absolute(n) Vorherrschen des bürgerlichen Elements“ für die Zeit Otto Mayers keine Seltenheit. — Das Leben Otto Mayers kann anhand der erhalten gebliebenen Unterlagen, die im Anhang in Bibliographie und Quellenteil aufgeführt sind, ebenso wie das soziale Umfeld recht genau rekonstruiert werden. Der Verfasser hat es von der Anlage dieser Arbeit her nicht für angezeigt gehalten, den biographischen Ertrag hier auszubreiten. Das Herkommen und die politischen Grundeinstellungen Otto Mayers mögen bestimmte große Linien seines verwaltungsrechtlichen Werkes, etwa das Bemühen um Domestizierung der Staatsgewalt als solches, erklären können. Hinsichtlich der Erwartung eingehender Aufschlüsse über die spezifische Prägung der Verwaltungsrechtslehre Mayers ist aber Vorsicht geboten. Greift man etwa den an sich durchaus bemerkenswerten Umstand heraus, daß Otto Mayer Burschenschafter war, so mag man geneigt sein, daraus weitreichende Folgerungen zu ziehen. Nimmt man jedoch hinzu, daß u. a. die großen Gegenspieler in der Auseinandersetzung um die juristische Methode des öffentlichen Rechts, Laband und Gierke, beide Burschenschafter waren (Gierke sogar Bundesbruder von Mayer; dennoch glaubte Gierke im Brief v. 25. 5. 1908 — Privatbesitz — „grundsätzlich verschiedene Auffassung des Verhältnisses zwischen Staat und Recht“ und „ungleiche Anschauungen über Wesen und Tragweite des Rechtes und über die Aufgaben juristischer Begriffsbildung“ zwischen sich und Otto Mayer feststellen zu können), so erscheinen konkrete Herleitungen von zweifelhaftem Wert. Ähnliches gilt hinsichtlich der Verwaltungsrechtslehrer im ausgehenden 19. Jahrhundert selbst. Mindestens Georg Meyer und Edgar Loening, also die Verfasser von Verwaltungsrechtslehrbüchern, mit denen Otto Mayers Deutsches Verwaltungsrecht dann in Konkurrenz trat, waren wie Mayer Burschenschafter. Loening war sogar wiederum Bundesbruder von Otto Mayer, zudem interessanterweise ebenfalls mit Verwaltungserfahrung im Elsaß ausgestattet und hatte sogar schon vor Otto Mayer an der Straßburger Universität Verwaltungsrecht gelesen. —

Ein anderer Ansatz als der dieser Arbeit zugrundeliegende ist von der Habilitationsschrift von Erk Volkmar Heyen (Speyer) über Otto Mayer zu erwarten.

[41] Vgl. Schmidt, Programmierung, S. 323. Die Begrenzung des Vorbehalts auf diese Schutzfunktion ließ den Ausschluß staatlicher Begünstigungen als selbstverständlich erscheinen (Jesch, Gesetz, S. 169; vgl. auch Badura, Verwaltungsrecht, S. 21). Wenn Forsthoff, Leistungsträger, S. 4 meint, die rechtsstaatliche Rechtswissenschaft sei einem sozialen Bild zugeordnet gewesen, das „nur bis zur Mitte des vorigen Jahrhunderts Realitätswert“ besessen habe, so mag das richtig sein. Hier ist jedoch wesentlich, daß eine veränderte Lage nicht ins Bewußtsein des Bürgertums und der Rechtswissenschaft gedrungen war. Letzteres ist eigentlich erst aufgrund von Forsthoffs Schrift

Wenn bei genereller Ungebundenheit des Gesetzgebers der Vorbehalt des Gesetzes nur eine Schranke für die Verwaltung errichtet, die Staatsidee also auch nur auf dieser Stufe an der vollen Entfaltung gehindert wird, ist auch nur die Verwaltung der Adressat der Grundrechte.[42] Die ursprünglich die Grundrechte ausmachende „Freiheit vom Staat"[42a] ist zur bloßen „Freiheit von der Verwaltung" geschrumpft.

Wie weit diese Ausgrenzung gegenüber der Verwaltung reicht, hängt davon ab, wie Freiheit und Eigentum inhaltlich auszufüllen sind. Hier zeigt sich nun eine Besonderheit von Otto Mayers Verwaltungsrecht. Mayer bietet nämlich keine feststehenden, geschlossenen Begriffe, sondern offene und wandlungsfähige.[43] Bei den Grenzen der persönlichen Freiheit ebenso wie bei den Grenzen der Freiheit des Eigentums mache sich „eine allgemeine gesellschaftliche Anschauung geltend von dem, was notwendig dazugehört und was unter Umständen zurückstehen muß"[44]. Als Vorteil dieser Einbeziehung der gesellschaftlichen Anschauung wird ausdrücklich herausgestellt, daß sie gegenüber dem förmlichen Rechtssatz „schmiegsamer und wandelbar" sei[45]. Die „Frei-

---

„Die Verwaltung als Leistungsträger" (in den Grundlinien bereits in ders., Aufgaben) geschehen.

Im übrigen läßt sich ein großer Teil der staatlichen Leistungen wegen der Interdependenz von Eingriff und Leistung auch mit der Eingriffsdogmatik bewältigen, vgl. Imboden, Gesetz, S. 42.

[42] Vgl. Scheuner, Tragweite, S. 141, 157. Bei Jeserich, Gedanken, S. 361 findet sich der historisch interessante Hinweis darauf, daß Niebuhr der 1816 erschienenen Arbeit Ludwig Freiherr Vinckes über die „Verwaltung von Großbritannien" das Leitwort vorangestellt hat: „Die Freiheit" des Staatsbürgers „beruht ungleich mehr auf der Verwaltung als auf der Verfassung".

[42a] Vgl. Schmitt, Verfassungslehre, S. 163 ff.

[43] Vgl. dazu OM, Rezension Holstein, AöR 42 (1922), S. 392. — In diesem Zusammenhang verdient vermerkt zu werden, daß OM bereits bei der Bestimmung des Vorbehaltsbereichs beinahe bei einer offenen Definition angelangt wäre. Wenn OM für die Notwendigkeit eines verfassungsmäßigen Gesetzes darauf abstellt, ob „besonders wichtige Gegenstände" betroffen sind (Verwaltungsrecht, 3. Aufl., Bd. 1 — Nr. 88 —, S. 69), so kommt er damit sehr nahe an die neueren Kriterien heran. Mit der Beschränkung auf „gewisse" besonders wichtige Gegenstände (ebd.) entfernt er sich davon allerdings wieder.

[44] OM, Verwaltungsrecht, 2. Aufl., Bd. 2 (Nr. 77), S. 223; 3. Aufl., Bd. 2 (Nr. 88), S. 120.

[45] OM, Verwaltungsrecht, 2. Aufl., Bd. 2 (Nr. 77), S. 224. Huber, Rechtsstellung, S. 454: OMs Versuch, aus ‚ungeschriebenem Recht' gewisse Schranken des Eigentums abzuleiten, sei der Versuch, „gesetzesstaatliches Denken des liberalen Positivismus" aufzulockern. —

In Verwaltungsrecht, 3. Aufl., Bd. 1 (Nr. 88), S. 213 Fn. 1 verteidigt OM diese Hereinnahme der Gesellschaft als „etwas Unjuristische(m)" (ebd. S. 213) mit der Bemerkung, „gar manches, was selbst nicht Rechtsbegriff" sei, könne doch „zum besseren Verständnis unserer Rechtsbegriffe sehr nützlich werden". Hiermit wird aber kaschiert, daß es gar nicht um eine Verständnishilfe geht, sondern um das Hereinströmen von Unjuristischem in Begriffe. Letzteres ist nach der Methode OMs ja keine Besonderheit; seine Rechtsbegriffe heit des Privatlebens“ wird so „in erster Linie durch die Anschauungen, durch Sitte und Gewöhnung bestimmt“,[46] ähnlich die Freiheit des Menschen im Zusammenleben mit anderen „neben spärlichen Rechtssätzen“ durch die Sitte[47]. In ähnlicher Weise stellt sich das Eigentum im Verhältnis zur öffentlichen Verwaltung als von vorneherein beschränkt dar. Es hängt ihm hier „allgemein und im voraus“ eine „Schwäche“ an, das Eigentum „wirkt ... nicht, ist wehrlos“.[48] Eine Art Sozialpflichtigkeit des Eigentums ist geschaffen.

Beide Male handelt es sich um Wirkungen der Staatsidee, die sich hier in den Vordergrund schiebt. Verringert wird dadurch jeweils die Reichweite des Vorbehalts des Gesetzes.[49] Hinsichtlich der Freiheit von polizeilichen Anordnungen „gehört von vornherein nicht zur Freiheit des Einzelnen, ... die gute Ordnung des Gemeinwesens ... durch sein Verhalten (zu) stören ...“ Er „hat vielmehr die gesellschaftliche Pflicht, solche Störungen zu unterlassen“.[50] Damit wird die Notwendigkeit eines geordneten Zusammenlebens in der Gesellschaft zum Bestandteil der „allgemeinen Untertanenpflicht“ selbst gemacht.[51] Die dem Eigentum gegenüber der öffentlichen Gewalt anhaftende Schwäche hat ihren Grund in den „Notwendigkeiten der öffentlichen Verwaltung“, darin, daß mit der „formalen Forderung der Heiligkeit des Eigentums“ „die

---

sind schließlich — wie gezeigt — nach außen hin nicht völlig abgeriegelt. Allerdings ist die Durchlässigkeit im gegenständlichen Zusammenhang ungewöhnlich groß.

[46] OM, Verwaltungsrecht, 3. Aufl., Bd. 1 (Nr. 88), S. 217.

[47] Ebd. S. 218. — Gleiches gilt für den „Schutz des einzelnen Menschenlebens gegen diesen Menschen selbst“ (ebd. S. 219 Fn. 10).

Es versteht sich, daß ein so definierter Begriff polizeilicher Freiheit auch nach der anderen Seite, also gegenüber der Polizei, eine Grenze haben muß. Dazu OM: „Es ist doch nicht alles schlechthin in das unbeschränkte Belieben gestellt, daß die Polizeibehörde alles befehlen kann, was ihr zweckmäßig erscheint, was ihr gut scheint; sondern es sind Rechtsgrenzen für die Befugnis der Polizei da, das liegt im Wesen der Polizei selber.“ „Wohin würden wir sonst kommen, wenn wir die Grenzen nicht mehr festhalten? Was könnten dann noch alles für Anordnungen gedacht werden in den intimsten Räumen ..., um da je nach dem Geschmacke der Polizeibehörden einzugreifen! Eine Grenze muß doch vorhanden sein“ (Plenarverhandlung 1908, S. 387). Auch das Gebot der Verhältnismäßigkeit des polizeilichen Eingriffs gewinnt OM „von der naturrechtlichen Grundlage her“ (Verwaltungsrecht, 3. Aufl., Bd. 1 — Nr. 88 —, S. 223). — Zur Bestimmung der Substanz der Freiheit gesondert für jedes Freiheitsrecht, die OM hier in der beschriebenen Weise vornimmt, Grabitz, Freiheit, S. 58.

[48] OM, Verwaltungsrecht, 2. Aufl., Bd. 2 (Nr. 77), S. 221.

[49] Das meint wohl auch Kopp, Inhalt, S. 97 mit der mißverständlichen Formulierung, OM kritisiere Schranken- und Gesetzmäßigkeitslehre.

[50] OM, Verwaltungsrecht, 3. Aufl., Bd. 1 (Nr. 88), S. 207.

[51] Vgl. ebd. S. 212; weiter Böckenförde, Gesetz, S. 327. Zur Frage, inwieweit der Vorbehalt des Gesetzes dadurch eingeschränkt wird, OM, Verwaltungsrecht, 3. Aufl., Bd. 1 (Nr. 88), S. 208 f.

geforderte Kraft der Verwirklichung der Staatszwecke unzulässigerweise beeinträchtigt würde".[52]

Wodurch diese Kraft „gefordert" wird, weshalb die Realisierung der Staatszwecke „unzulässigerweise" behindert würde, ergibt sich zum geringsten Teil aus Gesetzen.[53] Otto Mayer bringt hierbei vielmehr nicht oder nur spärlich positivierte Gedanken ein. Man hat diese als naturrechtlich begründet angesehen.[54] Mayer selbst hat in der ersten Auflage seines Deutschen Verwaltungsrechts davon gesprochen, daß die „vorausgesetzte allgemeine Untertanenpflicht, Störungen der guten Ordnung des Gemeinwesens zu unterlassen", eine „naturrechtliche Grundlage" darstelle, die „Maß und Richtung" gebe „für das, was als damit gewollt anzusehen und was auch ohne besondere Ordnung zulässig ist"[55]. Hinter diesem „Naturrecht" verbirgt sich nichts anderes als die moderne Staatsidee als eine der großen epochalen Ideen, an deren Geltungskraft und Vernünftigkeit Otto Mayer glaubt.

— Das besondere Gewaltverhältnis

Auch in dem der Verwaltung durch den Vorbehalt des Gesetzes an sich versperrten Bereich gibt es jedoch für diese eine Möglichkeit, zu selbständigem Vorgehen zu gelangen. Fehlt es an einem Gesetz, das ihr den Eingriff gestattet, so muß die Verwaltung erreichen, das, was sie will, „tun zu können ohne Zwang, und in diese Lage versetzt sie die freiwillige Unterwerfung des Betroffenen"[56]. Die Einwilligung beseitigt praktisch das Eingriffsmerkmal. Sie „bedeutet nichts anderes als eine Verschiebung der verfassungsmäßigen Zuständigkeitsschranken zu Gunsten der beweglicheren, leichteren Erscheinungsform des Staatswillens", zugunsten der Verwaltung.[57] Oder anders ausgedrückt, die Barriere, die für die Verwaltung hier eigentlich besteht, fällt durch die Einwilligung weg.[58] Der Hauptanwendungsfall der so ermöglichten Ersetzung des ermächtigenden Gesetzes sind die sog. „besonderen Gewaltverhält-

[52] OM, Verwaltungsrecht, 2. Aufl., Bd. 2 (Nr. 77), S. 223. Rupp, Grundfragen, S. 240, spricht daher zu Recht von einer „Theorie des staatsgerichteten Eigentums".

[53] Etwa OM, Verwaltungsrecht, 2. Aufl., Bd. 2 (Nr. 77), S. 223 f.

[54] Hinsichtlich der Gebotsrechte der Polizei Böckenförde, Gesetz, S. 327, mit der Beurteilung, daß OM sich damit als „später Schüler Hegels" erweise. OM verweist zum Zusammenhang zwischen Polizei und bürgerlicher Gesellschaft auf Hegels Rechtsphilosophie (Verwaltungsrecht, 3. Aufl., Bd. 1 — Nr. 88 —, S. 212 Fn. 1).

[55] Bd. 1 (Nr. 16), S. 257, großteils sogar gesperrt gedruckt. In den Folgeauflagen fehlt die Passage ganz.

[56] OM, Lehre (Nr. 11), S. 38.

[57] Vgl. ebd. S. 81.

[58] OM, Rezension Jellinek, AöR 9 (1894), S. 285.

nisse“[59], bei denen die Einwilligung auch im bloßen Eintritt in den Machtbereich der öffentlichen Einrichtungen liegen kann, insoweit also quasi fingiert wird[59a]. Mit Hilfe des tatsächlichen oder konstruierten Einverständnisses des Betroffenen gewinnt der Staat auf der Ebene der Verwaltung die Handlungsfreiheit zurück, die ihm nach der Idee des Verfassungsstaates dort nicht mehr zukommen würde.[60] Es ist dies ein Sieg der Staatsidee über die Rechtsstaatsidee im System Otto Mayers.[61] Trefflich kommt er zum Ausdruck in dem Satz Mayers über das Anstaltsnutzungsverhältnis, daß dieses nämlich „mit voller Absichtlichkeit nicht das Gepräge des Rechtsstaates“ trage[62]. Das besondere Gewaltverhältnis ist, nach der Formulierung von Rupp[63], das „Zauberwort“, der „goldene Schlüssel zur Etablierung eines ganzen Netzes absoluter[64], parlaments- und gerichtsfreier[65] Herrschermacht“.

Wenn Rupp hier von einem parlamentsfreien Raum der Verwaltung spricht, so darf das — korrekterweise — nur als Beschreibung einer tatsächlichen Situation, nicht einer rechtlichen verstanden werden.[66] Der Vorrang des Gesetzes gilt selbstverständlich auch für die besonderen

---

[59] Zu den besonderen Gewaltverhältnissen bei OM vgl. Schmidt, Gesetzesvollziehung, S. 56 ff.

[59a] Vgl. OM, Verwaltungsrecht, 3. Aufl., Bd. 1 (Nr. 88), S. 102. Zu den einzelnen Eintrittsmöglichkeiten siehe OM, Verwaltungsrecht, 2. Aufl., Bd. 2 (Nr. 77), S. 484 ff.

[60] Vgl. Krüger, Gewaltverhältnis, S. 115.

[61] Bezeichnenderweise setzt OM die Wirkung des besonderen Gewaltverhältnisses in Parallele zu der oben abgehandelten gewissen Wehrlosigkeit des Eigentums gegenüber der öffentlichen Verwaltung (Verwaltungsrecht, 2. Aufl., Bd. 2 — Nr. 77 —, S. 498 Fn. 7).

[62] Ebd. S. 494; ebenso 3. Aufl., Bd. 2 (Nr. 88), S. 284. Bachof, Dogmatik, S. 207 Fn. 58 hebt hervor, daß dieser Satz erstmals in der 2. Aufl. erscheint. Bachof findet, daß auch der Sache nach das Anstaltsnutzungsverhältnis in der 1. Aufl. noch ungleich rechtsstaatlicher gesehen worden ist. Letzteres vermag ich nicht zu erkennen. Die von Bachof angeführten rechtsstaatlichen Momente finden sich auch in den Folgeauflagen. So bleibt ein Recht auf Zulassung erhalten, wenn es durch Gesetz bestimmt ist (Verwaltungsrecht, 3. Aufl., Bd. 2 — Nr. 88 —, S. 279 f.). Eine andere Position enthält auch die 1. Aufl. nicht.

[63] Grundfragen, S. 4.

[64] Einen absolutistischen Zug des besonderen Gewaltverhältnisses bei OM rügen Rüfner, Formen, S. 113 ff., besonders S. 117; Imboden, Gesetz, S. 13.

[65] Allerdings hat das Unterworfensein des Angehörigen eines besonderen Gewaltverhältnisses auch seine Grenzen. Hinsichtlich des Staatsdienstverhältnisses OM, Plenarverhandlungen 1907, S. 837: „Jeder Beamte ... ist ein freier Mann und ist dem Gemeinwesen, dem er dient, ... nur so weit unterworfen, als es im Interesse des Dienstes notwendig ist; weiter nicht.“ Man kann hier im Ansatz die Unterscheidung zwischen Grund- und Betriebsverhältnis ausmachen.

[66] Gleiches gilt für Imboden, Gesetz, S. 18, wo von Gebieten die Rede ist, die sich „einer rechtssatzmäßigen Bindung und Durchdringung zu entziehen vermochten“.

Gewaltverhältnisse.[67] Mit der Figur des besonderen Gewaltverhältnisses wird schließlich nur zusätzlicher Raum für den niederrangigen Staatswillen der Verwaltung geschaffen. Dadurch wird in keiner Weise die ohnehin für den Gesetzgeber als dem Inhaber der höchsten Staatsgewalt bestehende Möglichkeit, tätig zu werden, beschnitten. Sie besteht in jedem Fall. Macht die Legislative wirklich von ihrem Zugriffsrecht Gebrauch, so verdrängt sie als der stärkste Staatswille fraglos entgegenstehende Verwaltungsvorschriften.[68]

Die besonderen Gewaltverhältnisse sind aber in der Zeit Otto Mayers nicht nur rechtlich, sondern zu einem nicht unbeachtlichen Teil auch tatsächlich nicht gesetzesfrei gewesen. Böckenförde[69] konstatiert für das 19. Jahrhundert eine „stete inhaltliche Ausdehnung des sachlichen Bereichs[70] der Gesetzgebung", die auch vorbehaltsfreie Materien erfaßt habe[71]. Die Tendenz zur Vorherrschaft des Parlaments[72] bestand, obwohl das Parlament im deutschen Konstitutionalismus bei der Gesetzgebung auf die Zustimmung des Monarchen angewiesen war. Umgekehrt war ein einmal zustande gekommenes Gesetz ohne die Volksvertretung — wegen des Gesetzesvorrangs — nicht mehr rücknehmbar. Praktisch war damit ein neuer Vorbehaltsbereich geschaffen.[73]

3. Der Rechtssatzvorbehalt des Gesetzes

Zu Vorrang und Eingriffsvorbehalt des Gesetzes gesellt sich als drittes und letztes Element der Herrschaft des Gesetzes über die Verwaltung der Rechtssatzvorbehalt des Gesetzes.[74] Auch er markiert eine be-

---

[67] Vgl. Böckenförde, Organisationsgewalt, S. 90, 103.

[68] Das hat Ossenbühl, Verwaltungsvorschriften, S. 477 Fn. 127, 478 zu Recht gegenüber der Interpretation Rupps, Verwaltungsvorschriften stünden bei OM nicht unter dem Gesetz, sondern — im Sinne einer Koordination — neben diesem, hervorgehoben.

[69] Verfassungstyp, S. 151.

[70] Ossenbühl, Verwaltungsvorschriften, S. 220 hält die Bezeichnung des klassischen Vorbehalts für irreführend, u. a. weil „auch schon in der konstitutionellen Ära ... die Gesetzgebung im allgemeinen mehr geregelt (habe) als nur Eingriffe in Freiheit und Eigentum".

[71] Böckenförde, Organisationsgewalt, S. 99; ebenso Verfassungstyp, S. 164 Fn. 32, beruft sich u. a. auf die Feststellung Georg Meyers im Artikel ‚Behörden' im Band 1 der 2. Aufl. des Wörterbuchs des Deutschen Staats- und Verwaltungsrechts im Jahre 1911, die Organisation der allgemeinen Landesverwaltung in fast allen Staaten beruhe auf Gesetzen (diese Aussage Meyers findet sich bereits in der Erstauflage 1890, S. 156).
Auf die gesetzliche Normierung von besonderen Gewaltverhältnissen weist Ottmar Bühler, Einfluß, S. 107 hin.

[72] Friedrich, Verfassungsstaat, S. 207.

[73] Böckenförde, Organisationsgewalt, S. 104. Ebd. Fn. 3: „demokratisierende Wirkung".

[74] Vgl. OM, Verwaltungsrecht, 3. Aufl., Bd. 1 (Nr. 88), S. 65.

stimmte Verteilung von Staatsidee und Rechtsstaatsidee. Die generelle Bevorzugung des Gesetzes gegenüber der vollziehenden Gewalt[75] drückt sich hier darin aus, daß allein es die Kraft hat, „in Rechtssätzen zu sprechen"[76]. Nach dem nach inhaltlichen Kriterien abgegrenzten Bereich des Eingriffsvorbehalts ist das Gesetz also noch durch einen zweiten Vorbehalt ausgezeichnet, nämlich durch die anderen Staatswillen abgehende[77] Fähigkeit, sich der Form des Rechtssatzes bedienen zu können.

Die Staatsidee wahrt dabei ihre dominierende Position insofern, als der Gesetzgeber sich dieser Form bedienen *kann*, jedoch nicht muß. Das Gesetz kann anders, es ist nicht notwendig Rechtssatz.[78] Dem Gesetzgeber steht es frei, bloß einen Einzelfall zu regeln,[79] also nur in Form eines Gesetzes im formellen Sinn zu handeln.[80] Doch die Rechtssatzform hat ihren besonderen Wert.[81] Sie verbürgt Gerechtigkeit „durch die (ihr) eigentümliche Wirkung", Sachverhalte „nach gleichen allgemeinen Regeln" zu beurteilen.[82] Daß der Rechtssatz „von vornherein gleiches Recht für alle" gewährleistet[83], hat eine rechtsstaatliche Komponente. Dadurch, daß er „allgemein im voraus bestimmte Merkmale" enthält, wird eine „feste Regel" gegeben.[84] Eine solche ist ein wesentliches Element rechtsstaatlicher Verläßlichkeit. Deshalb würde ein „‚Rechtssatz'", der seine Wirkung von vornherein auf einen einzelnen Tatbestand beschränkt, nach Otto Mayer nicht das leisten, was eine Rechtsordnung soll, und aus dem selben Grunde habe ein Staat, dessen Rechtsordnung aus lauter Individualgeboten besteht, „überhaupt keine Rechtsordnung".[85] Es entspricht daher der Natur des Gesetzes „und der ihm zugedachten Aufgabe, daß es ... vornehmlich in Gestalt von Rechtssätzen ...

---

[75] Ebd.

[76] Ebd. S. 66; OM, Rezension Arndt, AöR 18 (1903), S. 99.

[77] Gemeint ist die nicht abgeleitete Fähigkeit. Die Übertragung der rechtssatzschaffenden Kraft durch das Gesetz auf die Verwaltung (vgl. OM, Verwaltungsrecht, 3. Aufl., Bd. 1 — Nr. 88 —, S. 67) ist Ausstattung mit — für die Verwaltung — fremder Befugnis (ebd. S. 82 f.).

[78] OM, Rezension Anschütz, AöR 17 (1902), S. 468.

[79] OM, Rezension Arndt, AöR 18 (1903), S. 102; vgl. auch Verwaltungsrecht, 3. Aufl., Bd. 1 (Nr. 88), S. 73 Fn. 30.

[80] OM, Verwaltungsrecht, 3. Aufl., Bd. 1 (Nr. 88), S. 64 f., besonders Fn. 2; Rezension Arndt, AöR 18 (1903), S. 96.

[81] OM, Rezension Arndt, AöR 18 (1903), S. 102.

[82] Vgl. OM, Völkerrecht (Nr. 78), S. 28. Zu den Qualitäten des Gesetzes als einer generellen Norm siehe Schmitt, Verfassungslehre, S. 138 ff., 204 und ders., Legalität, S. 15 et passim.

[83] OM, Finanzrecht (Nr. 91), S. 87.

[84] OM, Verwaltungsrecht, 3. Aufl., Bd. 1 (Nr. 88), S. 74; dort auch: Rechtssatz als „schlechthin verbindliche feste Regel".

[85] Ebd. Fn. 1.

Der Rechtssatz verstärkt also noch die rechtsstaatliche Positivierungsleistung, die das Gesetz ohnehin erbringt (zu letzterer Hassemer, Begriff).

handelt".[86] Dementsprechend ist für Otto Mayer das Gesetz, das den generellen Charakter bewahrt hat, das „eigentliche" Gesetz,[87] das „möglichst" in Erscheinung treten soll.[88]

Dem Auftreten des Gesetzes in Rechtssatzform wohnt ein zweites rechtsstaatliches Moment inne. In dieser Gestalt verabschiedete Regelungen — etwa der Behördenorganisation — wirken — jedenfalls im Zweifel — nach außen, werden für den Bürger *rechtlich* bedeutsam.[89]

Zusammenfassend läßt sich feststellen, daß mit Otto Mayers Lehre vom Rechtssatzvorbehalt des Gesetzes die Rechtsstaatsidee in der Auseinandersetzung mit der Staatsidee ein wichtiges Stück Boden besetzt hält.[90]

4. Staatsidee und Rechtsstaatsidee im gesetzes- und vorbehaltsfreien Bereich

Fehlt im vorbehaltsfreien Bereich eine gesetzliche Regelung, mangelt es also an einem Staatswillen, der mehr wert ist[91], so könnte die Verwaltung sich an sich frei entfalten.

Praktische Bedeutung kann diese rechtliche Möglichkeit allerdings nur erlangen, wenn es überhaupt zu den Aufgaben des Staates und damit[92] zu denen der Verwaltung gehört, neben der Aufrechterhaltung von Sicherheit und Ordnung im Wege der Eingriffsverwaltung, lenkend und leitend, fördernd und helfend tätig zu werden.

---

[86] OM, Verwaltungsrecht, 3. Aufl., Bd. 1 (Nr. 88), S. 73; vgl. auch S. 88. Siehe auch Finanzrecht (Nr. 91), S. 87, wo vom „alles beherrschenden Rechtssatz" die Rede ist.

[87] OM, Rezension Hubrich, AöR 39 (1920), S. 97; vgl. auch Verwaltungsrecht, 3. Aufl., Bd. 1 (Nr. 88), S. 4 Fn. 6, 11.

[88] OM, Verwaltungsrecht, 3. Aufl., Bd. 1 (Nr. 88), S. 88; Rezension Spiegel, AöR 25 (1909), S. 492. Schmitts vernichtendes Urteil, der generelle Charakter des Gesetzes sei für die deutsche Staatsrechtslehre zu einer „belanglose(n) theoretische(n) Spielerei" geworden (Legalität, S. 271), kann daher OM nicht treffen. —

Kopp, Inhalt, S. 100 meint wahrscheinlich das Richtige, wenn er sagt, OM wolle dem „Rechtssatz die Allgemeinheit erhalten", und der „Mayersche Rechtssatzbegriff entzieh(e) zunächst alle speziellen Anordnungen dem Willen der Legislative". Zutreffende Einschätzungen der Position OMs bei Achterberg, Funktionenlehre, S. 43 sowie bei Böckenförde, Gesetz, S. 321 ff.

[89] OM, Verwaltungsrecht, 3. Aufl., Bd. 1 (Nr. 88), S. 67 Fn. 4; Rezension Arndt, AöR 18 (1903), S. 98. — Ossenbühl, Verwaltungsvorschriften, S. 503 hat zwar angesichts der von OM aufgestellten bloßen Vermutung Recht, wenn er meint, die „Außenwirkung" sei unscharf geblieben. Wenn Ossenbühl, ebd., aber sagt, OM habe eine behördliche Dienststundenbestimmung als Rechtssatz deklariert, so ist das irreführend, solange nicht hinzugefügt wird, daß dies bei OM nur für eine *gesetzliche* Dienststundenbestimmung gilt.

[90] Vgl. Jesch, Gesetz, S. 26: „spezifisch rechtsstaatlicher Akzent".

[91] Vgl. OM, Verwaltungsrecht, 3. Aufl., Bd. 1 (Nr. 88), S. 65.

[92] Ebd. S. 13: „Verwaltung ist Tätigkeit des Staates zur Verwirklichung seiner Zwecke ..."

Das führt über die bereits oben[93] beantwortete Frage nach dem allgemeinen Zweck des Staates jedenfalls insoweit hinaus, als es nun zumindestens einer teilweisen Konkretisierung bezüglich der Art und Weise, in der dieser zu verwirklichen ist, bedarf.[94] Daraus, daß Otto Mayer die „Staatsgewalt ... im Sinne der neuzeitlichen Staatsidee" für „unbegrenzt in den Aufgaben" hält[95], ist bereits zu entnehmen, daß der Staat nicht auf die Bewahrung sicherer Zustände beschränkt werden soll.[96]

Die Weite der Staatsaufgaben bei Otto Mayer entspricht einem gegenüber den Auffassungen in der ersten Hälfte des 19. Jahrhunderts wieder gewandelten Staatsverständnis. Richard Thoma hat die neuerliche Umkehr in dem Aufsatz „Rechtsstaatsidee und Verwaltungsrechtswissenschaft" einprägsam beschrieben[97]: „Der Rechtsstaat im *modernen* Sinne[98] (werde) behauptet oder postuliert im Gegensatz zum Rechtsstaat ... der Manchesterlehre, dem Nachtwächterstaat, der sich auf Rechts- und Friedenswahrung beschränken, im übrigen das freie Spiel der gesellschaftlichen Kräfte walten lassen soll. Diese individualistische Rechtsstaatsidee (habe) ihre Rolle ausgespielt. Die schöpferischen Kräfte der nationalen und sozialen Ideen" hätten sie überwunden. Das alles werde häufig betont und niemand zweifle mehr daran. Diese Bewußtseinsveränderung[99] ist auch in der neueren Literatur zutreffend herausgearbeitet worden.[100]

---

[93] S. 85 f.

[94] Zur Staatszwecklehre im 19. Jahrhundert siehe Bull, Staatsaufgaben, S. 25 ff.; Hespe, Staatszwecklehre.

[95] Staatsrecht (Nr. 61), S. 11.

[96] Unrichtig daher Hämmerlein, Öffentlichkeit, S. 65, nach dem OM nur einen Staat kenne, der Ordnungshüter und nicht Ordnungsgestalter ist.

[97] S. 199. Siehe auch S. 204: „Dem Zwecke nach zum Kulturstaat, dem Rechte nach zur Allmacht erhoben ..."

[98] Ottmar Bühler, Grundlagen, S. 104 setzt diesen Rechtsstaatsbegriff gegen einen in der ersten Hälfte des 19. Jahrhunderts herrschenden „philosophischen Rechtsstaatsbegriff" ab.

[99] Lemayer, Reform, S. 222 spricht bereits 1885 von der „auf immer neue Lebensgebiete immer mächtiger ausgreifenden staatlichen Hand".

[100] Typisch dafür Rupp, Diskussionsbeitrag, VVDStRL 30, S. 339: „Die auf Zurückdrängung wohlfahrtsstaatlicher Zwecke gerichtete Bewegung hatte zur Zeit Otto Mayers längst ihren Höhepunkt überschritten und einer gegenläufigen Bewegung Platz gemacht." Badura, Verwaltungsrecht, S. 19 konstatiert, die deutsche Industrialisierung sei „in ihrem Tempo und in ihrer Eigenart durch eine verhältnismäßig intensive Einflußnahme des Staates gekennzeichnet" (Siehe dazu auch Gotthold, Entwicklung, S. 42 Fn. 59). Etwas weitgehend in Bezug auf den diagnostizierten Normhunger Wege, Wandel, S. 141: „... in der zweiten Hälfte des 19. Jahrhunderts ging es der Rechtslehre kaum noch darum, den bereits als ‚Nachtwächter' (Lassalle) verspotteten Staat materiell noch weiter zu reduzieren, sondern vorrangig darum, die gesamte Staatstätigkeit möglichst umfassend zu normieren ..."

Um näheren Aufschluß über die Verzweigtheit der nach Otto Mayer staatlicherseits zu bewältigenden Aufgaben zu erlangen, lohnt es sich, einen Blick auf die Aktivitäten zu werfen, die er in seiner langjährigen Zugehörigkeit zum Straßburger Gemeinderat und später zum Leipziger Stadtrat entwickelt hat.

Auffällig ist schon, daß Otto Mayer nicht dem Ideal einer sich im wirtschaftlichen Wettstreit der einzelnen optimal selbst regulierenden Gesellschaft anhängt. So würde die freie Konkurrenz im Schankwirtschaftsgewerbe nach Mayers Ansicht das Gemeininteresse schädigen. Grundsätzliche Bedenken gegen die Einführung einer Bedürfnisprüfung hat er nicht, da man sich „doch nicht unter allen Umständen ... scheuen müsse", in den wirtschaftlichen Konkurrenzkampf einzugreifen[101]. Im Straßburger Gemeinderat spricht sich Otto Mayer auch dafür aus, die Inanspruchnahme der städtischen Arbeitsnachweisstelle kostenlos zu machen. In der Beibehaltung der bisher verlangten Gebühr sieht er eine ungerechtfertigte Art Schutzzoll für die Privatvermittlungsbüros.[102] Schließlich tritt er noch dafür ein, im Falle der Aufhebung des Oktrois auf Petroleum seitens der Stadt den Petroleumhandel zu übernehmen, „um die Preisbildung in der Hand zu haben".[103]

Bei all diesen Forderungen und Vorstellungen klingen soziale Motive an. So wird die Unentgeltlichkeit der Benutzung der städtischen Arbeitsnachweisstelle nur für alle Arbeitnehmer beschlossen.[104] Seine Auffassung in der Frage der Bedürfnisprüfung bei Schankwirtschaften hat Mayer ausdrücklich mit dem Hinweis auf eine schädliche „Macht des Großkapitals, welches die kleinen Existenzen aufsauge", begründet. „Die Schwachen richteten sich bei freier Konkurrenz unfehlbar gegenseitig selbst zu Grunde". Es liege daher „im Interesse des Schutzes der schwächeren Existenzen, daß die Konkurrenz im Wirtsgewerbe nicht frei sei".[105]

Otto Mayer geht vom sozial bewußten Staat aus. Die öffentlichen Verwaltungen müßten andere Rücksichten walten lassen als ein Privatmann. Sie „dürften die kleinen Leute nicht drücken[106] und auch nicht

[101] Verhandlungen 1896, S. 317 f.

[102] Verhandlungen 1897, S. 80.

[103] Verhandlungen 1899, S. 50.

[104] Verhandlungen 1897, S. 80 f.

[105] Verhandlungen 1899, S. 300.

[106] Die Argumentation, eine geplante Erhöhung der Getreidezölle werde „notwendigerweise die Lebenshaltung der großen Masse der städtischen Bevölkerung herabdrücken", soll einen Protest des Straßburger Gemeinderates gegen die entsprechende Regierungsabsicht tragen (Verhandlungen 1901, S. 89 f., 141). OM hat dabei einen in der Sache gleichen SPD-Antrag diplomatischer formuliert. Die Herleitung der Tangierung städtischer Interessen als Voraussetzung dafür, daß sich der Gemeinderat zu dem Vorhaben überhaupt äußern darf, bleibt jedoch abenteuerlich genug.

zugeben oder die Möglichkeit schaffen, daß andere dies tun".[107] Gelegenheit, dieses Programm auszuführen, bot sich Mayer, als es darum ging, den bei städtischen Unterauftragnehmern Beschäftigten ein angemessenes Einkommen zu sichern. Es „sei notwendig", erklärte er im Gemeinderat, „daß die Stadt ... schützend und helfend" zugunsten der Arbeiter eingreife[108]. Sie müsse „verhindern, daß Arbeiter, die in gemeindlichen Unternehmungen verwendet worden sind, durch unreelle und zahlungsunfähige Unterakkordanten um den verdienten Lohn gebracht werden".[109] Es bestehe eine „Notwendigkeit für die Gemeinde, sich in den Arbeitsvertrag zu mischen und auch für ihre ‚indirekten' Arbeiter ein Existenzminimum zu garantieren".[110] Denjenigen, die gegenteiliger Ansicht waren, hielt Mayer vor, sie verträten den „Doktrinarismus der alten Schule". „Diese schwärme für die Freiheit des Arbeiters, selbst wenn sie schließlich in nichts anderem bestände als in der Freiheit des Hungerns."[111] Hier zeigt sich in der Tat, wie ein anderes Mitglied der Gemeindevertretung bemerkte, der Gegensatz zweier Weltanschauungen, bei der die eine dem Staat „in den sozialen Kämpfen lediglich die Rolle des ‚Nachtwächters' zuteile, während nach der anderen der Staat dem wirtschaftlich schwächeren Teil ... helfen müsse ..."[112]

Nach dieser Grundeinstellung Otto Mayers ist dem Gemeinwesen also ein Aufgabengebiet zugewachsen, das man heute als das der Daseinsvorsorge[113], Leistungsverwaltung bzw. der Sozialpolitik[114] bezeichnen würde.[115] Mayer hat nach besten Kräften versucht, im Rahmen seiner

---

[107] Verhandlungen 1897, S. 379.

[108] Verhandlungen 1902, S. 5.

[109] Verhandlungen 1896, S. 288. Insoweit handelt es sich um eine von OM als Berichterstatter vorgetragene Kommissionsmeinung.

[110] Verhandlungen 1901, S. 22 f.

[111] Verhandlungen 1901, S. 22. Das erinnert an die bekannte Formulierung von Anatole France von der „majestueuse égalité des lois qui interdit au riche comme au pauvre, de caucher sous les ponts, de mendier dans les rues et de voler du pain" (Le Lys rouge, chap. VII 1; zitiert nach Wieacker, Privatrechtsgeschichte, S. 457).

[112] Vgl. Verhandlungen 1901, S. 23.

[113] Im Straßburger Gemeinderat bekundet OM ein „sozialpolitische(s) Interesse" an der Übernahme eines Elektrizitätswerkes durch die Stadt (Verhandlungen 1898, S. 464 f.).

[114] Die sozialpolitische Gesetzgebung des Reiches begrüßt OM als Teil eines neuen Prinzips, wonach dem Staat eine positiv fördernde Tätigkeit zustehen soll, „um zum Rechten und Guten, zum Frieden zu führen" (Regelung — Nr. 19 —, S. 215).

[115] OM steht damit nicht allein. Es sei hier nur Kahl herausgegriffen, der mit OM im Briefwechsel stand (siehe Quellenteil) und der die Erweiterung der Staatszwecke dahin präzisiert, daß der „soziale Gedanke in die Staatszwecke eingetreten" sei. Das alte System habe versagt, es habe sich zu eng erwiesen. Der Wohlfahrtsstaat sei einer der „großen Grund- und Ecksteine des deutschen Verwaltungsrechts" (Einheit, S. 12 ff.).

kommunalpolitischen Tätigkeit der neuen Lage gerecht zu werden. Hervorzuheben[116] ist sein Engagement in der Frage der Entlohnung städtischer Arbeiter. Im Straßburger Gemeinderat erklärt er, es sei „Aufgabe der Stadt..., in der Besserung der Arbeiterlöhne die Führung zu übernehmen“[117]. Im Leipziger Stadtrat setzt Mayer hinzu, er sei der Meinung, „daß es ein Segen für ein städtisches Gemeinwesen ist, wenn gute hohe Löhne bestehen“. Früher habe es geheißen: „Hat der Bauer Geld, so hat es die ganze Welt.“ Über diesen „Bauernstandpunkt“ sei man hinausgewachsen. Jetzt dürfe man sagen: „Hat der Arbeiter Geld, so hat es die ganze Welt.“[118] 1899 gründete Otto Mayer in Straßburg, u. a. zusammen mit dem SPD-Gemeinderat Böhle, eine „Gemeinnützige Baugenossenschaft Straßburg“, die sich dann um städtische Zinsgarantien und um Beihilfen aus städtischen Mitteln bemühte. Zur Begründung der Subventionswürdigkeit trug man vor, die Genossenschaft beabsichtige, Arbeiterwohnungen zu erbauen, und zwar „billige Wohnungen für minder bemittelte Familien“, vor allem auch solcher mit größerer Kinderlast.[119] In Leipzig stellte Mayer später dieses Unternehmen als vorbildhaft hin, indem er berichtete, daß man „eine ganz Anzahl von kleinen billigen Wohnungen gebaut“ habe und aus „schlechten Wohnungen zahlreiche Familien dorthin versetzen“ konnte. Auch in Leipzig müsse die Stadt selbst dafür sorgen, „daß für solche Leute billige Wohnungen geschaffen werden“.[120] Für Otto Mayer handelt es sich bei alledem um

[116] Es gibt eine Reihe weiterer, weniger bedeutsam erscheinender Maßnahmen, die unter OMs Einsatz erfolgen. Beispielsweise tritt OM für eine Theatersubventionierung ein (Verhandlungen 1898, S. 483 f.) und für Beihilfen an evangelische Kinderhorte, als deren Vorsitzender er dann dem Gemeinderat seinen Dank ausspricht (Verhandlungen 1901, S. 4).

[117] Verhandlungen 1901, S. 64.

[118] Plenarverhandlungen 1909, S. 835. Das Protokoll vermerkt: „Beifall links“. — Anlaß für die Äußerungen OMs war in Straßburg die Frage der Beschäftigung Arbeitsloser durch die Stadt im Rahmen sog. „Notstandsarbeiten“. Obwohl eingewandt wurde, die anstehenden Arbeiten könnten besser und billiger durch Unternehmer als in Regie besorgt werden, trat OM dafür ein, es mit der Regiearbeit zu versuchen (Verhandlungen 1897, S. 33). Letzteres wurde beschlossen, und der Versuch bewährte sich voll (vgl. ebd. S. 72, 140). Die Straßburger „Bestimmungen betreffend die Beschäftigung Arbeitsloser“ aus dem Winter 1902/03, in dem OM Leiter der Armenverwaltung der Stadt Straßburg war, sowie die entsprechende „Arbeitsordnung für die Notstandsarbeiten“ sind abgedruckt in: Die Regelung der Notstandsarbeiten in deutschen Städten, Beiträge zur Arbeiterstatistik Nr. 2, Berlin 1905, S. 172 ff. Ebd. S. 26 wird die Straßburger Minimallohnklausel hervorgehoben. Zur Straßburger Praxis vgl. das Gutachten des Beigeordneten Schwander „Die Errichtung von Notstandsarbeiten und ihre Erfolge“ in Heft 58 der Schriften des „Deutschen Vereins für Armenpflege und Wohltätigkeit“.

OM räumt später freimütig ein, es habe sich bei den „Notstandsarbeiten“ in Wirklichkeit nur um eine verhüllte Form der Armenpflege gehandelt, zu der man gegriffen habe, um den Betroffenen die politischen Rechte zu erhalten.

[119] Verhandlungen 1899, S. 197 f.

[120] Plenarverhandlungen 1909, S. 184.

das Erkennen der „Bedürfnisse der Zeit“ und deren angemessene Berücksichtigung.[121] Auch wenn er in dieser Hinsicht seinen Kollegen im Straßburger Gemeinderat ein recht gutes Zeugnis ausgestellt hat, indem er ihnen im Gemeinderat bescheinigte, sie seien „vom besten Willen beseelt..., wo immer es sich um Maßregeln sozialer Art zur Hebung der weniger bemittelten Klassen handle“, sind ihm doch allem Anschein nach die getroffenen Maßnahmen nicht ausreichend gewesen. In einer Versammlung hatte er nämlich zuvor nur erklärt, daß es beim Gemeinderat in der Auffassung sozialer Fragen zu „dämmern“ beginne.[122]

— Der selbständige Verwaltungsakt

Inwiefern aber hat nun Otto Mayer die von ihm gesehene[123], befürwortete und sogar geförderte Entwicklung in seinem Verwaltungsrecht zu berücksichtigen gewußt? Zum einen diente dazu die Figur der „öffentlichen Anstalt“, die als besonderes Gewaltverhältnis oben[124] bereits behandelt wurde und auf die deshalb nicht weiter eingegangen werden soll. Zum anderen stellt Mayers Lehre den sog. „selbständigen Verwaltungsakt“ zur Verfügung. Dieser ist Verwaltungsakt, vom Normalfall nur dadurch unterschieden, daß er nicht aufgrund eines Gesetzes ergeht und im Bereich des Eingriffsvorbehalts ausgeschlossen[125] ist.[126] Es ist der Verwaltungsakt, der „aus sich selber rechtlich bestimmend wirkt“.[127] Er kann dies, weil er in einem Bereich lokalisiert ist, in dem dem „leichteren Staatswillen“[127a] der Verwaltung keine Schranken gesetzt sind. Hier kommt der Verwaltungsäußerung selbst ein nicht abgeleiteter Mehrwert gegenüber dem einzelnen zu. Otto Mayer nennt als Beispiel „Zusagen staatlicher Unterstützungen für öffentliche Zwecke“[128]. Daß auch bei der Gewährung staatlicher Leistungen ein Mehrwert zutage tritt, ist nach Mayers Verständnis des öffentlichen Rechts[129] nur konsequent. Das öffentliche Recht besteht

---

[121] Vgl. Verhandlungen 1898, S. 248.

[122] Vgl. ebd. S. 247. In Leipzig merkt OM an: „... unsere gesellschaftlichen, unsere sozialen Verhältnisse ... sind ohnedies keine idealen...“ (Verhandlungen 1910, S. 410).

[123] In Justiz (Nr. 32), S. 40 ist davon die Rede, daß der Staat immer „mächtiger und großartiger ... als öffentlicher Unternehmer für die wichtigsten Zweige des Gemeinlebens auftr(ete) in Schulen, Verkehrswesen, sozialer Fürsorge immer mannigfaltigerer Art“.

[124] S. 91 f.

[125] Es sei denn, der Einzelne willigt ein. Das kann hier außer Betracht bleiben.

[126] Vgl. OM, Verwaltungsrecht, 3. Aufl., Bd. 1 (Nr. 88), S. 97 f.

[127] Ebd. S. 97.

[127a] Vgl. OM, Lehre (Nr. 11), S. 81.

[128] Ebd. S. 98.

[129] Siehe dazu bereits oben S. 52 ff. Kelsen, Staatslehre, S. 88 sieht das ganz

eben immer in den Erscheinen einer „rechtlich überwiegenden Willensmacht", deren Inhalt „mehr oder weniger mannigfaltig ausgestattet ist als Befehl und Zwang nicht nur, sondern auch als allerlei ... Erweiterung der Freiheit, Begründung ... von Rechten". Hier finde „der ganze Reichtum des bürgerlichen Rechtes an Rechtsinstitutionen ... seine Gegenstücke, immer [!] nur demgegenüber unterschieden durch jenen eigentümlichen Grundzug des öffentlichen Rechts".[130]

Auch die positive Förderung des einzelnen ist demnach nichts anderes als einseitige Einwirkung des Staates dem Begünstigten gegenüber.[131] Das ist nicht gerade nah am gewöhnlichen Verständnis und wird daher fast ausnahmslos nicht gesehen.[132] Auf eine kurze Formel gebracht — der selbständige Verwaltungsakt ist das Rechtsinstitut, von dem die Verwaltung im *Differenzbereich zwischen Eingriff und Einwirkung* Gebrauch machen kann und Gebrauch machen sollte.

In diesem Zwischenbereich macht sich auch die Rechtsstaatsidee bemerkbar. Und zwar haftet dem selbständigen Verwaltungsakt bereits ein rechtsstaatliches Moment an. Es ist der rechtsstaatliche Gehalt, der im Institut des Verwaltungsaktes als solchem liegt.[133] Der Verwaltungsakt bedeutet für den einzelnen eine *„Rechtsvergewisserung"*[134]. Diese besteht einmal darin, daß die Verwaltung dem einzelnen nicht mehr „unmittelbar mit ihrer Tat" entgegentritt, sondern der Verwaltungsakt dazwischen geschoben wird.[135] Damit soll der Betroffene Sicherheit erhalten, „wohin es geht",[136] „wessen er sich von der öffentlichen Gewalt zu versehen hat"[137]. Darüber hinaus bindet der Verwaltungsakt recht-

---

richtig, wenn er sagt, der Verwaltungsakt bewähre bei OM seine öffentlichrechtliche Kraft dadurch, daß er aus eigener Kraft wirke. Von Kelsens Normativismus aus ist das natürlich eine Systemwidrigkeit.

[130] OM, Finanzrecht (Nr. 91), S. 87.

[131] Vgl. OM, Regelung (Nr. 19), S. 215.

[132] Auch der selbständige Verwaltungsakt gerät selten ins Blickfeld. Immerhin wird er zutreffend hervorgehoben von Peters, Verwaltung, S. 208 Fn. 1 und von Rüfner, Formen, S. 120, der ihm allerdings nur einen niedrigen Stellenwert zumißt.

[133] Dazu schon oben S. 71, 77.

[134] OM, Finanzrecht (Nr. 91), S. 87 (Hervorhebung im Original). Ebd. S. 89 bezeichnet OM die Rechtsvergewisserung als „ein Stück unseres Rechtsstaates".

[135] OM, Verwaltungsrecht, 3. Aufl., Bd. 1 (Nr. 88), S. 59.

[136] Ebd. S. 93.

[137] Ebd. S. 59. Diese Funktion des Verwaltungsaktes geben wieder Brohm, Gegenwartsaufgaben: „Verwaltungsakt Endpunkt" (S. 287); Quaritsch, Diskussionsbeitrag, VVDStRL 30, S. 318: Verwaltungsakt „ausschnittsartige Erfassung des Verwaltungshandelns" als klassischer Fall der Reduktion von Komplexität; Vogel, Diskussionsbeitrag, VVDStRL 30, S. 325: „Klarstellungsfunktion" des Verwaltungsakts; Bachof, Dogmatik, S. 232: „Der Verwaltungsakt ist auch in der Leistungsverwaltung ein notwendiges Institut; die Gründe dafür — vornehmlich Konkretisierung, Stabilisierung, Klarstellung ..."

lich die nachfolgende Tat[138], der Inhalt des Verwaltungsaktes muß „von der Obrigkeit selbst geachtet und durchgeführt werden“ zum „Vorteil wie zu(m) ... Nachteil“ des einzelnen[139]. Im Bereich dessen, was heute als Leistungsverwaltung bezeichnet wird, hat das beispielsweise zur Folge, daß, wenn jemandem eröffnet worden ist, er „solle eine Subvention bekommen“, er „einen Rechtsanspruch darauf“ hat[140].

Ist mithin das Institut des „selbständigen Verwaltungsaktes“ wegen des darin erscheinenden Mehrwertes sogar des minderrangigen Staatswillens der öffentlichen Verwaltung gegenüber dem einzelnen durch eine besondere Ausstrahlung der Kraft der Staatsidee gekennzeichnet[141], so sorgt doch die Rechtsstaatsidee für ein der vorangegangenen Epoche unbekanntes Maß an Rechtsbestimmtheit[142]. Der in letzterem liegende Fortschritt wird allzuleicht übersehen, weil man heute für selbstverständlich hält, was damals mitnichten selbstverständlich war.[143]

Allerdings ist auch der „selbständige Verwaltungsakt“ nicht spezifisch auf die Leistungsverwaltung zugeschnitten.[144] Daß Otto Mayer für diese keine eigenständigen Institute vorgesehen hat[145], liegt — wie Bachof es formuliert hat — nicht daran, daß ihm „im Vergleich zum Rechtsstaat ... der Wohlfahrtsstaat ... weniger wichtig“ gewesen wäre,

---

[138] Vgl. OM, Verwaltungsrecht, 3. Aufl., Bd. 1 (Nr. 88), S. 59; Finanzrecht (Nr. 91), S. 87.

[139] OM, Verwaltungsrecht, 1. Aufl., Bd. 1 (Nr. 16), S. 64.

[140] OM, Verhandlungen 1910, S. 416. OM bekräftigt dies noch: „da ist kein Zweifel“, „unleugbarer Rechtsanspruch“. Im Zusammenhang ging es um die Unterstützung von Privat-Mädchenschulen.

[141] Vgl. Mallmann, Schranken, S. 188 f.: „selbständiger Verwaltungsakt“ ein obrigkeitsstaatliches Relikt, das es heute nicht mehr geben dürfe.

[142] Beurteilungen, die diesen Aspekt ausblenden, wie die von Jesch, Gesetz, S. 90: „Nur das vom Gesetz eroberte Terrain war vom Recht beschienen; im übrigen herrschte das ‚Nicht-Recht‘ des Absolutismus“; von Obermayer, Verwaltungsakt, S. 87: „Theorie des rechtsleeren Raumes“ sind daher zu undifferenziert.

[143] So hat etwa noch Markull, Rezension OM, PrVBl. 36 (1914/15), S. 725 gefunden, es habe keinen Wert, gesetzlich gebundene Verfügungen mit „so völlig freien Handlungen wie die Zusage staatlicher Unterstützung für öffentliche Zwecke ... zusammenzukoppeln und auch ihnen einen ‚Platz neben dem Urteil‘ anzuweisen!“ — Daß man die Bedeutung des Verwaltungsaktes bei staatlichen Gewährungen großteils nicht mehr sehe, beklagt OM kurz vor seinem Tod. Bei der Gehaltsfestsetzung werde die „rechtsstaatliche Ordnung“ nicht mehr beachtet: „... namentlich der Wert des Verwaltungsaktes scheint verkannt zu werden“ (Verwaltungsrecht, 3. Aufl., Bd. 2 — Nr. 88 —, S. 205 Fn. 4).

[144] Es ist daran zu erinnern, daß es den „selbständigen Verwaltungsakt“ auch im an sich dem Gesetz vorbehaltenen Bereich gibt, dann nämlich, wenn der Betroffene einwilligt (OM, Verwaltungsrecht, 3. Aufl., Bd. 1 — Nr. 88 —, S. 98).

[145] Das meint wohl auch Badura, Verwaltungsrecht, S. 38: im Verwaltungsrecht Otto Mayers sei „die Gewährung von Vorteilen und Leistungen ... ohne einen verwaltungsrechtlichen Stellenwert“ geblieben.

sondern daran, daß er ihm „im Grunde unproblematisch“ erschien, deshalb „besonderer Institutionen und Sicherungen weit weniger bedürftig“[146].

Dieses Fehlen einer der Leistungsverwaltung besonders angepaßten Dogmatik wird heute allenthalben gerügt.[147]

5. Sonstige staatliche und rechtsstaatliche Elemente

Alle verwaltungsrechtlichen Grundsätze, Begriffe und Institute sind, was bereits aus Otto Mayers Definition des öffentlichen Rechts folgt[148], Emanationen der Staatsidee. Sie sind also — mehr oder weniger, je nachdem wie groß der Anteil der Rechtsstaatsidee ist — von der Staatsidee durchwirkt. Hier seien noch einige[149] herausgegriffen und kurz dargestellt.

Nach Otto Mayer kann das Gesetz von der ihm an sich allein zustehenden Fähigkeit, Rechtssätze zu schaffen[150], auch in der Weise Gebrauch machen, daß es diese Kraft auf die untergeordnete Verwaltung überträgt.[151] Die Besonderheit besteht dabei darin, daß das Gesetz „den Behörden mehr oder weniger Spielraum“ für ein eigenes Ermessen lassen kann[152], also bloß erforderlich ist, daß überhaupt eine Ermächtigung erteilt wird[153]. Mayer begründet diese geringe Voraussetzung ausdrücklich mit der Allmacht des Gesetzes[154], also dem primären Ausdruck der Staatsidee.[155]

---

146 Dogmatik, S. 214. Deshalb konnte diese Art der Ausdehnung des Verwaltungsrechts bei OM auch keine neue Entwicklungsstufe ergeben, deren Fehlen Kaufmann, Mayer, S. 400 f., OM vorwirft.

147 Ossenbühl, Daseinsvorsorge, S. 515: „dogmatische Unterbilanz“, „hinkendes Verwaltungsrechtssystem“; ders., Rechtsstaat, S. 58: Leistungsverwaltung „heimatlos“; Bachof, Dogmatik, S. 213; Stern, Notwendigkeit, S. 23 f.; Rüfner, Rechtsformen, S. 204.

148 Dazu oben S. 50 ff.

149 Den Begriff der öffentlichen Sache bei OM nennt Stern, Sache, S. 188 eine „Addierung und Amalgamierung von Eigentum und öffentlicher Gewalt“. Dieser „‚absolutistische Zug‘“ in OMs verwaltungsrechtlichen Begriffen sei zu korrigieren.

150 Siehe oben S. 93 ff.

151 Verwaltungsrecht, 3. Aufl., Bd. 1 (Nr. 88), S. 67, 83 ff.

152 Ebd. S. 73.

153 Jesch, Gesetz, S. 1. Eine gewisse Einschränkung macht OM hinsichtlich Steuergegenstand und Steuerbetrag mit Hinweis auf den Zusammenhang mit der verfassungsrechtlichen Idee des Steuerbewilligungsrechtes der Volksvertretung (Verwaltungsrecht, 3. Aufl., Bd. 1 — Nr. 88 —, S. 317). Zu dieser Einschränkung Papier, Gesetzesvorbehalte, S. 15 f., 18, 25.

154 Verwaltungsrecht, 3. Aufl., Bd. 1 (Nr. 88), S. 317 Fn. 3.

155 Auch Schmitt, Überblick, S. 260 stellt den Zusammenhang zwischen grenzenloser Zulässigkeit gesetzgeberischer Ermächtigung und der Auffassung von der inhaltlichen Schrankenlosigkeit für den Gesetzgeber heraus.

Allein auf der unteren Ebene der öffentlichen Verwaltung taucht der staatliche Mehrwert beim sog. „administrativen Ermessen“ auf. Dieses bedeutet, daß die Verwaltung — im gesetzes- und vorbehaltsfreien Bereich ohnehin, sonst aufgrund gesetzlicher Einräumung — „nach eigene(r) Erwägung des Gemeinwohls (‚öffentlichen Interesses‘), der Billigkeit, der Zweckmäßigkeit“ entscheiden kann.[156]

Ein Paradebeispiel für das Übergewicht der Staatsidee ist die sog. „Selbstbezeugung“ des Verwaltungsaktes. Sie besteht darin, daß die Verwaltung in der Lage ist, sich die Richtigkeit ihrer Entscheidungen im Verhältnis zum Bürger verbindlich selbst zu bescheinigen.[157] Eine Ausnahme gilt nur bei „besonders starker ... rechtlicher Fehlerhaftigkeit“, der sog. „Nichtigkeit“. Nur dann „erscheint die Kraft des Staatswillens“ nicht im Verwaltungsakt, ansonsten aber wirkt dieser aus sich heraus.[158] Im Gegensatz zum Rechtsgeschäft des Privaten ist er nämlich selbst öffentliche Gewalt, „die aus sich selber rechtlich bestimmend wirkt, soweit ihr nicht besonders Schranken gesetzt sind“.[159] Es ist also immer wieder derselbe Ausgangspunkt: Weil die Verwaltung „öffentliche Gewalt“ ist, haben ihre Willenserklärungen einen höheren Rechtswert als die des einzelnen,[160] sofern nicht ein Tätigwerden der höheren Stufe öffentlicher Gewalt vorliegt — gemeint ist hier ein entgegenstehendes — oder gefordert ist. Die Folge davon ist hier eine „Verkehrung der Parteirollen vor Gericht“, „nicht der ‚Angreifer‘, sondern der ‚Angegriffene‘ muß die Initiative ergreifen“.[161] Das hält Otto Mayer auch für vernünftig. Für die Vorstellung, daß „‚der Staat wie jeder Private seinen Anspruch gerichtsordnungsmäßig im Wege der Klage geltend machen müßte‘“, hat er nur den bündigen Satz übrig: „Das könnte schön werden!“[162]

Eine wesentliche rechtsstaatliche Komponente der Verwaltungsrechtslehre Otto Mayers liegt bereits in der von ihm geforderten — oben[163]

[156] OM, Verwaltungsrecht, 3. Aufl., Bd. 1 (Nr. 88), S. 99. Zu diesem Ermessen Schmidt, Gesetzesvollziehung, S. 49 ff.; strikt ablehnend Höhn, Verwaltung, S. 78: „zweckmäßige(s) Verwaltungshandeln nach eigenem Ermessen Überrest der absoluten Verwaltung“; Imboden, Gesetz, S. 14 unter Bezugnahme auf Hans Huber: Ermessenbegriff „trojanisches Pferd eines rechtstaatlich orientierten Verwaltungsrechts“.

[157] Vgl. Krüger, Staatslehre, S. 902 f.

[158] OM, Verwaltungsrecht, 3. Aufl., Bd. 1 (Nr. 88), S. 95; vgl. auch S. 255 f.

[159] Ebd. S. 97.

[160] Vgl. ebd. S. 95.

[161] Krüger, Staatslehre, S. 902. Zum Verwaltungsakt als „legitimer Selbstbezeugung der Exekutive“ siehe auch Renck, Verwaltungsakt, S. 132. — Eine Ahnengalerie der Anhänger einer Vermutung der Rechtmäßigkeit von Staatsakten findet sich bei Krüger, Staatslehre, S. 903 Fn. 261.

[162] OM, Verwaltungsrecht, 3. Aufl., Bd. 1 (Nr. 88), S. 60 Fn. 11.

[163] S. 64 ff., speziell zu der Orientierung am Zivilrecht S. 74 ff.

eingehend dargestellten —, in Anlehnung an das Zivilrecht vorzunehmenden Begriffs- und Systembildung.[164] Nur ein „festes ... System" ist geeignet, „Recht und Rechtsschutz in das an sich rechtlose Gebiet der Verwaltung hineinzutragen".[165] Und durch letzteres zeichnet sich ja die Epoche des Rechtsstaates aus.[166] Durch Konturierung innerhalb einer ursprünglich ununterschieden ineinanderfließenden Masse von Verwaltungstätigkeit wird Komplexität reduziert, Beliebigkeit fast ausgeschlossen. Erreicht werden Berechenbarkeit, Abstraktionshöhe, damit Nachvollziehbarkeit, gewisse Dauerhaftigkeit und weitgehende Gleichbehandlung. Voraussetzung dafür, sicheres Recht zu schaffen, war, der ebenso gängigen wie ungehemmten Untermischung von Unjuristischem ein Ende zu bereiten[167], sowie das Verwaltungsrecht überhaupt als eigenständige Rechtsdisziplin herauszustellen, es insbesondere vom Zivilrecht reinlich zu scheiden[168]. Erleichtert[169] wurde beides durch die Ausklammerung der leistenden Tätigkeit des Staates bei der Systembildung.[170]

---

[164] Ein anderes Moment ist die gleichmäßige Behandlung von Fällen anhand von Verwaltungsvorschriften (zu Verwaltungsvorschriften OM, Verwaltungsrecht, 3. Aufl., Bd. 1 — Nr. 88 —, S. 84 f.). Zum rechtsstaatlichen Gehalt siehe Schmidt, Gesetzesvollziehung, S. 34 f. — Aus dem gleichen rechtsstaatlichen Grund soll es unzulässig sein, dort, wo eine Verordnung, also eine rechtssatzmäßige Regelung, möglich ist, zu einer Verfügung, also einer Einzelmaßnahme, zu greifen (OM, Verwaltungsrecht, 3. Aufl., Bd. 1 — Nr. 88 —, S. 63, 230).

[165] Vgl. OM, Justiz (Nr. 32), S. 35.

[166] Siehe oben S. 64, 83 f.

[167] Vgl. OM, Rezension Kelsen, DJZ 16 (1909), S. 1284, wo OM die „wohlgelungenen kritischen Betrachtungen (Kelsens, der Verf.) über die mißbräuchliche Einmengung rein psychologischer Ideen in die Rechtsbegriffe" lobt.

[168] Letzteres hat in den vier Thesen OMs, „für den Willen eines Zivilrechtssatzes" könne ein „öffentlich-rechtliches Verhältnis nie etwas Rechtsähnliches sein", es gebe „keine dem öffentlichen und dem Privatrecht gemeinsamen Rechtsinstitute", ebenso „keine öffentlich-rechtlichen Rechtsinstitute mit unmittelbar zivilrechtlicher Wirkung", letztlich auch „keine gemischten Rechtsinstitute" (Verwaltungsrecht, 3. Aufl., Bd. 1 — Nr. 88 —, S. 117 f.) einen prägnanten Ausdruck gefunden.

Meier-Branecke, Anwendbarkeit, S. 233 erklärt OMs Purismus funktional (enthält auch einen Überblick über den damaligen Meinungsstand). — Zur Geschichte der Trennung von öffentlichem und privatem Recht siehe Bullinger, Recht, S. 13—36; Grimm, Funktion, S. 225—233.

[169] Als zu weitgehend erscheint die Formulierung von Forsthoff, Verwaltungslehre, S. 50, die Systembildung sei erst durch eine in der Eliminierung des Wohlfahrtszwecks liegende Beschränkung der Verwaltungsfunktionen „ermöglicht" worden. Wie Forsthoff: Müller, Vorbehalt, S. 23. — Außerdem ging es nicht um eine Beseitigung des Wohlfahrtszweckes überhaupt, wie Müller, ebd., meint, sondern nur um seinen Ausschluß als systemgestaltender Faktor.

[170] Vgl. v. Unruh, Polizei, S. 473. Einen historischen Überblick über die Einengung des Polizeibegriffs geben Forsthoff, Verwaltungslehre, S. 50; Bull, Staatsaufgaben, S. 22 ff.; Badura, Verwaltungsrecht, S. 31 ff.; Maier, Verwaltungslehre, S. 203 ff.; Schilling, Beiträge.

Dem Verwaltungsrecht Otto Mayers war — wie jedem echten Rechtssystem — auch ein materialer Gehalt eigen. Er liegt zu einem guten Teil in der Gewährleistung eines gewissen Maßes an Gerechtigkeit. Der Gedanke des juristischen Systems, sagt Canaris, läßt sich „aus einem der obersten Rechtswerte, nämlich aus dem Gerechtigkeitsgebot und seinen Konkretisierungen im Gleichheitssatz und in der Tendenz zur Generalisierung rechtfertigen. Denn auch sie drängt in nahezu all ihren Spielarten — ob als Bestimmtheit und Vorhersehbarkeit des Rechts ... oder schlicht als Praktikabilität der Rechtsanwendung — zur Ausbildung eines Systems, da alle diese Postulate weit eher durch ein folgerichtig geordnetes, von wenigen überschaubaren Prinzipien beherrschtes, also ‚systemorientiertes' Recht erfüllt werden können ..."[171] Der Inhalt der rechtsstaatlichen Form war für Otto Mayer nicht nur eine Art Abfallprodukt, sondern wurde von ihm zielbewußt angesteuert. Nur echte, in ein System gebrachte Begriffe ermöglichten eine gleichmäßige Umsetzung des Rechts; darin bestehe überhaupt das Essentiale des Rechts.[172] Dieses Recht sei „dazu da, die Bedingungen aufzustellen und aufrechtzuerhalten, unter welchen eine menschliche Gesellschaft mit einem gewissen Maß von freier Bewegung des einzelnen[173] und im gesicherten Besitze erst möglich wird".[174] Es dient also der Gleichheit, der Freiheit und der Wahrung von Besitz.

Das Recht im Deutschland des ausgehenden 19. Jahrhunderts ist wiederholt in Beziehung gesetzt worden zu den ökonomischen Verhältnissen und Bedürfnissen dieser Zeit, teilweise sogar daraus abgeleitet worden. Die Berechenbarkeit[175] eines Rechts, seine Objektivität[176] und Abstraktheit[177] hätten den Anforderungen des Bürgertums bzw. des

---

[171] Systemdenken, S. 17 f. Canaris erläutert ebd. S. 19, daß nicht ein „äußeres System" gemeint sei, das nur die Übersichtlichkeit fördere. Das entspricht OMs Position, siehe oben S. 72. Dem Vertreter eines solchen „äußeren Systems", Georg Meyer, spendet OM denn auch das zweifelhafte Lob, seine Lehrbücher seien „Denkmäler des Rechtszustandes ihrer Zeit" (Rezension Meyer, AöR 21 (1907), S. 448).

[172] Vgl. Person (Nr. 58), S. 3.

[173] Dazu auch OM, Rezension Köhler, AöR 11 (1896), S. 294: „Eine gute eckige Rechtsregel ... ist, wie die Menschen nun einmal sind, immer noch der beste Schutz nicht bloß der Ordnung, sondern auch der Freiheit" sowie Schiffahrtsabgaben II (Nr. 64), S. 4, 28: Recht als Schutz in erster Linie des Schwächeren.

[174] Finanzrecht (Nr. 91), S. 86.

[175] Vgl. Stephanitz, Wissenschaft, S. 112; Adamovich, Verwaltungslehre, S. 741; Gotthold, Entwicklung, S. 28; Haverkate, Gewißheitsverluste, S. 94; Kehr, Bürokratie, S. 42; sich Kehr anschließend Badura, Verwaltungsrecht, S. 52 Fn. 161.

[176] Vgl. Stephanitz, Wissenschaft, S. 112.

[177] Vgl. Scheuner, Rechtsstellung, S. 87.

Kapitalismus in hohem Maße entsprochen.[178] Zu solchen Überlegungen paßt Otto Mayers Verlangen nach Begriffen von festem Wert, die als „gangbare Münze" zu verwenden seien[179], also abstrakt sein, Umlauffähigkeit aufweisen sollten. Daß zwischen einer rational kalkulierenden Verkehrsgesellschaft und der Vorhersehbarkeit staatlicher Entscheidungen ein Zusammenhang besteht, ist unmittelbar einleuchtend. Über solche Plausibilitätserwägungen, die letztlich auf Max Weber zurückgehen[180], kommen die einschlägigen Untersuchungen selten hinaus.[181] Zumindest hinsichtlich der Verwaltungsrechtsdogmatik erscheint eine monokausale Betrachtungsweise nicht angezeigt. So schätzt Gotthold[182] zwar Otto Mayers Bemühung um Rechtssicherheit richtig ein, wenn er als Beleg aus Mayers Verwaltungsrecht zitiert, der Staat solle „*möglichst viel* sein Gesetz verwenden, um Rechtssätze für die Verwaltung zu schaffen, *möglichst viel* seine Verwaltungsakte, um den Einzelfall in rechtlich gebundener Weise zu bestimmen. Der Staat, der für seine Verwaltung kein Gesetz hat und keinen Verwaltungsakt, ist kein Rechtsstaat"[183]. Jedoch bedeutet diese hohe Paßgenauigkeit im Hinblick auf die Erfordernisse einer sich zunehmend am Markt orientierenden Gesellschaft noch nicht, daß ein Verwaltungsrecht notwendigerweise zu genau der Zeit mit exakt diesem Inhalt entstehen mußte. Man wird schwerlich bestreiten können, daß es etwa dem Interesse der Wirtschaft mehr entsprochen hätte, wenn die Verwaltung Belastungen nicht einseitig hätte festsetzen können, sich vielmehr erst einen gerichtlichen Titel hätte erstreiten müssen.[184]

Otto Mayer sieht sehr wohl den Einfluß ökonomischer Verhältnisse auf das Recht. Von den Regelungen des französischen Rechts über den unlauteren Wettbewerb sagt er: „Die Bourgeoisie hat hier die Rechts-

---

[178] Dazu dezidiert Denninger, Staatsrecht, S. 94 f.; siehe auch Forsthoff, Grenzen, S. 13; relativ zurückhaltend Wieacker, Privatrechtsgeschichte, S. 442.

[179] Rezension Meyer, AöR 11 (1896), S. 160.

[180] Vgl. etwa Max Weber, Staatssoziologie, hrsgg. von Johannes Winckelmann, 2. Aufl. Berlin 1966, S. 20: „Der Kapitalismus ... braucht ein Recht, das sich ähnlich berechnen läßt wie eine Maschine."

[181] Konkretere Beziehungen sind in Bezug auf das Privatrecht hergestellt worden, vgl. etwa Coing, Rechtsentwicklung.

[182] Entwicklung, S. 31.

[183] Verwaltungsrecht, 1. Aufl., Bd. 1 (Nr. 16), S. 66; ähnlich S. 62 f.: „... die Verwaltung des Rechtsstaates, um in der Weise des Rechts bestimmt zu sein, muß *möglichst durch Rechtssätze gebunden werden*. Dazu liefert das Verfassungsrecht seine Gesetzgebungsmaschine [!]; sie soll möglichst viel Rechtssätze für die Verwaltung erzeugen lassen; das ist zweifellos das erste Gebot des Rechtsstaates." In den späteren Auflagen finden sich allerdings alle diese Sätze in dieser Schärfe nicht wieder.

Zum rechtsstaatlichen Gehalt der Verwendung von Rechtssätzen siehe bereits oben S. 94 f., zu dem des Verwaltungsaktes S. 71, 101 f.

[184] Zu der Umkehrung der Parteirollen siehe oben S. 104.

bildung gemacht und darum trägt diese auch die Züge ihres Geistes ..."[185] „Kulturgeschichtlich kann es wohl kaum eine schönere Kennzeichnung des besitzesfrohen französischen Bürgertums geben als die Ausbildung dieser Art von Rechtsschutz."[186] Anders sei die Entwicklung in Deutschland verlaufen, das damals noch unter dem Eindruck des wirtschaftlichen Aufschwunges gestanden habe, wobei gewerbliche Schutzrechte wenig gefragt waren.[187] Den weiteren Verlauf schildert Mayer folgendermaßen: „Mit Bismarcks Ausgang beginnt die Epigonenzeit auch für den Handel und Verkehr. Was im Besitz ist, begehrt staatlichen Schutz. Hätten wir für das ganze Reich den Art. 1382 code civil und die maßgebende Stellung richtender Kaufleute gehabt, so hätten wir vielleicht etwas ausgebildet, wie die französische Abwehr des unlauteren Wettbewerbes, vielleicht! Die Voraussetzungen fehlten. Dafür hatte die entsprechende Klasse, der Mittelstand, von dem jetzt so viel die Rede ist, die Klinke zur Reichsgesetzgebung in der Hand, wenigstens werden die Gesetze jetzt geflissentlich ihm zuliebe gemacht."[188] Das Recht wird somit nicht als von den soziologischen Gegebenheiten abgeschnürt betrachtet, gleichzeitig aber doch nüchtern in einer multifaktoralen Bedingtheit mit der damit verbundenen Unschärfe und Unauswägbarkeit gesehen.[189]

Einen Blick für die außerrechtlichen Bedingungen von Recht hatte Otto Mayer auch insofern, als er sich nicht der Illusion hingab, ein rechtsstaatliches Verwaltungsrecht könne ohne Wächter erfolgreich durchgesetzt werden. Dieses Wächteramt zu versehen, war der deutsche Juristenstand, speziell das „gelehrte Berufsbeamtentum" seiner Auffassung nach in hervorragender Weise geeignet.[190] Ein „ausgezeichnetes Beamtentum" bilde eine hervorragende Eigentümlichkeit gerade des deutschen Staatswesens[191], die anderen Nationen könnten uns darum beneiden[192]. Die Funktion, die es so vortrefflich erfüllt, besteht darin,

---

[185] Zwecken (Nr. 60), Sp. 643.

[186] Concurrence (Nr. 6), S. 413.

[187] Zwecken (Nr. 60), Sp. 643.

[188] Ebd. Sp. 644.

[189] Zur Einwirkung gesellschaftlicher Interessengruppen auf das Recht siehe auch OM, Schiffahrtsabgaben (Nr. 55), Schiffahrtsabgaben II (Nr. 64) und Thüringen (Nr. 66).

[190] Rechtsstudium (Nr. 25), S. 282; Trennung (Nr. 82), S. 10.

[191] Neuorientierung (Nr. 79), S. 390; Rezension Grabowski, AöR 37 (1918), S. 494.

Eine Beziehung zwischen dem für einen Beamtenstaat charakteristischen Berufsbeamtentum und dem jeweiligen Verwaltungsrecht stellt Fleiner, Grundlagen, ebenso ders., Beamtenstaat, her.

[192] Trennung (Nr. 82), S. 10.

In Rezension Marvaud, AöR 19 (1905), S. 600 stimmt OM dem auf das deutsche Verwaltungsbeamtentum bezogenen Satz von Marvaud zu: "Cet

Hüter zu sein für das zur „rechtlichen Umhegung von Freiheit und Eigentum ... ausgebildete Verwaltungsrecht".[193] Diese Aufgabe ist, da sie rechtsgleiche Handhabung verlangt, nur zu bewältigen, wenn eine Homogenität der Ausführenden gewährleistet ist. Das traf in Deutschland schon seit längerem zu: „Die Verwaltung hat ihre Selbständigkeit nur dadurch gewahrt, daß sie selbst für alle ihre obrigkeitlichen Entscheidungen die gleiche Art von berufener Hüterschaft des Rechts verwendete". „Das sog. ‚Juristenmonopol' auch in der einfachen Verwaltung war die Hauptsache."[194]

Das juristische Beamtentum wird zu der von Mayer gewünschten „Aristokratie", erhält insbesondere das zugehörige „Standesbewußtsein" dadurch, daß es „eine ganz eigenartige Schule des Geistes, welche die Universität ihren Juristen mitgibt", durchläuft, und so „ein lebendiges Gefühl für den Wert der festen Formen des Gemeinlebens" vermittelt bekommt.[195] Die Gleichartigkeit des Juristenstandes beruht zudem darauf, „daß seine Angehörigen in jungen Jahren ausgiebig eingetaucht worden sind in den Geist des klassischen Altertums, von dem unsere Kultur kommt und unsere Staatsidee ..."[196] Dieser „gemeinsame Grundton" bildet sekundäre Eigenschaften aus, wie „Pflichttreue" und „Gehorsam", die Mayer neben „Bildung", „Sachkunde" und „Geschicklichkeit" der Beamtenschaft zuschreibt.[197] Das alles würde verfallen, weil die Homogenität Schaden nähme, würde man die traditionelle Ausbildung durch eine technisch-juristische ersetzen: das „ergäbe keinen Stand, sondern nur eine besondere Klasse von Gewerbetreibenden, innerhalb welcher die zersetzenden Unterschiede von Geldbesitz, Familie, Parteirichtung frei wirken".[198] Gleiche Übung, Gleichförmigkeit des Verwaltungshandelns als Produkt gleichartiger Bildung und Ausbildung, das ist die vorausgesetzte Normalität. Der „Normalmensch" der Verwaltung, der „ordentliche Verwaltungsbeamte" Otto Mayers[199] ist somit,

---

élement personel de l'administration, cette indépendence de chaque autorité constituent une protection de droit que nous ne connaissons pas."

[193] OM, Rezension Eckert, JW 48 (1919), S. 487.

[194] Ebd.

[195] OM, Rezension Grabowski, AöR 37 (1918), S. 495.

[196] OM, Rechtsstudium (Nr. 25), S. 282.

[197] Vgl. OM, Trennung (Nr. 82), S. 10; Staat (Nr. 50), S. 721. Positiv ist neben dem „Pflichtgefühl gegenüber der zu wahrenden Ordnung", daß der Berufsbeamtenstand „keine Leidenschaft, nicht zu viel Eifer und Abneigung gegen alle Härte" zeigt (OM, Wert — Nr. 48 —, Sp. 1157). Auch Hemmung und Mäßigung verbürgen eben Gleichmäßigkeit. Damit man dem Idealbild recht nahe kommt, tritt OM dafür ein, die Bürokratie nicht souverän werden zu lassen, sie vielmehr zu leiten und zu beaufsichtigen (vgl. Neuorientierung — Nr. 79 —, S. 391; Trennung — Nr. 82 —, S. 10).

[198] OM, Rechtsstudium (Nr. 25), S. 282.

[199] Verwaltungsrecht, 1. Aufl., Bd. 1 (Nr. 16), S. 193.

wie Walter Jellinek angemerkt hat[200], der Vorläufer des „typischen Richters“ Carl Schmitts[201].

6. Der Etatismus Otto Mayers

Otto Mayers Verwaltungsrecht beruht — wie aufgezeigt[202] — auf der Vermittlung von Staatsidee und Rechtsstaatsidee. Zur bereits vorhandenen und auch weitgehend ausgebildeten Staatsidee, wonach dem Staat „schlechthin die allumfassende öffentliche Gewalt“ zukommt, tritt die Idee des Rechtsstaates — zeitlich nachfolgend — als wesentlich Neues hinzu. Die Rechtsstaatsidee bringt die „ungeheure Macht“ des Staates „kunstvoll in die Formen des Rechts“.[203] Dabei wird die obrigkeitliche Tätigkeit dreifach gehemmt, nämlich „in Zuständigkeiten verteilt“, „an Formen geknüpft“ und „inhaltlich gebunden“.[204]

Die beiden letzten Elemente sind jedoch nur als Forderung in dem Sinne zu verstehen, daß sie bloß „nach Tunlichkeit“ verwirklicht werden sollen.[205] Die prinzipiell vorbildhafte Gebundenheit der Justiz kann demnach auch nur „möglichst“ auf die Verwaltung übertragen werden.[206] Hier ist daran zu erinnern, daß für Otto Mayer die Rechtsstaats-

---

[200] Rezension Schmitt, AöR 32 (1914), S. 299.

[201] Darunter ist der „empirische Typus des modernen rechtsgelehrten Juristen“ zu verstehen (Schmitt, Gesetz und Urteil, 2. Aufl., München 1969, S. 71).

[202] Siehe insbesondere oben S. 83 f.

[203] OM, Rechtskraft (Nr. 47), S. 39 Fn. 56. — Wenn OM seinen Kritikern den Vorwurf machte, den seine Kritiker gegen ihn erhoben, nämlich noch polizeistaatlichen Auffassungen anzuhängen, so liegt das in einem unterschiedlichen Verständnis vom Wesen des Polizeistaates. Während OM als „polizeistaatlich“ den Versuch ansah, die Staatsgewalt rechtlich ausschließlich in den Formen des Zivilrechts zu bändigen, wollen die Gegner damit rügen, es bleibe bei OM die staatliche Machtentfaltung zu sehr betont (in letzterem Sinne Imboden, Gesetz, S. 14, 35; Apelt, Staatsformen, S. 41; Kern, Aspekte, S. 86 f.; Kummer, Recht S. 50; Huber, Grundbegriffe, S. 156; Waldecker, Anstaltspolizei, S. 332 f.; einen kühnen Brückenschlag von OMs Verwaltungsakt auf Unterwerfung zum totalen Staat wagt v. Hippel, Grundbegriffe, S. 28. Rehm, Rezension OM, AöR 12 (1897), S. 594 geht vom gleichen Polizeistaatsverständnis aus, lobt aber OM wegen des Überlebens des Polizeistaats in OMs Werk). Typisch für OMs Wendung gegen eine polizeistaatliche Sichtweise ist eine Vorhaltung, die er Georg Jellinek in einem Brief an diesen vom 14. 7. 1896 (Bundesarchiv Koblenz) macht. Es heißt dort: „Unter uns kann ich wohl sagen, was ich gegen Ihre Grundauffassung habe. Offen heraus: ich finde, es ist die des Polizeistaates. Sobald etwas wie ein Recht erscheint, ist es Ihnen dem inneren Wesen nach zivilrechtlich.“ „Für mich liegt gerade der Gegensatz zur polizeistaatlichen Auffassung darin, daß auch diese Beziehungen zur öffentlichen Gewalt das Gepräge des Rechts erhalten in derselben festen sicheren Weise wie die Rechtsinstitute des Civilrechts es darbieten.“

[204] OM, Rechtskraft (Nr. 47), S. 40 Fn. 56.

[205] Vgl. OM, Finanzrecht (Nr. 91), S. 87.

[206] Vgl. OM, Verwaltungsrecht, 2. Aufl., Bd. 1 (Nr. 73), S. 64. Die dort gegebene Definition des Rechtsstaats, wonach dieser „die Justizförmigkeit der

idee lediglich eine Zutat zur Staatsidee ist, die die Staatsidee — soweit es geht — nicht an der weiteren Entfaltung hindern soll.[207] Eben daher kann „die Übertragung von Justizeinrichtungen auf die Verwaltung nicht nur so einfach und plump geschehen, daß sie mit Haut und Haar verschlungen würden“[208]. Das gäbe nämlich „eine schwerfällige, dem Zwecke kaum entsprechende Verwaltung“.[209] Staatsidee und Rechtsstaatsidee sind vielmehr so auszutarieren, daß das Verwaltungshandeln effektiv bleibt, der Staat also seine Funktionstüchtigkeit behält.[210]

Der Rechtsstaat soll die Staatsgewalt domestizieren, nicht fesseln. Dazu bedarf es für die Verwaltung einer „eigene(n) schmiegsame(n) Rechtsordnung“[211], die „die Bewegungen des Staates nicht verrenken, sondern sich ihnen harmonisch anschließen“ soll.[212] Es sind deshalb nur die „großen Ordnungsgedanken, welche der Justiz ihre Grundform geben“, zu übernehmen, zudem sollen „freies Ermessen und Spielraum gebende Ermächtigung das Verfahren lockerer gestalten für die unmittelbare Tat“.[213]

Es liegt nahe, den Niederschlag, den dieses Eintreten Mayers dafür, eine hinreichende Mobilität der Verwaltung sicherzustellen, in seinem verwaltungsrechtlichen Werk gefunden hat, in Zusammenhang zu bringen mit Mayers reicher Verwaltungserfahrung.[214] Gegen eine solche Vermutung spricht allerdings die Tatsache, daß Otto Mayers Tätigkeit in der Straßburger Stadtverwaltung erst mit seiner Wahl zum Beigeordneten am 22. Juni 1898 beginnt.[215] Dem Straßburger Gemeinderat gehörte er auch erst seit Mitte 1896 an.[216]

Verwaltung“ bedeute, hat OM in der 3. Aufl., Bd. 1 (Nr. 88), S. 62 folgerichtig dahin abgeändert, daß er nun den Rechtsstaat durch die „tunlichste Justizförmigkeit der Verwaltung“ charakterisiert wissen wollte. Weggelassen ist in der 3. Auflage die Wertung, je nachdem in welchem Maße diese Justizförmigkeit durch die Verwendung von Rechtssatz und Verwaltungsakt verwirklicht sei, handle es sich um einen „Rechtsstaat verschiedener Güte“ (2. Aufl., Bd. 1 — Nr. 73 —, S. 64).

207 Siehe dazu oben S. 83 f. und OM, Person (Nr. 58), S. 48. Vgl. auch allgemein zu diesen beiden Komponenten und der dadurch bewirkten Kompromißhaftigkeit des Rechts Höhn, Grundprinzipien, S. 16; Huber, Einheit, S. 313; Scheuner, Wesen, S. 229 f.; Schmitt, Streit, S. 195.

208 OM, Verwaltungsrecht, 2. Aufl., Bd. 1 (Nr. 73), S. 64.

209 OM, Finanzrecht (Nr. 91), S. 87.

210 Vgl. Döhring, Geschichte, S. 356.

211 OM, Eisenbahn II (Nr. 29), S. 46; vgl. auch Urteil (Nr. 51), S. 34 und Rechtskraft (Nr. 47), S. 65 f.

212 OM, Justiz (Nr. 32), S. 41.

213 OM, Finanzrecht (Nr. 91), S. 87.

214 Vgl. Bachof, Dogmatik, S. 203, der meint, viel von Otto Mayers Verwaltungsrecht habe auf seiner grundlegenden Erfahrung als Beigeordneter in Straßburg beruht.

215 Verhandlungen 1898, S. 306.

Bei Antritt des Amtes eines Leiters der Bau- und Wegeverwaltung war sein „Deutsches Verwaltungsrecht" (1895/96) also längst erschienen. Selbst wenn man Mayers Mitarbeit in der evangelischen Kirche mit heranzieht, scheidet es aus, daß diese einen nennenswerten Ertrag für die verwaltungsrechtliche Theorie gebracht hat. Denn die relevante Tätigkeit Otto Mayers im Rahmen der evangelischen Kirche beginnt auch erst im Frühjahr 1895 mit der Wahl zum Mitglied des Oberkonsistoriums der Kirche Augsburgischer Konfession.[217] Damit kann als vor 1895 liegende Verwaltungspraxis Mayers nur die Innehabung des Amtes eines Syndikus der Universität Straßburg herangezogen werden. Von dieser Art von Tätigkeit, die Otto Mayer mindestens seit Ostern 1890 ausübte,[218] wird man allerdings schwerlich sagen können, sie sei geeignet gewesen, eine Grundauffassung vom Wesen der Verwaltung entscheidend zu prägen.

Eher kommt in Betracht, die Gründe in der praktischen Erfahrung auch im Umgang mit der Verwaltung[219] zu suchen, die Otto Mayer sich durch eine rund zehnjährige Tätigkeit als Anwalt[220] bereits angeeignet

---

[216] Verhandlungen 1896, S. 194. Zu OMs Wirken in den Kommunalparlamenten von Straßburg und Leipzig sowie zu seiner Tätigkeit als Leiter der Bau- und anschließend der Armenverwaltung in Straßburg jetzt eingehend Heyen, Verwaltungspraxis.

[217] Sammlung 50 (1895/96), S. 2 f. Zu OMs kirchlichen Aktivitäten jetzt ausführlich Heyen, Kirchenrecht. — Der bei Heyen, S. 255 ff. auf der Basis eines im Nachlaß OMs vorhandenen Abzuges wiedergegebene, von OM mitverfaßte Entwurf einer Verfassung für die evangelisch-augsburgische Kirche im Königreich Polen liegt im Evangelischen Zentralarchiv in Berlin. Er ist — ohne die Begründung — im Rahmen des Berichts von Rendtorff über die Tätigkeit der Gustav-Adolf-Stiftung im Jahre 1916 bereits 1917 veröffentlicht worden (Bericht Rendtorff, S. 38 ff.). Der Entwurf ist nach Beratung in einer dazu eingesetzten Kommission der zuständigen Synode im Oktober 1917 vorgelegt worden (ebd. S. 45) und nach Vornahme einiger Abänderungen sogar noch Gesetz geworden (vgl. Richard Schmidt, Die neuen Richtpunkte für die Organisation Polens, ZfPol 11 (1919), S. 283 f.).

[218] Nach Wahlen, Archives Départementales du Bas-Rhin, Strasbourg, AL 103 pag. 24 n° 43, S. 37 ist OM am 6. 11. 1890 zum Syndikus gewählt worden. Wegen Krankheit seines Vorgängers hatte er jedoch die Geschäfte schon Ostern 1890 übernommen (Hausmann, in Strassburger Universitäts-Taschenbuch SS 1893, S. 17; vgl. auch OM, Kaiser-Wilhelms-Universität — Nr. 84 —, S. 33); OM blieb Syndikus bis zum Antritt seines Rektorats am 1. 4. 1902 (Wahlen, Archives Départementales du Bas-Rhin, Strasbourg, AL 103 pag. 24 n° 43, S. 38—42).

[219] Man wird diese Erfahrung, die OM bis zu seiner Ernennung zum außerordentlichen Professor *mit* der Verwaltung gemacht hat, schlecht als „Verwaltungserfahrung" bezeichnen können, wie Heyen, Verwaltungspraxis, S. 46 dies tut.

[220] Die Daten der Anwaltstätigkeit OMs sind oben S. 31 Fn. 132 angegeben. Aufschluß vor allem über Problemfälle aus dieser Zeit gewährt die Personalakte OMs, die beim Kaiserlichen Landgericht Mülhausen geführt wurde (heute: Archives Départementales du Bas-Rhin, Strasbourg, AL 103 pag. 110 n° 583).

hatte, ehe er sich endgültig für die Universitätslaufbahn entschied. Er gibt selbst an, als Advokat in Mühlhausen viel mit Verwaltungsrecht zu tun gehabt zu haben,[221] vor allem dadurch, daß er dort ständiger Berater aller Landes- und Reichsbehörden war[222]. Es war überhaupt das erste Mal, daß er in nähere Berührung kam mit dem ihm „vorher ziemlich unbekannten Verwaltungsrecht".[223] Aufgrund der Tatsache, daß Mayer erst auf diesem Umweg zur Wissenschaft kam, hat er sich zeitlebens als „Mann der Praxis" gefühlt.[224]

Ein weiterer Umstand verdient gerade im Hinblick darauf, daß Otto Mayers verwaltungsrechtliches Werk entstand, bevor er über eigene Verwaltungserfahrung verfügte, Beachtung: Mayers methodischer Ansatz weist einen hohen Wirklichkeitsbezug auf. Das Recht, das der Jurist zu verkünden hat, ist nur solches, das sich durchsetzt, weil es zukunftsträchtig ist und zukunftsträchtig nur, weil es vernünftig ist und sich eben darum durchsetzen wird. Vernünftig ist Recht aber auch nur dann, wenn es zweckmäßig, brauchbar ist.[225] Für Mayer kam es damit darauf an, ein Verwaltungsrecht zu konstruieren, das in hohem Maße geeignet war, sich praktisch zu bewähren. Nicht die Faszination der praktischen Ergebnisse eines Verwaltungsrechts, das den Bedürfnissen der Verwaltung besonders entgegenkam[226], war also ursächlich für die Lehre Otto Mayers, vielmehr war es umgekehrt.[227]

---

[221] Selbstdarstellung (Nr. 89), S. 161.

[222] Curriculum (Nr. 63), Sp. 1043. In Kriege (Nr. 52), S. 264 nennt OM die Reichseisenbahn als seine Klientin. — Als OM nach der Habilitation die Anwaltspraxis nach Straßburg verlegte, fand er dort die Stellung des Regierungsvertreters bereits besetzt. Daraufhin wurde er „Parteivertreter gegen die Regierung in den großen Sachen". Das bereitete ihm später, als er in Straßburg zum außerordentlichen Professor berufen werden sollte, erhebliche Schwierigkeiten mit der Regierung (vgl. OMs Brief an seine Mutter vom 29. 10. 1882, Privatbesitz).

[223] OM, Curriculum (Nr. 63), S. 1043.

[224] Vgl. OMs Brief an Georg Jellinek vom 3. 7. 1898 (Privatbesitz), sein Gedicht „Der Pharisäer" (Nr. 94) und Apelt, Staatsformen, S. 46, der dort eine Äußerung OMs überliefert, ihm — Apelt — werde es noch lange nachhängen, daß er ebenfalls aus der Praxis komme.

[225] Vgl. oben S. 44, 59 f.

[226] Die Praxistüchtigkeit seiner verwaltungsrechtlichen Lehren registrierte OM mit sichtlichem Vergnügen. Siehe dazu Selbstdarstellung (Nr. 89), S. 166 f., wo OM von den Erfolgen von ihm eingeführter, vordem nicht gekannter Verwaltungsmaßnahmen berichtet. —

Daß OMs Verwaltungsrechtslehre vorzüglich auf die Erfordernisse einer effektiven Verwaltung zugeschnitten war, hat vielfach Anerkennung gefunden. Zorn verband diese in einem Brief an OM vom 24. 11. 1907 (Privatbesitz) mit einer drastisch formulierten Kritik an der „öden Formaljuristerei" in Preußen. OM sei — jedenfalls nördlich der Mainlinie — der einzige von den Professoren des Verwaltungsrechts, der wirklich den Begriff und die Grundlagen der Verwaltung verstehe. In Preußen habe man „nicht einen Professor des Verwaltungsrechtes, der etwas vom Verwalten versteh(e)".

[227] Das Recht zum selbständigen polizeilichen Zwangsvollzug etwa hat OM

Die Praxistauglichkeit des Verwaltungsrechtes von Otto Mayer beruht wesentlich auf der Präponderanz der Verwaltung. Letztere ist Ausdruck der modernen Staatsidee; deren richtige Erfassung wiederum ist eine Frage der Staatsgesinnung. Mayer hatte eine sehr hohe Meinung vom Staat. Er dachte ganz von ihm her und war stets bestrebt, dem Staate zu geben, was seiner Auffassung nach des Staates war.[228] Noch in einem nichtverwaltungsrechtlichen Zusammenhang hatte er 1889 vor dem 20. deutschen Juristentag erklärt, er „gehe ganz vom staatlichen Gesichtspunkte aus" und über seine Staatstreue lasse sich nicht reden. Er „bestreite jedermann das Recht, sich staatstreuer zu nennen" als er es sei.[228a] Otto Mayers Vorstellung von einem richtigen Staat ist eine von einem starken Staat, der gerade wegen der Forderungen, die er an den einzelnen stellt, Bewunderung verdient. Bezeichnend ist eine Passage aus einer Festrede, in der Mayer sagt: „... der Staat (ist) ein rauhes Wesen, das sehr ungemütlich werden kann, den Menschen von Jugend auf einschränkt und in Anspruch nimmt auf mancherlei Weise. Aber wunderbar! Die er so packt, die lieben ihn dafür ..."[228b]

Die Zuneigung der ihm angehörenden Menschen gewinnt der Staat aber nur, wenn er seine Macht darstellt. Die nötige Achtung verschafft er sich dadurch, daß er extensiv vom öffentlichen Rechte Gebrauch macht, in dem seine Überlegenheit per definitionem[229] erscheint. Es sei nämlich „keineswegs gleichgültig", meint Otto Mayer, „in welcher Rolle der Staat dem Volke tagtäglich dargestellt wird, das ihn mit Ehrfurcht betrachten soll"[230]. Den Staat öffentlich-rechtlich handeln zu lassen, wird

---

noch 1898 im Straßburger Gemeinderat als nicht gegeben, bloß wünschenswert bezeichnet (Verhandlungen 1898, S. 35). Wenn OM sich dann doch eine solche administrative Zwangsvollstreckung geschaffen hat durch Vereidigung ausgewählter Feuerwehrmänner, durch die er dann vorschriftswidrige Bauten einreißen ließ (Selbstdarstellung — Nr. 89 —, S. 167; vgl. auch Rezension Brück, JurLit-Bl. 22 (1910), S. 70), so war das nur die — etwas verspätete — Umsetzung einer bereits vorher feststehenden Theorie.

[228] In Verwaltungsrecht, 3. Aufl., Bd. 1 (Nr. 88), begründet OM seine Ablehnung der Möglichkeit einer gerichtlichen Zwangsvollstreckung gegen den Staat (S. 381 f.) ausdrücklich damit, daß ein „solches Vorgehen mit einem gesunden Staatsbewußtsein unvereinbar" sei (S. 382 Fn. 23). —

Miedtank, Zwangsvollstreckung, S. 9 gibt den interessanten Hinweis, daß auch in Frankreich die Zwangsvollstreckung gegen den Staat für unzulässig erachtet wird.

[228a] Diskussionsbeitrag, Verhandlungen des 20. deutschen Juristentages 1889, Bd. 4, S. 374. — Krüger, Staatslehre, S. 325 nennt OM eine „staatsgesinnte Persönlichkeit".

[228b] Festrede (Nr. 68), S. 4.

[229] Siehe oben S. 50 ff.

[230] Entschädigungspflicht (Nr. 41), S. 26. Nahezu gleichlautend bereits in Theorie (Nr. 10), S. IX, wo OM noch auf eine Wechselwirkung zwischen Staatsgesinnung und Verwaltungsrecht am Beispiel Frankreichs eingeht: „Das lebhafte Staatsbewußtsein, um welches wir immer noch unsere Nachbarn beneiden können, ist ebensogut ein Erzeugnis als eine Ursache ihres Verwaltungsrechtes."

damit zum „Gebot eines entwickelten Staatsbewußtseins".[231] Hoheitliches Tätigwerden ist nicht nur Erkennungszeichen des Staates, sondern gleichermaßen Gütesiegel. Das rechtliche Überwiegen der staatlichen Willensäußerung als *das* Qualitätsmerkmal staatlichen Handelns schlechthin ist daher auch nicht unbedingt gleichbedeutend mit Erlangung des größtmöglichen Vorteils für den Staat. Laband hat für diese Position Mayers wenig Verständnis aufgebracht. Ihm leuchtete nicht ein, weshalb staatlicher Mehrwert sich ausschließlich in öffentlich-rechtlicher Form äußern sollte, weshalb der Staat nicht zu seinem Vorteil auf das Privatrecht sollte ausweichen dürfen: „Wenn der Staat dabei besser fortkommt, warum soll er sich unnötig als Herrscher aufspielen?" fragt Laband mit Blick auf Otto Mayers Auffassung vom öffentlichen Recht als dem dem Staate wesensgemäßen.[232] Laband verkennt hier das Anliegen Otto Mayers. Natürlich *kann* der Staat sich des Privatrechts bedienen, indem er auf die Ebene des Privatrechts „hinabsteigt"[233], aber er *soll* es möglichst nicht, da es wider seine Natur ist. Je mehr der Staat nämlich entsprechend seiner hoheitlichen Natur handelt, desto erhabener erscheint er; soweit er demgegenüber wie ein Privatmann auftritt, ist er nicht mehr als Staat zu erkennen, der staatliche Mehrwert wird nicht realisiert. Zu viel praktizierte Gleichordnung schadet.

Daß der Staat extensiv Gebrauch machen soll von den öffentlich-rechtlichen Formen, soll weder heißen, daß der Staat möglichst viel befehlen soll, noch daß er seine Gewalt besonders intensiv einsetzen soll. Es kann vielmehr etwa geboten sein, daß sich der Staat aus gewissen Bereichen teilweise zurückzieht: „Eine vernunftgemäße Ordnung muß von dem Grundsatz ausgehen", meint Otto Mayer zum Verhältnis von Staat und Kirche, „daß der Staat nur so weit Einfluß nimmt, als ein bestimmtes greifbares Interesse für ihn behauptet werden kann."[234]

---

[231] Vgl. OM, Entschädigungspflicht (Nr. 41), S. 26.

[232] Rezension OM, AöR 2 (1887), S. 159.

[233] Vgl. OM, Haftung (Nr. 70), S. 5; Lehre (Nr. 11), S. 16, 35; Selbstdarstellung (Nr. 89), S. 166.

[234] Staat (Nr. 50), S. 725. Weiter heißt es dort, daß es „eine recht kurzsichtige Staatsweisheit (wäre), die alles umso besser einzurichten glaubte, je mehr Machtmittel der Staatsregierung vorbehalten bleiben ..." Siehe auch OM, Änderung (Nr. 59), S. 11: „Wir Evangelischen geben stets dem Staate gern, was des Staates ist; er wird niemals treuere Bürger haben als uns; man kann ihm aber auch zu viel geben." —

Überschritt der Staat die Grenzen, die er nach OMs Meinung einhalten sollte, wußte OM sich zu wehren. So nannte er in seinem Jahresbericht als Rektor der Universität Leipzig die Tatsache, daß das Königliche Ministerium über die Erträgnisse der Beckensammlung verfügte, eine „ganz unmögliche Einrichtung, die aufhören müsse" (Bericht — Nr. 75 —, S. 12). Das trug ihm eine deutliche Rüge des Ministeriums ein (Schreiben des Staatsministers Dr. Beck an OM vom 9. 12. 1914, Acta, Bl. 256, Staatsarchiv Dresden).

Auch die Aufgabe des Staates, im Innern Frieden zu stiften,[235] kann ihm Zurückhaltung auferlegen, es insbesondere klug erscheinen lassen, keine Zwangsmaßregeln zu ergreifen.[236]

Die Staatsgewalt ist bei Otto Mayer zwar potentiell unumschränkt, bei ihrer aktuellen Ausübung soll jedoch behutsam vorgegangen werden. So lobt er die „milde und maßvolle Weise", in der die bayerischen Behörden gewohnt seien, auch dehnbare Befugnisse auszuüben.[237] Im Leipziger Stadtrat tritt er wiederholt für ein schonendes Vorgehen der Polizei ein[238] und erklärt auch, daß sich seiner Ansicht nach das „wahrhafte Glück des Volkes ... keineswegs mit der Masse der Polizeiverordnungen" decke[239].

Otto Mayer hat sich als Mann der Mäßigung und des Ausgleichs empfunden.[240] Im Politischen hängt das eng mit seinem Staatsverständnis zusammen. Der Staat, der zur Erhaltung der historischen Größe Volk da ist,[241] kann seine Mission nur erfüllen, wenn er nach außen mit anderen Staaten gedeihlich zusammenarbeitet[242] und — vor allem — im

---

[235] OM, Toleranzantrag (Nr. 44), Sp. 343: „... Staat ... um des öffentlichen Friedens willen ... da ..."

[236] Vgl. OM, Fameck (Nr. 39), Sp. 419.

[237] Regelung (Nr. 19), S. 215.

[238] Plenarverhandlungen 1909, S. 183: er möchte die Baupolizei keineswegs „zu noch größerem Eifer anspornen; es könnte leicht zuviel werden"; ebd. S. 184: die Polizei müsse schonend vorgehen!

Verhandlungen 1911, S. 141: die Polizeiverwaltung habe ihre Rechte; sie brauche diese aber „nicht bis zum äußersten Ende in voller Schärfe geltend zu machen".

[239] Plenarverhandlungen 1908, S. 388. Hier werden erneut die Süddeutschen, die mit viel weniger Polizeimaßregeln auskämen, lobend hervorgehoben. — Im Straßburger Gemeinderat trägt OM als Kommissionsberichterstatter vor, daß man zu der Überzeugung gekommen sei, daß ein Bedürfnis nach erhöhter polizeilicher Tätigkeit im allgemeinen nicht bestehe. Es sei sogar die Befürchtung ausgesprochen worden, daß eine Erhöhung der Zahl der Polizisten eher Störungen herbeiführen könnte (Verhandlungen 1898, S. 235 f.).

[240] Das Bemühen, ausgleichend zu wirken, kennzeichnet OMs Tätigkeit in allen Gremien, denen er angehörte. Zu seinem Geschick bei der Behandlung disziplinarrechtlicher Fälle in seiner Eigenschaft als Syndikus der Straßburger Universität siehe OM, Kaiser-Wilhelms-Universität (Nr. 84), S. 79 ff. Als während seines Leipziger Rektorats Studenten der Zahnheilkunde zu streiken versuchen, verhindert OMs besonnenes Vorgehen Weiterungen (Vgl. OM, Bericht — Nr. 75 —, S. 7 f.). Auch im Oberkonsistorium der Kirche Augsburgischer Konfession in Elsaß-Lothringen sorgt OM für „Dämpfung und Milderung der Leidenschaftlichkeit" und geht mit „möglichster Milde und Schonung" vor allem das drängende Problem der sog. Protestgemeinden an (vgl. Sammlung 1899/1900, S. 209; 1896/97, S. 199, 211).

[241] Siehe oben S. 85.

[242] In einer Rede zur Feier des Geburtstages des sächsischen Königs fordert OM während des Weltkriegs, daß „in der hohen Politik die Gewissensfrage nie unterdrückt werden" dürfe: „Bleibt ... unsere Machtentfaltung noch in dem schönen Maß, das allen Gebildeten eigen ist? Wie spüren es die anderen? Geht es nicht mit milderen Mitteln?" (Der Wert des Völkerrechts —un-

Innern verhindern kann, daß die zentrifugalen Kräfte die Oberhand gewinnen. Mayers innenpolitisches Denken ist ganz auf Integration gerichtet, die zu fördern Tradition, ja „geschichtliche(r) Beruf des Bürgertums" sei[243].

Im Leipziger Stadtrat zitiert er den amerikanischen Professor Burgeß. Dessen Satz: „Wenn die einzelnen Teile des Volkes sich hassen, dann kann die Freiheit nicht bestehen", sei ihm „in die Seele gedrungen".[244] Mayer befürchtet hier für Deutschland eine schlimme Entwicklung. Er sieht die Gefahr, daß sich die politischen Lager „mehr und mehr fremd" werden, daß man sich Feind wird[245]. Ihn bedrückt die Vorstellung, daß man „schließlich noch zu zwei getrennten Völkern, wie es seinerzeit Katholiken und Protestanten waren", kommen könnte[246]. Das Bemühen, die Feindschaft zu begrenzen, bei allen Parteigegensätzen einen „gemeinsamen Boden" nicht zu verlassen[247], hat auch sein Verhältnis zur Sozialdemokratie bestimmt.[248] Schließlich hält er es für nichts weniger

---

veröffentlicht —, Privatbesitz) Bei den wenigen Äußerungen OMs, aus denen man eine kriegsbejahende Einstellung herauslesen könnte, darf nicht außer acht gelassen werden, daß OM dem Krieg eine positive Seite nur im Hinblick auf die innenpolitisch integrierende Wirkung abgewinnt. So spricht er davon, daß Gott den ersten Weltkrieg „zum Segen gedeihen ließ" und die Deutschen „erhob zu dem herrlichen Bewußtsein, daß (sie) ein einzig Volk von Brüdern sind" (Bericht — Nr. 75 —, S. 3). Schon den 1870er Krieg hatte OM unter dem Blickwinkel gesehen, daß er der Integration des deutschen Volkes förderlich war. In einem Brief an Marquardsen vom 10. 6. 1871 (Zentrales Staatsarchiv der DDR) sorgte sich OM, die „versöhnende Kraft des großen Krieges" könnte wieder verloren gehen. — Zum Verhalten der Deutschen gegenüber dem Ausland siehe besonders die in feiner Ironie gehaltenen Bemerkungen OMs Rezension Bozi / Heinemann, Zeitschrift für das gesamte Handelsrecht 80 (1917), S. 433.

243 OM, Plenarverhandlungen 1907, S. 525. Dort heißt es weiter: „Das Bürgertum hat geschichtlich seine führende Stellung dadurch bekommen, daß es sich fähig gezeigt hat, für die allgemeinen Interessen einzutreten, seine Sonderinteressen den allgemeinen Interessen unterzuordnen ..."

244 Ebd.

245 Ebd. Anlaß zu diesen Äußerungen ist der Streit um die Überlassung eines städtischen Platzes an den Turnverein „Vorwärts" zur Abhaltung eines Schauturnens. OM, der das Gelände zur Verfügung stellen will, unterliegt in der Abstimmung knapp.

246 Ebd.

247 Ebd. Die vorausgehende Passage lautet: „Wir müssen hinter der rauhen Hülle des Parteifanatismus ... immer und immer wieder den Menschen ... suchen, der unser Volksgenosse ist, der unser Mitbürger ist und dem wir Freundlichkeit zu erweisen haben." „Und wir müssen danach streben, daß die Partei und daß der Parteistandpunkt keinen zu weiten Raum in allen unseren Beziehungen einnimmt. Parteien müssen sein, und es müssen Leute sein, die sich mit Eifer der Parteisache annehmen; aber die Parteirücksichten dürfen nicht überall hineinspielen, über das unmittelbar Notwendige hinaus." —

OM selbst gehörte keiner politischen Partei an. In einem Brief an Georg Jellinek vom 3. 7. 1898 (Bundesarchiv Koblenz) spricht er in Bezug auf sich von einem „‚Individualitätsgefühl', denn Partei habe (er) keine".

248 OMs bemerkenswert entgegenkommendes Verhalten gegenüber der

als eine Lebensfrage für das deutsche Volk, daß die bestehenden „Gegensätze nicht vergrößert, nicht verschärft werden"[249]. „Wer sein Volk liebt", so Otto Mayer, der müsse „bedacht sein, bei ihm die Gerechtigkeit zu pflegen für alle ... Massebeziehungen: der Völker, Nationalitäten, Konfessionen, sozialen Klassen, Parteien"[250].

Ist der Staat auch nicht gehalten, möglichst und besonders intensiv seine Herrschergewalt zur Geltung zu bringen, so darf doch sein Auftreten nicht in Formen erfolgen, die geeignet sind, die Achtung der Bürger ihm gegenüber zu mindern. Zu der Forderung, die öffentlichrechtlichen Begriffe und Institute nicht mit Elementen zu durchsetzen, die die Wirksamkeit der Staatsidee über Gebühr beeinträchtigen[251], tritt eine, in der es unmittelbarer um das Ansehen des Staates geht, nämlich die, den Staat selbst nicht in Analogie zum Privatrecht zu begreifen[252]. Das zielt auf die Lehre vom Staat als juristische Person.

Sozialdemokratie ist einerseits von seiner Aufgeschlossenheit gegenüber sozialen Problemen her zu erklären, andererseits von Anfang an bestimmt von dem Versuch, Unheil vom Staat abzuwenden. OM hat lediglich im Laufe der Zeit einen anderen Weg eingeschlagen — man könnte auch sagen, eine andere Taktik verfolgt —, dieses Ziel zu erreichen. 1889 hatte er noch die Sozialdemokratie zusammen mit dem Anarchismus als „Feinde aller sittlichen Ordnung und allen Staatswesens" bezeichnet und vor „dem Ansturm, der unheimlich von unten heraufkommt," gewarnt (Diskussionsbeitrag, Verhandlungen des 20. deutschen Juristentags, Bd. 4, 1889, S. 376). Aber schon da hatte er die Gefahr darin gesehen, daß sich die Bürger dem Staat entfremden, „daß man inwendig den Boden verliert, den ein gesunder Staat in der Gesinnung seiner Bürger haben muß" (ebd.). Während OM sich damals noch Erfolg davon versprach, Dämme zu errichten, hat er später — vor allem im Straßburger und im Leipziger Kommunalparlament — darauf gesetzt, durch Toleranz gegenüber der Sozialdemokratie, insbesondere den Abbau diskriminierender Maßnahmen die SPD in den Staat einzubinden. Zu den sozialpolitisch motivierten Initiativen OMs auf kommunaler Ebene, die fast ausschließlich die Unterstützung der SPD-Gemeinderäte fanden, siehe bereits oben S. 98 f. Zu OMs Eintreten dafür, städtische Räumlichkeiten bzw. Flächen auch der SPD bzw. dieser nahestehenden Organisationen zu überlassen, siehe oben S. 117 Fn. 245 und Verhandlungen 1896, S. 235, 266, 349; 1900, S. 81, 100 f. In Regelung (Nr. 19), S. 214 kritisiert OM die „recht einseitige Weise", in der sich die „ganze Strenge" des Vereinsrechts „gegen die Verbindung von Arbeitervereinen" richte.

[249] Plenarverhandlungen 1907, S. 525. — In Laatschy (Nr. 21), S. 164 zeichnet OM ein düsteres Stimmungsbild von einer elsässischen Industriestadt: „Dort unten (in der Stadt, der Verf.) lauerte der Kampf ums Dasein, kochte der Völkerhaß und die Religionsparteiung, bald noch übertönt von dem gierigen Aufschrei des Klassenneides."

[250] Völkerrecht (Nr. 78), S. 36.

[251] Siehe dazu oben S. 110 f.

[252] Zum Sichlosringen vom Civilrecht bzw. zumindest seinem Zurückdrängen im öffentlichen Recht vgl. bezüglich der alten Fiskustheorie OM, Lehre (Nr. 11), S. 26; Neues (Nr. 83), S. 94 f.; Stand (Nr. 56), S. 516; in Bezug auf das Völkerrecht als Teil des öffentlichen Rechts Rezension Fried, JW 48 (1919), S. 21.

Für Otto Mayer ist der Staat „in Wirklichkeit ... keine juristische Person“[253]. Er spricht in diesem Zusammenhang von einer „ganz unzulässigen Übertragung zivilrechtlicher Anschauungen“[254].

Damit ist jedoch keine Rückgängigmachung der Art von Depossedierung des Monarchen[254a] beabsichtigt, wie sie Eduard Albrecht und in seiner Nachfolge sein Schüler Carl Friedrich von Gerber mit der Lehre von der juristischen Persönlichkeit des Staates bezweckten. Albrecht hatte bereits 1837 in einer Rezension von Maurenbrechers „Grundsätzen des heutigen deutschen Staatsrechts“ eine Notwendigkeit, „Rechte ... dem Staate selbst zuzuschreiben, diesen daher als juristische Person zu denken“, damit begründet, daß „das um seiner selbst willen Berechtigtsein“ — das versteht Albrecht unter juristischer Persönlichkeit — dem Individuum abzusprechen sei.[255] Die Ansicht Albrechts hatte nach ihrem Selbstverständnis zur Konsequenz, daß die bisher im „Monarchen vereinigten Rechte in Privatrechte desselben und Rechte des Staates, die er als Organ desselben, somit nicht nach Regeln des Privatrechts, sondern der Verfassung [!] auszuüben hat“, zerlegt werden. Gerber hat das — bezeichnenderweise in Aegidis Zeitschrift für Deutsches Staatsrecht und Deutsche Verfassungsgeschichte, an der auch noch Albrecht mitwirkte, — 1864 in dem Aufsatz „Über die Teilbarkeit deutscher Staatsgebiete“ aufgegriffen und präzisiert. Mit der Idee des Staates, so Gerber, sei „der Gedanke, daß er ein in der Willenssphäre eines Individuums befindliches Objekt sei, völlig unvereinbar“. Der Staat sei „eine durchaus selbständige ... Ordnung und der Monarch ein innerhalb desselben wirkendes Organ“.[256] Monarch werden heiße, „von jetzt an in den Willenskreis eintreten, welchen die Verfassung eines bestimmten Staates als den Machtumfang ihres obersten Organs festsetzt“.[257]

In Bezug auf die Verlagerung des Zuordnungspunktes von Rechten und Pflichten vom Individuum in den Staat weicht Otto Mayer von Albrecht und Gerber nicht ab. Er wählt hier lediglich die Bezeichnung „Scheinperson“ für den Staat, hebt aber gleichzeitig hervor, „diese Art von einheitlicher Zusammenfassung des Ausgangspunktes der staatlichen Tätigkeit tu(e) vollkommen die gleichen Dienste“[258]. Die Ablehnung der Lehre von der juristischen Persönlichkeit des Staates muß also einen andern Grund haben.

---

[253] Rezension Haff, AöR 40 (1921), S. 116.

[254] Vgl. Bundesstaat (Nr. 34), S. 347.

[254a] Vgl. dazu Schmitt, Preuß, S. 8 f.

[255] Göttingische gelehrte Anzeigen 1837, S. 1492.

[256] Bd. 1 (1864—67), S. 12. Von Aegidis Zeitschrift ist überhaupt nur dieser eine Band erschienen.

[257] Ebd. S. 14.

[258] Rezension Haff, AöR 40 (1921), S. 116.

Mayer gibt an, mit seiner Auffassung solle „lediglich ein besseres Verständnis dafür eröffnet (werden), daß die Willensäußerung des Souveräns, Fürst, Volk, oder beide zusammen, am Bestande des Staates nicht in der gleichen Weise eine ihre Macht hemmende Schranke findet, wie die Generalversammlung der Aktionäre an dem vom Staate im öffentlichen Interesse geschützten Rechtsbestand der Aktiengesellschaft" — Laband etwa konstruierte die Stellung des Kaisers in Analogie zum Vorstand einer Aktiengesellschaft —, „und daß dieser Souverän in Wahrheit doch kein ‚Organ' (sei), das im fremden Namen wirkt, sondern der wahre Berechtigte hinter der aus Zweckmäßigkeitsgründen vorgeschobenen Scheinperson"[259]. Das korrespondiert mit Otto Mayers Anschauung von der modernen Staatsidee, wonach der Staat an sich rechtlich alles kann und dies gleichbedeutend damit ist, daß der Souverän alles kann.[260] Mit einem Entgegenkommen gegenüber der Monarchie[261] hat das nichts zu tun.[262] Schließlich wird in der eben angeführten Passage auch das Volk als möglicher — und zu dem Zeitpunkt, als Otto Mayer diese Sätze schrieb, auch tatsächlicher — Souverän genannt. Mayer hat zudem die herausragende Stellung, die dem Souverän seiner Ansicht nach zukommt, konkret anhand der Frage, wem der

---

[259] Ebd.

[260] Siehe oben S. 48 f., 84 f.

[261] OM war wohl nie ein begeisterter Anhänger der Monarchie. Zwar nannte er etwa das Deutsche Reich die „echteste und vollsäftigste Monarchie, welche die heutige Kulturwelt aufweist" (Bundesstaat — Nr. 34 —, S. 338), doch ist das nicht unbedingt ein Werturteil. Meist war OM auch eher geneigt, einen Monarchen als die Monarchie zu loben (vgl. Festrede — Nr. 68 —, S. 6). Ihre Vorteile schienen ihm vor allem darin zu liegen, daß sie, weil sie auf das Gemüt der Menschen wirkt, gut geeignet ist, die Majestät des Staates zu verkörpern (vgl. Rezension Ryffel, AöR 19 (1905), S. 423 f.). Auf OM dürfte zutreffen, was er selbst in: Unbeschreiblichen (Nr. 76), S. 96 den Statthalter von Elsaß-Lothringen zu einem jungen Theologen sagen läßt: „Die liberalen Monarchisten, soweit sie wirklich noch Monarchisten sind, zeigen meist viel Entgegenkommen und sind mit der größten Liebenswürdigkeit bemüht, allerhand Gründe aufzuweisen, weshalb unsere Monarchie eine gute Staatsform sei, die ihren Zweck erfüllt und des Volkes Wohlfahrt gewährleistet. Deshalb, sagen sie, müsse man diese nützliche Einrichtung beibehalten. Dabei tönt von selbst der andere Gedanke mit: falls sie sich einmal minder bewähren sollte, müßte man sie natürlich abschaffen." Gegen Ende des ersten Weltkriegs sah er dann den Geist der Zeit auf „Demokratisierung" gerichtet und begrüßte — das hat Bezug zu seiner Methode — die Entwicklung (Neuorientierung — Nr. 79 —, S. 385). Früher hatte er die Demokratie noch als eine „merkwürdige Erscheinung" angesehen (Brief an Georg Jellinek v. 3. 7. 1898, Bundesarchiv Koblenz). Jetzt schien ihm „eine kräftige Monarchie ... mit einer sozialgerichteten Demokratie", die er erwartete, vereinbar (Neuorientierung — Nr. 79 —, S. 386). Später machte er sich dann sogar über Bornhak lustig, weil dieser vom „Tag der Morgenröte, wo wir wieder einen Monarchen haben werden", geschrieben hatte (Rezension Huber u. a., JW 51 (1922), S. 74).

[262] Eine Affinität von OMs verwaltungsrechtlichem Werk zum monarchischen Prinzip stellen her Renck, Verwaltungsakt, S. 132; Kelsen, Staatslehre, S. 89; Jecht, Anstalt, S. 21.

Beamte in einer Republik Treue schuldet, näher ausgeführt[263]: „Wenn das Reich jetzt *der* deutsche Staat ist, so wäre die von seinen Beamten zu leistende Treue zu richten auf die menschliche Trägerschaft seiner Souveränität, das *deutsche* Volk. Dieses erscheint als lebendige Wirkungsmacht in seiner Verfassung ... ‚Treue' gegenüber gedruckten Artikeln, das wäre ... etwas Verschrobenes ..." „Ist für die Monarchie der tragende sittliche Gedanke: ‚Treue dem König, so für die Republik der Satz ... ‚Wir wollen sein ein einzig Volk von Brüdern'. In dem Eid auf die republikanische Verfassung bekennt sich der Beamte als ein Glied dieser brüderlichen Verbundenheit, um nach ihrem Willen zu tun. Ohne eine solche Treuegesinnung ist die ganze Republik nicht viel wert." Die Treue gilt mithin in der Republik letztlich allein dem lebendigen Souverän Volk.

Der Unterschied zu Albrecht und Gerber liegt nun darin, daß beide die Beschränkung der Rechte des Souveräns — etwa bei Gerber die These, der Thronfolger sei an von seinem Vorgänger gemachte Verfassungszugeständnisse gebunden[264] — aus der Staatsidee selbst ableiten.[265] Für Otto Mayer kann solches nicht in Frage kommen. Seine Rechtslehre setzt sich eben aus verschiedenen Elementen, und zwar Ideen zusammen. Die Staatsidee, die rechtliche Allmacht bedeutet, findet ihre Begrenzung nie in sich selbst, sondern immer nur durch das Zusammenspiel mit den anderen Ideen.

7. Die Gleichzeitigkeit der maßgeblichen Ideen

Deshalb ist es aber auch verfehlt, aus der die Staatsidee ausmachenden rechtlichen Unumschränktheit des Staates bei Otto Mayer zu folgern, der Staat könne sich nach Gutdünken über Recht hinwegsetzen oder gar auf eine Rechtsordnung — zum Beispiel für die Verwaltung — verzichten.[266] Eine solche Auslegung könnte sich allenfalls — und auch das nur vordergründig — auf eine Formulierung Mayers stützen, wonach der Staat „Ordnung und Schranken ... allein sich selbst (setze) durch Anerkennung von Mitwirkungsrechten an der Ausübung" der Staatsgewalt „und durch Verteilung und Übereinanderordnen von Zuständigkeiten". Daß er das tue, das mache ihn zum Verfassungs- und Rechtsstaat.[267] Das ist jedoch nicht dahin aufzufassen, daß der Staat dies

[263] Anmerkung zu PrOVGE v. 10. 11. 1921 (Nr. 85), S. 611. Die Wiedergabe erfolgt besonders ausführlich, weil diese Stellungnahme OMs auch Aufschluß darüber gibt, inwieweit OM Normativist war.

[264] Vgl. Teilbarkeit, S. 14 f.

[265] Albrecht, Rezension Maurenbrecher, Göttingische gelehrte Anzeigen 1837, S. 1490 ff.; deutlicher Gerber, Teilbarkeit, S. 12.

[266] So aber die Interpretation von Krabbe, Staatsidee, S. 160; Ruck, Freiheit, S. 76; Waldecker, Anstaltspolizei, S. 338, 350 f.

[267] Staat (Nr. 50), S. 714.

ohne weiteres unterlassen könne, daß es gewissermaßen nur gewillkürtes Entgegenkommen sei, das ihn zum Verfassungs- und Rechtsstaat habe werden lassen. Nach Otto Mayers Methode laufen vielmehr diese Ideen in der Epoche parallel, sind also in dieser Zeit untrennbar miteinander verknüpft. Die Staatsidee ist mithin in der Epoche des Rechts- und Verfassungsstaats[268] von vornherein domestiziert.[269] Nur eine solche ganzheitliche Betrachtungsweise wird der Methode Mayers gerecht. Die moderne Staatsidee ist also in dieser Epoche einen Kompromiß mit der Rechtsstaatsidee eingegangen. Da dieser von der Idee des Verfassungsstaats vermittelt ist[270], beruht der Umfang der rechtlichen Bindung des Staates auf dem zugrunde liegenden Verfassungsverständnis. Otto Mayer wollte somit keineswegs ein von der Verfassung unabhängiges Verwaltungsrecht propagieren, wie weithin sein Satz: „Verfassungsrecht vergeht, Verwaltungsrecht besteht"[271] interpretiert wird.[272] Damit war keine verfassungsrechtliche Neutralität des Verwaltungsrechts gemeint, und zwar weder für die Vergangenheit noch für die Gegenwart[273] noch für die Zukunft. Sicher dürfte sein, daß Mayer in erster Linie[274] die Vergangenheit beschreiben wollte.[274a] Er setzt das Dictum in Anführungszeichen und fügt an, den Vorgang habe man „anderwärts schon längst beobachtet".[275] Das kann sich nur auf Frankreich beziehen. Bereits 1886 hatte Stengel geschrieben: „Seit den bahnbrechenden Arbeiten von A. de Tocqueville, den Schriften von F. Laferrière, Thierry u. a. ist man ... in Frankreich zu der Überzeugung gelangt, daß ein Volk zwar die äußeren Formen der Staatsverfassung ändern, die Kontinuität der Entwicklung des gesamten öffentlichen Rechtszustandes aber ... gar nicht unterbrechen kann, und daß die Verwaltungseinrichtungen einer radikalen Umänderung einen zäheren Widerstand entgegenzusetzen vermögen als selbst Institutionen des

[268] Ebd. läßt OM diesen Zeitraum, den er als die „Gegenwart" bezeichnet, Anfang des 19. Jahrhunderts beginnen.

[269] Waldecker, Staatslehre, S. 295 und Seidler, Rezension OM, ZfPol 2 (1909), S. 283 ff. mitverstehen OM, wenn sie meinen, nachträgliches Hinzutreten von Recht und Rechtsordnung zur staatlichen Herrschaft bedeute Verzichtbarkeit von Recht und Rechtsordnung. Tatsächlich beschreibt OM, Person (Nr. 58), S. 47 nur den historischen Prozeß.

[270] Siehe oben S. 83 f.

[271] Verwaltungsrecht, 3. Aufl., Bd. 1 (Nr. 88), S. VI.

[272] z. B. von Huber, Staatswissenschaft, S. 59; ders., Grundbegriffe, S. 166; Friesenhahn, Grundlagen, S. 239; Rupp, Grundfragen, S. 1.

[273] Dürig, Rechtsgleichheit, S. 40 f. berichtet, sein Lehrer Willibalt Apelt, der OMs Schüler war, habe ihm oft erzählt, OM habe den Satz unmittelbar nach 1918 hingeschrieben, „also während eines Moratoriums im Verfassungsrecht, in dem aber die Verwaltung präsent sein mußte".

[274] Siehe Fn. 273.

[274a] So auch Menger, Gesetz, S. 361.

[275] Verwaltungsrecht, 3. Aufl., Bd. 1 (Nr. 88), S. VI.

Privatrechts."[276] Im gleichen Jahr zitiert Otto Mayer in seiner „Theorie des französischen Verwaltungsrechts" aus Ducrocqs Verwaltungsrechtslehrbuch.[277] Der vollständige Satz von Ducrocq, den Mayer nur auszugsweise wiedergibt, lautet: Man bemerke im französischen Recht, daß „la généralité de ses lois administratives survivre à l'effondrement de ses lois constitutionelles tour à tour déchirées par les révolutions"[278]. Otto Mayer setzt hinzu: „Vom französischen Standpunkt aus ist es ein ganz natürlicher Gegensatz, daß Verfassungsrecht wechselt, Verwaltungsrecht dauert..."[279]

Das Dictum war für Vergangenheit und Gegenwart in Bezug auf das, was Mayer als die Epoche des Verfassungsstaates in Deutschland ansah, richtig.[279a] Daß es sich nur auf diesen Zeitraum bezog, ist selbstverständlich. Diese Epoche war aber beim Erscheinen der dritten Auflage des „Deutschen Verwaltungsrechts" auch nicht zu Ende.[280] Erst unter dem Grundgesetz haben die Stellung des Gesetzgebers und die der Verwaltung eine derart grundlegende Umgestaltung erfahren, daß auch das Verwaltungsrecht davon ergriffen werden mußte.[281] Mehr als daß, solange das grundlegende Verhältnis von Grundrechten, Gesetzgeber und Verwaltung durch wechselnde Verfassungen nicht angetastet wird, Verwaltungsrecht bestehen bleibt, wollte Otto Mayer auch nicht behaupten.[282] Jede andere Interpretation des berühmten Satzes steht im Widerspruch zu den Grundlagen seines Verwaltungsrechts.[283]

---

[276] Rezension Bornhak, AöR 1 (1886), S. 234.

[277] Theorie (Nr. 10), S. 3 Fn. 6.

[278] Théophile Ducrocq, Cours de Droit administratif, 4. Aufl., S. 5, zitiert nach Rott, Recht, S. 147 Fn. 22.

[279] Theorie (Nr. 10), S. 3 Fn. 6.

[279a] Bachof, Entwicklungstendenzen, S. 3 Fn. 3; Giese, Verwaltungsrecht, S. 1.

[280] Vgl. Forsthoff, Gesicht, S. 331; Peters, Verwaltung, S. 212; Friauf, Grundfragen, S. 227 f.; Scheuner, Überlieferung, S. 60 f.; Gotthold, Entwicklung, S. 51; Maier, Verwaltungslehre, S. 269; Hubmann, Persönlichkeitsrecht, S. 94 f.

[281] Bachof, Dogmatik, S. 205; Stern, Staatsrecht, S. 624; Apelt, Staatsformen, S. 280 f.: für das Verwaltungsrecht habe noch 1947 „im großen und ganzen Otto Mayers berühmter Spruch" gegolten.

Zeidler, Bemerkungen, S. 322 ff. zählt die verfassungsrechtlichen Veränderungen auf, die zur Umkehrung von OMs Satz führten. Stolleis, Interesse, S. 12 f. weist darauf hin, daß sich auch nach 1949 in bestimmten Spezialgebieten das Verwaltungsrecht dem Verfassungswechsel gegenüber resistent erwiesen habe.

[282] Siehe das Vedikt Bachofs, oben S. 13. Auch Werner, dessen Umkehrung des Satzes gerne gegen OM ins Feld geführt wird, unterstreicht Verwaltungsrecht, S. 527, daß OM das Verfassungsrecht keineswegs für unbeachtlich hielt.

[283] Eine andere Frage ist, ob es berechtigt war, daß OM in der dritten Auflage erheblichen Stoff „planmäßig unberücksichtigt" ließ und ob die gegebene Begründung, dieser sei nur durch den Krieg veranlaßt gewesen, weshalb damit „für die rechtswissenschaftliche Erkenntnis ... kaum etwas ver-

loren“ gehe (Verwaltungsrecht, 3. Aufl., Bd. 1 — Nr. 88 —, S. VI), richtig war. Diese Erklärung OMs mag zu einem guten Teil Selbstberuhigung gewesen sein. Der auf rund die Hälfte des Umfangs der zweiten Auflage geschrumpfte Band 2 des Verwaltungsrechts ist gerade noch vor seinem Tode fertig geworden. Eine Aktualisierung des gesamten in der zweiten Auflage enthaltenen Materials hätte OM wohl überfordert, hatte seine Gesundheit doch bereits durch die Bearbeitung der Vorauflage gelitten (OM, Selbstdarstellung — Nr. 89 —, S. 172), und außerdem war er auch in seiner letzten Lebenszeit durch Krankheit schwer beeinträchtigt (vgl. Anonymus, Nachruf OM, Allemannen-Zeitung 7 (1924), Nr. 5, S. 10).

Drittes Kapitel

Die Methode vor Otto Mayer in der zeitgenössischen Theorie

Otto Mayer hat für sein deutsches Verwaltungsrecht nur selten[1] den konkreten Ertrag deutscher Verwaltungsrechtswissenschaft übernehmen können. Vielmehr hat er sich fast ausschließlich „Leihgaben" im wesentlichen des französischen Rechts, daneben des deutschen bürgerlichen Rechts bedient und diese mit „souveräner Unbekümmertheit" in sein Verwaltungsrecht transportiert.[2]

Dennoch wäre die relativ rasche Durchsetzung seines verwaltungsrechtlichen Werkes schlechthin undenkbar gewesen, wäre nicht in Deutschland der Boden für die Art von Verwaltungsrecht, wie Mayer sie bot, bereitet gewesen. Letzteres mußte zudem auch nach der Methode Otto Mayers der Fall sein, denn wenn die von ihm zugrunde gelegten, als modern ausgegebenen Ideen tatsächlich die zeitgemäßen sein sollten, mußten sie doch zumindest ansatzweise in der Wirklichkeit und damit auch in der Verwaltungsrechtswissenschaft[3] zu erkennen sein. Bezüglich des für die Durchsetzungsfrage entscheidenden Klimas kommt es darauf an, ob das Bewußtsein der Notwendigkeit eines rechtsstaatlichen Verwaltungsrechts, also eines systematischen, durch hinreichend feste Begriffe ausgezeichneten Verwaltungsrechts, bestand. Da es dafür kaum von Belang ist, ob diejenigen, die entsprechende Forderungen erhoben, diesen auch selbst gerecht wurden, beschränkt sich die nachfolgende Untersuchung überwiegend darauf festzustellen, inwieweit in der Verwaltungsrechtswissenschaft vor Otto Mayer die Überzeugung von der Unerläßlichkeit eines juristisch-systematisch geordneten Verwaltungsrechts geäußert wurde.[4]

---

[1] So gibt OM etwa an, seine Definition der öffentlichen Anstalt stamme von Jellinek, System, S. 224 (Schiffahrtsabgaben — Nr. 55 —, S. 26 Fn. 1); die deutschen Vorläufer hinsichtlich der Theorie des öffentlichen Eigentums zählt er auf in Verwaltungsrecht, 2. Aufl., Bd. 2 (Nr. 77), S. 84 Fn. 19.

[2] Vgl. Bachof, Dogmatik, S. 203.

[3] Sonstige Bedingungen bleiben hier — weil ohne spezifischen Bezug zu OMs Lehre — außer Betracht. Zum Ausbau des Verwaltungsrechtsschutzes, insbesondere der Einführung der Verwaltungsgerichtsbarkeit, gibt es reichlich Literatur. Zu den Anfängen von Verwaltungsrechtsvorlesungen an den Universitäten siehe Hoffmann, Begriff, S. 213 f.; Gierke, Studienordnung, S. 24 f.; Badura, Verwaltungsrecht, S. 11 f. Fn. 5; zum Zusammenhang mit der preußischen Studienreform 1881: Dennewitz, Systeme, S. 106 f.

[4] Untersuchungsgegenstand ist daher auch nicht die Geschichte der Ver-

I. F. F. Mayer (1816—1870)[4a]

Friedrich Franz von Mayer[5] steht am Beginn der Entwicklung einer juristischen Methode des Verwaltungsrechts.[6] Dies rechtfertigt es, mit ihm zu beginnen. Was vor ihm in dieser Richtung gedacht worden ist, hat er aufgenommen,[7] auf der anderen Seite ist eine derart ausgeprägte juristische Aufbereitung des verwaltungsrechtlichen Stoffes nach ihm bis Otto Mayer nicht mehr erreicht worden.

Über F. F. Mayer ist immer noch wenig bekannt. Seinen Veröffentlichungen kann entnommen werden, daß er 1845, nachdem ein Wechsel seiner Dienstverhältnisse stattgefunden hatte[8], Oberamtmann in Neckarsulm war.[9] 1856 wird dann bei gleicher Berufsbezeichnung als Ort Göppingen angegeben.[10] 1862 nennt F. F. Mayer die Zahl von 24 in

---

waltungsrechtswissenschaft als solche. Deren Kenntnis wird — zumindest in den Grundzügen — vorausgesetzt. Verwiesen sei hier in erster Linie auf das diesbezügliche Standardwerk von Dennewitz, Die Systeme des Verwaltungsrechts, Hamburg 1948, sowie die Artikel „Öffentliches Recht" von Stolleis / Grimm, HRG III, und den Beitrag „Verwaltungslehre und Verwaltungsrechtswissenschaft" von Stolleis zu Jeserich / Pohl / v. Unruh (Hrsg.), Deutsche Verwaltungsgeschichte, Bd. 2, Stuttgart 1982. Feist, Entstehung, enthält zwar eine ausführliche Darstellung der Entwicklung des Verwaltungsrechts, ist aber nicht unwesentlich an Dennewitz orientiert, zudem werden bei der chronologischen Aneinanderreihung aller auch nur entfernt in Betracht kommenden Schriftsteller die Gewichte nicht immer deutlich. Kurzgefaßte Überblicke über die Verwaltungsrechtsgeschichte finden sich u. a. bei Walter Jellinek, Verwaltungsrecht, S. 94 ff.; Dennewitz, Verwaltungsrecht, S. 24 ff.; Helfritz, Verwaltungsrecht, S. 18 ff.; Bender, Verwaltungsrecht, S. 42 f.; Thieme, Verwaltungslehre, S. 31 ff.; Franz Mayer, Verwaltungsrecht, S. 10 ff.; Forsthoff, Lehrbuch, S. 40 ff.; — Biographische Angaben werden nur ausnahmsweise, und zwar dort, wo solche bei Dennewitz, Systeme, fehlen oder höchst unzureichend sind, gemacht.

[4a] Nach Abschluß des Manuskripts konnten zu Leben und Wirken F. F. Mayers zahlreiche Einzelheiten in Erfahrung gebracht werden. Von einer Einarbeitung wurde abgesehen, da dies umfangreiche Ergänzungen bedeutet hätte. Das weitere biographische Material soll stattdessen der Verwertung in einer gesonderten Veröffentlichung vorbehalten bleiben.

[5] Dieser vollständige Name findet sich bei Rößler, Mohl, S. 114.

[6] OM selbst sagt, eine richtige systematische Bearbeitung des deutschen Verwaltungsrechts habe „zuerst F. F. Mayer zu geben versucht in seinem trefflichen Buche: Grundsätze des Verwaltungsrechts" (Verwaltungsrecht, 1. Aufl., Bd. 1 — Nr. 16 —, S. 20 Fn. 8). In Rechtskraft (Nr. 47), S. 11 Fn. 20 spricht OM vom „verdienstvollen F. F. Mayer". Wie OM sehen F. F. Mayer als Begründer der juristischen Methode des deutschen Verwaltungsrechts u. a. an OMs Schüler Kormann, in: List, Einführung, S. 47; Dennewitz, Systeme, S. 68; ders., Verwaltungsrecht, S. 30 f.; Thieme, Verwaltungslehre, S. 36; Helfritz, Verwaltungsrecht, S. 20; Forsthoff, Lehrbuch, S. 50).

[7] Das gilt vor allem in Bezug auf Robert von Mohl.

[8] Strafrechts, S. IV.

[9] Ebd., Titelblatt.

[10] Verwaltungs-Recht, S. 284.

Verwaltungsämtern zugebrachten Dienstjahren[11]. Laut Rößler[12] soll F. F. Mayer später Mitglied des württembergischen Staatsrats gewesen sein.

Außer seinen beiden bekannten Werken „Grundzüge des Verwaltungs-Rechts und -Rechtsverfahrens" und „Grundsätze des Verwaltungs-Rechts" hat F. F. Mayer die Schriften „Grundzüge des polizeilichen Strafrechts" (Heilbronn 1845) und „Die Gemeindewirtschaft nach geläuterten Begriffen und nach den im Königreich Württemberg geltenden Gesetzen" (Stuttgart 1851) verfaßt, ferner die „Sammlung württembergischer Gesetze in Betreff der Israeliten" (Tübingen 1847) herausgegeben. Auch stammen von ihm die Aufsätze „Über das Steuerwesen der Gemeinden und Bezirke" und „Über Verwaltungs-Recht und -Rechtspflege" (Zeitschrift für die gesamte Staatswissenschaft 5 (1848), S. 539 f. und 12 (1856), S. 284 ff.).

Für F. F. Mayer besteht Verwaltungsrecht ausschließlich in einem „System rechtlicher Grundsätze und Einrichtungen"[12a]. Bereits im ersten Satz der Abhandlung „Über Verwaltungs-Recht" (1856) heißt es, diese bezwecke, die „Beziehungen zwischen Verwaltung und Recht, also ... (die) rechtliche Natur der Verwaltungs-Acte selbst" zu untersuchen.[13] Auch wenn hier der Ausdruck „Verwaltungs-Act"[14] noch nicht in der spezifischen Bedeutung verwendet wurde, die ihm später bei Otto Mayer zukam, so sind doch bereits für F. F. Mayer unter rechtsstaatlichem Blickwinkel in erster Linie die Akte der Verwaltung von Interesse, denen gegenüber der einzelne eines rechtlichen Schutzes besonders bedarf. Er unterteilt dazu die Verwaltungshandlungen in solche, bei denen die Verwaltung „a) verwaltend im engeren, ökonomischen Sinne", solche, bei denen sie „b) nur fördernd, unterstützend" und solche, bei denen sie „c) gebietend und verbietend" auftritt.[15] Letztere hebt F. F. Mayer von den beiden anderen Arten ab, indem er herausstellt, daß nur bei ihr die Verwaltung es „wesentlich mit dem Rechte zu tun habe". In diesem Zusammenhang bedauert er, daß „diese stete Berührung" der Verwaltung „mit Rechtskreisen (eine) als solche noch lange nicht genügend erörterte Seite der öffentlichen Verwaltung" darstellt[16].

11 Grundsätze, S. III.

12 Mohl, S. 114.

12a Grundsätze, S. 8.

13 Verwaltungs-Recht, S. 284. Ebenso die Aufgabenbeschreibung im Vorwort zu den Grundzügen, S. III: „Untersuchung des rechtlichen Gehaltes und Charakters der Verwaltungsacte".

14 Dieser wird von F. F. Mayer in seinen Schriften vielfach gebraucht, in „Verwaltungs-Recht" etwa noch S. 312, 474.

15 Ebd. S. 285.

16 Ebd.

In seinem Hauptwerk „Grundsätze des Verwaltungs-Rechts“ (1862) hat F. F. Mayer dann für diesen unter rechtsstaatlichen Gesichtspunkten erhöht empfindlichen Bereich den Grundsatz der Gesetzmäßigkeit der Verwaltung formuliert. Bedeutsam ist, daß dem Vorrang des Gesetzes, der ohnehin Allgemeingut der Literatur auch vor F. F. Mayer war, ein — wenn auch nicht ausdrücklich so bezeichneter — Vorbehalt des Gesetzes in dem Sinne zur Seite gestellt wird, daß nicht mehr nur allgemeine Eingriffe in Freiheit und Eigentum allein dem Gesetzgeber zugewiesen werden, vielmehr auch Einzeleingriffe der unteren Staatsebene sich einer von der Verfassung aufgerichteten Schranke gegenübersehen. Die „Anordnungen der Verwaltung“, so F. F. Mayer, dürften sich zum einen „rechtlich nur in den verfassungsmäßigen und gesetzlichen Schranken bewegen“, zum anderen seien „die Einzelnen selbst ... als Subjekte des öffentlichen Rechts mit ... eigentümlichen Rechten in Betreff ihres Verhältnisses zum Gemeinwesen ausgestattet“. „In der Form seiner subjektiven öffentlichen Rechte, als die staatsbürgerlichen Freiheitsrechte“ stellten sich „auch jene Schranken [!] der Staatsgewalt durch die allgemeine verfassungsmäßige Zusicherung der Freiheit des Gewissens, der Meinung, der Person und des Eigentums der Staatsbürger dar“. Diese Freiheiten hätten „als rechtliche Grenzen der Einwirkung[17] der Staatsgewalt auf die Einzelnen insoweit zu gelten ..., als letztere nicht in den besonderen Gesetzen begründet ist“.[18] Nicht Paul Laband, dem sie gemeinhin zugeschrieben wird, sondern F. F. Mayer muß damit als Begründer der Lehre vom Vorbehalt des Gesetzes im neueren Sinne gelten.

Die von ihm als rechtlich besonders relevant abgeschichtete Ebene strukturiert F. F. Mayer. Er will die rechtlichen Beziehungen zwischen dem Staat und dem einzelnen in „Formen“ gegossen wissen.[19] Für die „Regelung des Verhaltens im einzelnen Fall“, die das Gesetz nicht zu leisten vermag, bedeutet dies, daß seitens der Behörde „in Folge besonderer Aufforderung im einzelnen Fall“ an den einzelnen „ein Ruf“ ergeht, „auf den er zu horchen hat“[20]. Das ist mit der Klarstellung dessen, was für den Betroffenen rechtens sein soll, in der Sache nichts anderes als die Verwaltungsaktdefinition Otto Mayers.[21]

---

[17] Man beachte die terminologische Übereinstimmung mit OM (vgl. oben S. 52). F. F. Mayer verwendet den Ausdruck regelmäßig, vgl. nur Verwaltungs-Recht, S. 291, 300.

[18] Grundsätze, S. 7. Ebd. S. 6 Fn. 1 stuft F. F. Mayer die Verfassung ausdrücklich „als Quelle ... auch des Verwaltungsrechts“ ein.

[19] Vgl. ebd. S. 8 f.

[20] Strafrechts, S. 7. Ähnlich Grundsätze, S. 9: „förmliche(r) Ausspruch der Verwaltungsbehörde“. — Die Durchsetzung der verbindlichen Aufforderung ergibt eine neue Stufe. Das kann aus der ausnahmsweisen Einräumung des sofortigen Vollzugs einer Verfügung ersehen werden (vgl. Verwaltungs-Recht, S. 480).

Besonders bemerkenswert an dem Werk F. F Mayers ist, daß er auch im Rahmen bloß gewährender Verwaltung rechtliche Bindungen vorsieht. So habe beispielsweise die Benutzung einer öffentlichen Anstalt, die er als Einrichtung leistender Staatstätigkeit begreift[22], nach dem Grundsatz der Gleichheit zu erfolgen.[23] F. F. Mayer kennt eine Art Selbstbindung der Verwaltung über die Pflicht zur rechtlichen Gleichbehandlung von Einzelfällen[24] und eine ebensolche durch Verwaltungsvorschriften[25].

F. F. Mayer hat auch über die von ihm befolgte Methode näheren Aufschluß gegeben. Ihr Ergebnis sollen „klare und parate Begriffe ... über die Machtbefugnisse der Verwaltung gegenüber den Rechten und Interessen der Einzelnen“ sein, „um Mißgriffe zu vermeiden“.[26] Die Erreichung dieses rechtsstaatlichen Ziels setzt voraus, im Wege wissenschaftlicher Behandlung des Verwaltungsrechts die leitenden Grundsätze festzustellen.[27] Not tut die „Zurückführung des Einzelnen auf das Allgemeine, ... die Anweisung der Stelle, die jedes einzelne Institut im öffentlichen Rechtsleben einnimmt“, und das Aufzeigen des Zusammenhangs des Rechtsinstituts mit den anderen.[28] Die damit gestellte Aufgabe kann gelöst werden durch Vergleichung des Rechts der verschiedenen deutschen Länder[29], wodurch dann unter „Beiseitelassung des in den verschiedenen Partikulargesetzgebungen verschieden gestalteten äußeren Details ... eine allgemeine, auf die leitenden Grundsätze ... hinweisende Darlegung“ der „öffentlich-rechtliche(n) Verhältnisse“ möglich ist[30].

Allgemeine Prinzipien sollen nach F. F. Mayer — damit auch insoweit in Parallele zu Otto Mayer — auch durch eine Vergleichung der deutschen mit der französischen Rechtsbildung gewonnen werden.[31] Selbst

---

[21] Zu den rechtsstaatlichen Komponenten des Verwaltungsaktbegriffs siehe oben S. 71, 77.

[22] Vgl. Verwaltungs-Recht, S. 285, 300.

[23] Ebd. S. 300 f. Zur gleichmäßigen Behandlung von Fällen siehe auch Grundsätze, S. 455.

[24] Verwaltungs-Recht, S. 462.

[25] Ebd. S. 470.

[26] Vgl. Grundzüge, S. VI.

[27] Vgl. Grundsätze, S. III ff.

[28] Ebd. S. V. Man beachte den beziehungsreichen Titel des Buches: „Grundsätze des Verwaltungs-Rechts mit besonderer Rücksicht auf gemeinsames [!] deutsches Recht sowie auf neuere Gesetzgebung und bemerkenswerthe scheidungen der obersten Behörden zunächst [!] der Königreiche Preußen, Bayern und Württemberg“.

[29] Vgl. ebd. S. 49.

[30] Grundzüge, S. III.

[31] Grundsätze, S. V. Vgl. auch Grundzüge S. V; dort findet sich auch die der

die zur Rechtfertigung dieser Vorgehensweise gebotene Begründung gleicht der Otto Mayers. Es bestehe nämlich, so F. F. Mayer, „für alle nicht in der Entwicklung zurückgebliebene(n) oder auf fremdartigen Grundlagen beruhenden Staaten eine Gemeinschaft von Einrichtungen und Rechtssätzen, wenigstens von allgemeinen Grundgedanken der im Einzelnen verschiedenen entwickelten Rechtsinstitute“[32]. Was diese Gemeinsamkeit angehe, komme von den außerdeutschen Ländern „vermöge seiner Klarheit und Angemessenheit für die moderne Staatsentwicklung, wie insbesondere durch seine wissenschaftliche Ausbildung das französische Verwaltungsrecht vorzüglich in Betracht“.[33]

Letztlich[34] ähnelt F. F. Mayers Verwaltungsrecht auch hinsichtlich der Bestimmung des Begriffs des öffentlichen Rechts dem Otto Mayers. Nach F. F. Mayer beruht das öffentliche Recht ebenfalls auf der „Unterordnung des Einzelnen ... unter die Staatsgewalt“[35], womit das Recht des Staates im Verwaltungsrecht „ein höheres, das Einzelnrecht ... bestimmendes“ ist, der Staat „handelt vi potestas über die Einzelnen“[36]. Otto Mayer hat diese Beschreibung mit seiner Formel vom „Staat... als solche(m)“ gleichgesetzt[37].

F. F. Mayer war in seiner Zeit eine singuläre Erscheinung. Er konzentrierte sich auf die rechtliche Erfassung der Verwaltungsebene, als auf der Tagesordnung der Theorie noch vorwiegend das Verfassungsrecht stand[38], das Verwaltungshandeln entweder ausgespart wurde oder doch unterbelichtet blieb. Die Vernachlässigung des Verwaltungsrechts hörte erst Anfang der siebziger Jahre auf, als gleichzeitig die Verfassungsbewegung verebbte.[39] Obwohl keine Rede davon sein kann, daß das Werk F. F. Mayers, wie Dennewitz meint[40], bald nach seinem Erscheinen vergessen gewesen wäre,[41] blieben die nachfolgenden Darstellungen des

---

OMs entsprechende Beurteilung, daß eine „systematische Ordnung“ mehr deutscher Art sei.

[32] Grundsätze, S. 49.

[33] Ebd. Fn. 5.

[34] Es ist hier nicht der Ort, das Gesamtwerk F. F. Mayers, insbesondere die Herausschälung zahlreicher Rechtsinstitute im Verwaltungsrecht umfassend und ins Einzelne gehend zu würdigen.

[35] Grundsätze, S. 7.

[36] Ebd. S. 15 Fn. 1.

[37] Lehre (Nr. 11), S. 31.

[38] Vgl. Gumplowicz, Rezension Grais u. a., Grünhuts ZS 14 (1887), S. 478, der als entsprechende Zeitspanne circa 1830—1870 angibt.

[39] Vgl. Gumplowicz, ebd., der, S. 479, etwas drastisch von einer Ernüchterung von der „‚Verfassungsduselei‘“ spricht.

[40] Systeme, S. 73 f.

[41] Praktisch alle einigermaßen bedeutenden Arbeiten zum Verwaltungsrecht erwähnen F. F. Mayer: Roesler, Verwaltungsrecht (1872/73) mehr als

Verwaltungsrechts doch in Bezug auf die juristische Ziselierung des Stoffs zum größten Teil beträchtlich hinter F. F. Mayer zurück. Minderer Qualität sind diese vor allem im Hinblick auf die tatsächliche Ausführung der verkündeten Programme für eine gediegene Verwaltungsrechtswissenschaft. Die Programme selbst nähern sich im Laufe der Zeit zunehmend dem F. F. Mayers. So konnte Otto Mayer am Ende einen geeigneten Resonanzboden für seine Verwaltungsrechtstheorie vorfinden.

II. Eigenständigkeit des Verwaltungsrechts

1844[42] rief der Inhaber des neugegründeten Lehrstuhls für Verwaltungsrecht an der Universität Tübingen[43], des ersten an einer deutschen Hochschule überhaupt[44], Hoffmann[44a], dazu auf, der fehlenden wissenschaftlichen Begrenzung der Verwaltungsrechtswissenschaft ein Ende zu bereiten,[45] da das Verwaltungsrecht als eine „in sich abgeschlossene Wissenschaft" zu gleicher wissenschaftlicher Geltung wie andere Teile der Rechtswissenschaft berechtigt sei[46]. Er tat es bemerkenswerterweise mit einer Begründung, die im wesentlichen der Gerbers gleicht, mit der dieser für die Eigenständigkeit des Verwaltungsrechts plädierte. Die bislang gängige Verwischung der Grenzen des Verwaltungsrechts sei „der wissenschaftlichen Bedeutung des Verwaltungsrechts notwendig nachteilig, da eine Hauptforderung der Wissenschaft..., die Einheit im Ganzen und in den einzelnen Teilen, hierdurch verletzt" werde.[47] Gerber schrieb rund zwanzig Jahre später: „Systematische Zusammenfassungen

ein dutzendmal; Leuthold, Verwaltungsrecht (1878), u. a. S. 11, 14, 20 f., 75; ders., Interesse (1884), S. 357, 359, 362; Loening, Lehrbuch (1884), S. 24 f.; Sarwey, Verwaltungsrecht, S. 53 Fn.; Stengel, Lehrbuch (1886), S. 31, 49, 64; Bernatzik, Rechtskraft (1886), u. a. S. 20 f.; Tezner, Ermessen (1888), S. 117 f. unter ausdrücklicher Berufung auf F. F. Mayer hinsichtlich der Ermessensgrenzen der Verwaltung; Bornhak, Staatsrecht (1890), S. 119; Grotefend, Organisation (1890), S. 64. — Zwar ist der Hinweis bei Dennewitz, Systeme, S. 74 richtig, daß das Werk F. F. Mayers nicht wieder aufgelegt wurde, doch inserierte der Verlag noch 1906 (!) das Hauptwerk, die „Grundsätze" (siehe die Anzeige des Verlags J. C. B. Mohr in Fleiner, Umbildung), so daß es also mindestens ein halbes Jahrhundert im Buchhandel erhältlich gewesen sein dürfte.

[42] In diesem einen Fall wird eine Veröffentlichung, die vor denen F. F. Mayers liegt, herangezogen, da gerade auf diese in der zweiten Hälfte des 19. Jahrhunderts immer wieder zurückgegriffen wurde.

[43] Hoffmann, Begriff, S. 218 Fn. 2.

[44] Stengel, Begriff, S. 219.

[44a] Zu Karl Heinrich Ludwig Hoffmann (1807—1881) siehe ADB (Nachtrag) Bd. 50, S. 416 f.

[45] Vgl. Hoffmann, Begriff, S. 190.

[46] Ebd. S. 216.

[47] Ebd. S. 205.

und Sonderungen sind das Produkt der Bewegung und Entwicklung im Leben der Wissenschaft. Je niederer der Stand einer Wissenschaft beschaffen, je weniger das eigentümliche innere Leben ihrer Teile erkannt ist, desto geringere Bedenken werden der Verbindung völlig verschiedenartiger Stoffe entgegen stehen ..."[48] Daß Gerber damit die Ausscheidung des Verwaltungsrechts aus dem Staatsrecht bezweckte, weil er glaubte, eine „Zweigwissenschaft des Rechts" könne der Wissenschaft des Privatrechts nicht ebenbürtig werden[49], ist zweitrangig gegenüber dem Tatbestand, daß bereits Hoffmann das Verwaltungsrecht als ein systematisches Ganzes begriffen hat[50].

Pözls „Lehrbuch des Bayerischen Verwaltungsrechts", erschienen 1856, ist die erste selbständige Darstellung des Verwaltungsrechts überhaupt. Pözl spricht darin von der „Neuheit der Disziplin" Verwaltungsrecht[51]. Erst 1872/73 erscheint dann — von den Werken F. F. Mayers abgesehen — das nächste „Verwaltungsrecht", das dem Anspruch nach ein Lehrbuch nur des Verwaltungsrechtes sein will, Roeslers „Lehrbuch des Deutschen Verwaltungsrechtes". Roesler betont die Eigenständigkeit des Verwaltungsrechts gegenüber Staatsrecht und Privatrecht[52] und will das Verwaltungsrecht endlich zu einer „ebenbürtigen Rechtsdisziplin" gemacht sehen[53]. Rasch macht sich die Überzeugung breit, das Verwaltungsrecht sei eine Wissenschaft mit großer Zukunft.[54] Der Zwang zur Rechtfertigung schwindet, 1882 kann Stengel schon sagen, es sei „gegenwärtig nicht mehr notwendig, die Berechtigung einer selbständigen wissenschaftlichen Behandlung" des Verwaltungsrechts darzulegen[55]. Es hat sich die Einsicht Bahn gebrochen, daß — wie es Rönne formuliert hat[56] — das Verwaltungsrecht „für die Verwirklichung der Zwecke des konstitutionellen Staates von ebenso großer Bedeutung (ist) als die Verfassung selbst".

---

[48] Grundzüge, S. 236.

[49] Ebd. S. 230.

[50] Begriff, S. 199: „Begriff des Verwaltungsrechtes als einem systematischen Ganzen".

[51] Lehrbuch, S. 4. Franz Mayer, Freiheitspostulat, S. 159 meint, für Pözl sei das Verwaltungsrecht „die im Kommen begriffene Disziplin" gewesen. Zu Pözl siehe auch Scheuner, Entwicklung, S. 243 Fn. 70.

[52] Lehrbuch, S. IX.

[53] Ebd. S. VI.

[54] Vgl. etwa Schulze, Rezension Meyer, Jenaer Literaturzeitung 2 (1875), S. 734: Verwaltungsrecht „jüngstes und zukunftsreichstes Kind der Staatswissenschaft".

[55] Begriff, S. 220. Kirchenheim, Verwaltungsrechtspraktikum (1883), S. V begnügt sich bereits mit der lapidaren Feststellung, das Verwaltungsrecht als jüngste Zelle der Wissenschaft bedürfe noch sehr der Durchbildung.

[56] Staatsrecht, S. 4.

III. Geforderte Trennung vom Unjuristischen

Die Ausbildung des Verwaltungsrechts zu einer selbständigen Disziplin des *Rechts* verlangte konsequenterweise, es nicht nur gegenüber den anderen Rechtsbereichen abzugrenzen, sondern auch und vor allem Schluß zu machen mit der verbreiteten Vermengung juristischer Ausführungen mit politischen, philosophischen und wirtschaftlichen Erwägungen. Auch hier handelt es sich in erster Linie um eine Tendenz, die zudem unter dem Einfluß Lorenz von Steins[56a] eine vorübergehende Abschwächung erfahren hat. Wir haben es mit einer Phase des Übergangs zu tun, in der auf eine Methodenreinheit nur zugesteuert wird.

Einer ausgeprägten Wertschätzung erfreut sich die juristische Betrachtungsweise bei Pözl. Angesichts der in Pözls Verwaltungsrechtslehrbuch (1856) erstaunlich durchgehaltenen Beschränkung auf die Verarbeitung des positiven Rechtsstoffes[57] kann Franz Mayer mit Recht von Pözl sagen[58], dieser leite die „streng kritische" Schule des öffentlichen Rechts ein.

Selbst Roesler meint in seinem „Verwaltungsrecht" (1872/73), den Inhalt des Verwaltungsrechtes könnten „nur Rechtsgrundsätze und Rechtssätze bilden", man dürfe ihn nicht in „bloßen Erwägungen der Zweckdienlichkeit" finden[59].

Gierke will zwar Verwaltungsrecht und Verwaltungslehre im Rahmen des Universitätsunterrichts nicht sondern, meint aber dennoch, es handle sich „im Grunde um zwei Disziplinen"[59a].

Leuthold[60], dessen Verwaltungsrechtslehrbuch (1878) gegenüber dem Roeslers erhebliche Fortschritte in der juristischen Umsetzung des Geforderten zeigt,[61] faßt das Verwaltungsrecht als ein „System von rechtlichen Beziehungen" auf[62]. Er will das Verwaltungsrecht, „welches als

---

[56a] Bei Stein wird das Verwaltungsrecht gar der Verwaltungslehre einverleibt, siehe z. B. Handbuch, S. 10.

[57] Pözl verdrängt Nützlichkeitserwägungen, ohne dieses Vorgehen eingehend zu begründen. In Lehrbuch, S. 394 äußert er kurz, die Grundsätze, nach welchen Steuern geändert oder neu eingeführt werden sollten, gehörten nicht in das Verwaltungsrecht, sondern (ebd. Fn. 4) zur Nationalökonomie.

[58] Artikel: Verwaltungsrecht, S. 246.

[59] Lehrbuch, S. 13.

[59a] Studienordnung, S. 24 f.

[60] Einige biographische Notizen enthält der Nachruf auf Karl Edwin Leuthold, Centralblatt für Rechtswissenschaft 10 (1891), S. 364.

[61] Leuthold wird von Dennewitz, Systeme, S. 104 f., was den juristischen Gehalt seines Lehrbuchs und seines sonstigen Werkes anbelangt, unterbewertet.

[62] Verwaltungsrecht, S. 78.

Teil der Rechtswissenschaft lediglich [!] die eigentümliche rechtliche Seite der öffentlichen Verwaltung wissenschaftlich untersucht und vorführt, indem es die auf die Ausübung der öffentlichen Gewalt bezüglichen Rechtssätze zur Darstellung bringt", von Verwaltungskunde und Verwaltungslehre (Verwaltungspolitik) unterschieden wissen[63]. Demgemäß übt er Kritik an Einteilungen, die nicht auf rechtswissenschaftlichen Gesichtspunkten beruhen[64] und sondert etwa seiner Auffassung nach der Verwaltungslehre angehörende Materien selbst aus[65].

In den achtziger Jahren sind sich die Autoren der erheblich zahlreicher werdenden verwaltungsrechtlichen Werke über die einzuschlagende Richtung im Grundsatz einig. Den Anfang macht Otto von Sarwey mit der Monographie „Das öffentliche Recht und die Verwaltungsrechtspflege". Darin heißt es u. a., die „Vermischung des Rechtsbegriffs mit dem Sittlichkeitsbegriff" erzeuge eine „unrichtige Vorstellung von dem Wesen des Rechts"[66]. In seinem Verwaltungsrechtslehrbuch (1884) unterstreicht Sarwey dann auch den prinzipiellen Unterschied zwischen Verwaltungsrecht und Verwaltungslehre[67]. Schulze hat von Sarweys „Verwaltungsrechtspflege" gesagt, Sarwey komme damit das Verdienst zu, „das gesamte Gebiet der Verwaltungsrechtspflege zum ersten Mal streng juristisch" dargestellt zu haben[68]. An gleicher Stelle, im „Lehrbuch des deutschen Staatsrechts" (1881), das einen Abschnitt „Verwaltungsrecht" enthält[69], ordnet Schulze selbst dem Bereich des Verwaltungsrechts nur die „Rechtsregeln, welche die Staatsverwaltung normieren", zu und überweist alle Zweckmäßigkeitserwägungen der Verwaltungslehre[70].

Georg Meyer stellt 1883 seinem Verwaltungsrechtslehrbuch voran, es solle „Verwaltungs*recht*, nicht Verwaltungs*politik* enthalten". Es erscheine ihm notwendig, „die juristische Methode streng zu bewahren, sich ... nicht durch politische Erwägungen, sondern durch Rechtsbegriffe und Rechtsgrundsätze leiten zu lassen".[71] Loening begreift in seinem Verwaltungsrechtslehrbuch das Verwaltungsrecht als einen Inbegriff von Rechtssätzen,[72] und Stengel vertritt in seinem die Auffassung, im Verwaltungsrecht sollten „ähnlich wie dies in den Lehrbüchern

[63] Ebd. S. 4 f.

[64] Ebd. S. 4.

[65] Ebd. S. 11 Anm. 9.

[66] Verwaltungsrechtspflege, S. 11.

[67] Verwaltungsrecht, S. 50 f.

[68] Lehrbuch, S. 634 Fn.

[69] S. 572 ff.

[70] S. 572.

[71] Lehrbuch, S. V.

[72] Lehrbuch, S. 4.

des deutschen Privatrechts" geschehe, „die Rechtsgrundsätze, welche in den verschiedenen deutschen Verwaltungseinrichtungen entwickelt sind, dargelegt werden"[73]. Stengel hatte das zuvor auch so formuliert: In „das Gebiet der Wissenschaft des Verwaltungsrechts" gehöre „nur die Darstellung der *rechtlichen* Grundsätze ..., alles sog. technische Detail, soweit es nicht rechtliche Bedeutung hat, mag in einer Verwaltungslehre oder Polizeiwissenschaft berücksichtigt werden, in einer Rechtsdisziplin kann dasselbe keinen Platz finden".[74]

Wenn Gumplowicz in Bezug auf diese Lehrbücher von Meyer, Loening und Stengel dennoch — nicht ganz unberechtigt — zu dem Urteil gelangen konnte, „mit der ‚Wissenschaftlichkeit' dieses ‚Verwaltungsrechts'" sei es „nicht am besten bestellt", man böte „meistens Verwaltungslehre, aber blutwenig Rechtswissenschaft"[75], so drückt sich darin nicht nur die zunehmende Empfindlichkeit hinsichtlich des Auseinanderklaffens von Anspruch und Wirklichkeit der juristischen Bearbeitung aus. Bei aller verstärkten Akzentuierung des rein Juristischen soll nämlich teilweise das Nichtjuristische nicht verbannt, sondern lediglich als minderwertig an den Rand gedrängt werden. So meint Stengel, in der Disziplin des Verwaltungsrechts könnten „die sozialen, wirtschaftlichen usw. Gesichtspunkte erst in zweiter Linie neben den rechtlichen Konstruktionen zur Geltung kommen"[76].

Erst mit einem weiteren Schritt werden alle Zweckmäßigkeitserwägungen restlos ausgeschieden. Der Zweck[77] wird als außerhalb der Rechtswissenschaft liegend angesehen.[78] Seydel meint: „Mit welchen Mitteln die Landwirtschaft am besten zu fördern, wie Schulpläne am zweckmäßigsten zu gestalten seien, darüber darf man das Recht nicht befragen."[79]

IV. Entwicklung der Begrifflichkeit

Mit der Herauslösung des Verwaltungsrechtes aus anderen Disziplinen der Wissenschaft geht die sukzessive Ersetzung von mehr oder weniger juristisch präzisen Beschreibungen durch Begriffe und Definitionen einher. Dieser Wandel beruht auf der Erkenntnis, daß der durch

---

[73] Lehrbuch, S. 23. Insoweit folgerichtig kritisiert Stengel, ebd. S. 65 Roeslers „Mischmasch privat-rechtlicher, öffentlich-rechtlicher und national-ökonomischer Sätze".

[74] Begriff, S. 231.

[75] Rezension Grais u. a., Grünhuts ZS 14 (1887), S. 481.

[76] Lehrbuch, S. 21 Fn. 1.

[77] Und zwar die konkreten Zwecke, nicht der öffentliche Zweck als solcher, der bei OM u. a. den Anstaltsbegriff prägt.

[78] Vgl. Seydel, Staatsrecht, S. 3.

[79] Ebd. S. 2.

feste Begriffe zu erreichenden Bestimmtheit des Verwaltungsrechts rechtsstaatliche Relevanz, vor allem im Hinblick auf eine gerichtliche Überprüfbarkeit, zukommt.[80] Wenn die Anwendung des Rechts nach der Einstufung von Sarwey sogar „ein logischer Prozeß“ sein soll[81], dann ist die „Behandlung der Materie unter dem vorherrschenden Gesichtspunkte der folgerichtigen Begriffsentwicklung“[82] die unerläßliche Voraussetzung dazu.

Bedeutsame Ansätze zu einer verwaltungsrechtlichen Begriffsbildung finden sich bereits im Werk Pözls. Piloty rühmt die „Schärfe der Distinktion und der Begriffsbildung“ bei Pözl und führt sie auf die „damals herrschende treffliche Schule des Zivilrechts“ zurück[83].

Hingegen haben die Schriften Lorenz von Steins wenig Förderliches gebracht.[84] Eine Ausnahme ist allenfalls zu machen, was die auf Stein zurückgehende Unterscheidung von Gesetz und Verordnung angeht. Stein rühmt sich dieser in seinem „Handbuch der Verwaltungslehre“: „Literarische Eitelkeit verleitet mich ... zu bemerken, daß Begriff und Unterschied von Gesetz und Verordnung nebst allen so tief greifenden Konsequenzen *vor* meiner ‚Vollziehenden Gewalt‘ (1. Aufl. 1859) nicht existieren.“[85] Richtig ist, daß in dieser begrifflichen Scheidung, die Stein in Parallele zum Verständnis von Wille und Tat durchführt[86], ein gewisser Fortschritt liegt.[87] Es darf dabei aber nicht außer acht gelassen werden, daß Stein das Verhältnis von Gesetz und Verordnung noch nicht im modernen Sinne versteht, insbesondere Verordnungen auch gesetzesvertretend möglich sein sollten.[88]

Von den Begriffen und Instituten des Verwaltungsrechts, die vor allem seit Anfang der achtziger Jahre verstärkt in den Lehrbüchern des Verwaltungsrechts ausgebildet werden, sei hier der Entwicklungsgang des Begriffs des Verwaltungsaktes herausgegriffen[89] und verfolgt. Nachdem zunächst der Ausdruck „Verwaltungsakt“ meist untechnisch verwendet worden war[90], man ihn teilweise allerdings auch schon zur

---

80 Siehe hierzu Sarwey, Verwaltungsrechtspflege, S. 5.

81 Ebd. S. 11 f.

82 Ebd. S. 7.

83 Jahrhundert, S. 259.

84 So auch Forsthoff, Lehrbuch, S. 46.

85 Handbuch, S. XVIII.

86 Vgl. Stein, Gegenwart, S. 295.

87 Das berechtigt noch nicht, Stein als Begründer der deutschen Verwaltungsrechtswissenschaft zu feiern, wie Wacke, Stein, S. 267 dies tut.

88 Vgl. Klein, Rechtsqualität, S. 163 f.

89 Eine Geschichte der einzelnen Begriffe und Institute kann hier nicht ausgebreitet werden.

Kennzeichnung konkret-individueller Verwaltungshandlungen herangezogen hatte[91], versucht erstmals[92] Georg Meyer 1883 in seinem Verwaltungsrechtslehrbuch eine Klassifikation. Nachdem er vorausgeschickt hat, sein Ziel sei „die präzise Formulierung der verwaltungsrechtlichen Begriffe, Erforschung und Feststellung des rechtlichen Charakters der Verwaltungsacte"[93], unterteilt er die Verwaltungsakte in solche, die „sich innerhalb des Organismus der Verwaltung bewegen" und solche, „durch welche die Verwaltung zu anderen Rechtssubjekten in Beziehung tritt"[94]. Letztere untergliedern sich in völkerrechtliche, privatrechtliche (!) und staatsrechtliche Verwaltungsakte.[95] Die staatsrechtlichen, das sind die sog. „obrigkeitlichen" Verwaltungsakte, werden schließlich u. a. in Befehle, das sind Gebote oder Verbote, aufgespalten, letztere können die Gestalt von Verordnungen oder von Verfügungen haben.[96] Damit hat Meyer nun zwar als erster Untergruppen gebildet[97], über deren rechtlichen Unterschied schweigt er sich allerdings aus. Otto Mayer hat darüber das bündige Urteil gesprochen: Die ganze Einteilung „leitet nichts ein und erläutert nichts"[98].

Immerhin wird die Untergliederung Meyers zum Ausgangspunkt für die nachfolgende Literatur, insbesondere für Loening, Kirchenheim und Stengel. Im Gegensatz zu Loening, bei dem dies unklar bleibt[99], geht Kirchenheim in der „Einführung in das Verwaltungsrecht" (1885) dazu über, zunächst zwischen Handlungen „rein technischer Natur" und „juristisch bedeutsamen Akte(n)", den „Rechtsakte(n) der Verwaltung" zu differenzieren[100]. Stengel schließt sich ihm in seinem Verwaltungs-

[90] Etwa von Stein, Verwaltungslehre, 1. T., S. 48 f.; Roesler, Verwaltungsrecht, S. 39.

[91] Vgl. etwa Meier, Verwaltungsrecht, S. 1084; so wohl auch schon Bluntschli, Artikel: Verwaltung; 1894 noch Küchler, Verwaltungsrecht, S. 2 Fn. 1.

[92] Abgesehen von F. F. Mayer, siehe oben S. 127, 128.

[93] Lehrbuch, S. V. Das hat Zeller, Handbuch (1885), S. III beinahe wörtlich übernommen: „Präzise Formulierung der verwaltungsrechtlichen Begriffe, Erforschung und Feststellung des öffentlich-rechtlichen Charakters der Verwaltungsacte ..."

[94] Meyer, Lehrbuch, S. 23.

[95] Ebd. S. 25.

[96] Ebd. S. 27.

[97] Diese Leistung Meyers hebt Jellinek, Rezension Meyer, Grünhuts ZS 22 (1895), S. 534 hervor.

[98] Rezension Meyer, AöR 11 (1896), S. 160.

[99] Lehrbuch, S. 226 zählt er zwar Willenserklärungen, die nicht Rechtsnormen enthalten, sondern konkrete Verhältnisse nach Maßgabe von Rechtsnormen ordnen, zu den Verwaltungsakten. Offen bleibt jedoch, was sonst noch dazu gehört.

[100] Einführung, S. 75. Kirchenheim schichtet die Rechtsakte der Verwaltung zusätzlich von der „eigentliche(n) Vollziehung" ab (ebd. S. X). Im übrigen lehnt sich seine Gliederung der Verwaltungsakte weitgehend an Georg Meyer an (vgl. ebd. S. 75).

rechtslehrbuch (1886) im wesentlichen an, berücksichtigt aber — über Meyer hinausgehend — erstmals auch terminologisch den Unterschied zwischen Innen- und Außenverhältnis.[101] Damit ist die grundlegende Unterscheidung vorgenommen, das, was rechtsstaatlich relevant ist, isoliert. Aus den Rechtsakten der Verwaltung hat Sarwey wiederum die „für die rechtswissenschaftlichen Untersuchungen wichtigste Form der Einwirkung [!] auf den Willen des andern", „die des rechtlich verpflichtenden Befehls"[102] herausgeschält. Sarweys Formulierung erinnert an F. F. Mayer[103] und damit mittelbar an die Verwaltungsaktdefinition von Otto Mayer.

Bernatziks[104] Habilitationsschrift „Rechtsprechung und materielle Rechtskraft" (1886) verdanken wir eine weitere rechtlich bedeutsame Strukturierung des Verwaltungshandelns. Bernatzik hat darin den Rechtsbegriff der „Entscheidung" als der Anwendung einer abstrakten Rechtsnorm geprägt und ihn insbesondere von der „Verfügung", der das freie Ermessen eigentümlich sein soll, abgesetzt[105].

V. Juristische Systematisierung

Der Drang, Mannigfaltigkeit überschaubar, geistig beherrschbar zu machen, ist älter als der hier in Rede stehende Zeitraum zurückliegt.[106] Die Linien zurück zu Kant, Christian Wolff, Leibniz und darüber hinaus können hier nicht verfolgt werden. Hier geht es nur darum, inwieweit die aufgezeigte Tendenz zur Begriffsbildung von einer zur rechtlichen Systematisierung begleitet war.

Es ist wiederum Pözl, der hier neben F. F. Mayer[107] als Wegbereiter auftritt. Er wendet sich dagegen, die „Masse von Geschäften" der Ver-

---

[101] Lehrbuch, S. 172 f. Die Unterteilung ist bei Stengel übersichtlicher und näher am modernen Verständnis: Rechtsakte sind Verordnungen, Verfügungen und Verträge, die beiden letzten regeln Einzelfälle, die — allgemeinen — Verordnungen unterfallen in die Behörden bindende Verwaltungsverordnungen und die sich an die Untertanen richtenden Rechtsverordnungen.

[102] Verwaltungsrecht, S. 7.

[103] Siehe oben S. 128.

[104] Zum Leben Bernatziks siehe den Nachruf in ZSfÖR 1 (1918/19), S. VII ff. sowie den Artikel zu Bernatzik im Österreichischen Biographischen Lexikon 1815—1950, Bd. 1, S. 75 f., dort auch weitere Hinweise.

[105] Vgl. Rechtskraft, S. 7 ff., 10 Fn. 12. OM berichtet, in diesem Sinne seien die Begriffe „ziemlich allgemein" in die Terminologie der Verwaltungsrechtswissenschaft eingegangen (OM, Rechtskraft — Nr. 47 —, S. 42 und Recht — Nr. 51 —, S. 5).

[106] Zur Tradition des Suchens nach einem System und nach einem Allgemeinen Teil siehe Hatschek, Begriffsbildung, S. 38 f.; Schmitt, Systembildung, S. 8; Coing, Savigny, S. 2020; Krawietz, Begriffsjurisprudenz, S. 436 sowie die außerordentlich materialreiche Untersuchung von Stephanitz, Wissenschaft, besonders S. 84 ff., 103, 111.

waltung „ohne Gruppierung nach leitenden Gesichtspunkten bloß mechanisch aneinanderzureih(en)“[108]. Richtigerweise müsse man sich die Staatsverwaltung „als ein System denk(en), dessen einzelne Sätze von gewissen allgemeinen, das Ganze beherrschenden Prinzipien abgeleitet sind“.[109] Nur so sei — und das ist ein interessanter Hinweis auf das dahinter stehende Motiv — eine Lückenergänzung möglich.[110]

Mohl[111] äußert sich in seinen um diese Zeit erschienenen Schriften im gleichen Sinne. „Ein wirklich gutes Werk über Verwaltungsrecht“ bestehe „keineswegs nur (aus) eine(r) mechanisch zusammengetragenen Menge eines gewissen Stoffes“.[112] Ein „wissenschaftlich und namentlich ein juristisch zulässiges und löbliches Verfahren“ sei es demgegenüber, aus Rechtssätzen und Rechtseinrichtungen verschiedener Länder denselben zugrunde liegenden Gedanken aufzufinden und in seiner Allgemeinheit darzustellen.[113]

Unter dem Einfluß der „staatswissenschaftlichen Methode“ bleibt es zwar dabei, daß die Autoren systematische Werke liefern wollen, doch meinen sie zunächst selbstverständlich ein „staatswissenschaftliches“ und nicht ein juristisches System.[114] In dem Maße aber, in dem die Verfasser nach ihren Absichtserklärungen juristische Bearbeitungen bieten wollen, Rechtsbegriffe zu bilden beginnen, treten sie auch für eine *juristische* Systembildung ein. Eine solche verträgt sich auch bis zu einem gewissen Grade mit der staatswissenschaftlichen Methode, der ja — wenn auch partiell mit Abstrichen[115] — bis zu Otto Mayer alle Verfasser verwaltungsrechtlicher Lehrbücher anhingen. Es ist sowohl möglich, *neben* der Anordnung des Rechtsstoffes nach dem staatswissenschaftlichen System einen Allgemeinen Teil des Verwaltungsrechts zu schaffen, als auch *innerhalb* der nach dieser Methode unterschiedenen Einzelkomplexe eine Systematisierung nach juristischen Kriterien vorzunehmen.

---

107 Siehe diesbezüglich zu F. F. Mayer oben S. 127, 129.

108 Lehrbuch (1856), S. 153 Fn. 1.

109 Ebd. S. I, vgl. auch S. 163 Fn. 1. In Grundriß (1866), S. 2 heißt es, die innerhalb der Polizeiwissenschaft existierenden Rechtsgrundsätze ergäben, in ein System gebracht, das Polizeirecht.

110 Lehrbuch, S. I.

111 Zu Mohl neuerdings Scheuner, Verantwortung; Stolleis, Artikel: Mohl, HRG III, Sp. 617 ff.

112 Geschichte (1858), S. 194.

113 Bemerkungen (1864), S. 374.

114 Gerstner, Grundlehren (1862), S. XI f. wollte gar noch vor Stein die dem Gebiet der Verwaltung angehörenden Wissenschaften (!) zu einem „einheitlichen systematischen Ganzen“ zusammenbinden.

115 Das gilt besonders für F. F. Mayer und daneben für Sarwey.

Im Sinne einer juristischen Systematisierung äußert sich selbst Roesler, obwohl ihm die Ausführung mangelhafter als den späteren Autoren gerät, insbesondere rechtliche Überlegungen reichlich mit sonstigen aller Art durchmischt sind. Das Verwaltungsrecht, so Roesler, könne „in seiner wissenschaftlichen Tiefe und Reinheit" nur einheitlich erfaßt und in Rechtssätzen und Rechtsinstituten niedergelegt werden „mit Hilfe eines Systems, in welchem alle einzelnen Teile ihren sicheren ... Platz finden und zu geistiger ... Einheit sich zusammenfügen"[116]. In dem zeitlich darauffolgenden Werk von Leuthold (1878) hält dieser eine „systematisch-juristische Bearbeitung" für angezeigt[117].

Der Zeitraum zwischen 1880 und 1886, also bis zum Erscheinen von Otto Mayers „Theorie des französischen Verwaltungsrechts", ist für die Ausleuchtung des Hintergrundes, vor dem Mayers „Deutsches Verwaltungsrecht" entstanden ist, von erhöhter Bedeutung. Schließlich ist von 1887 bis 1895 im Reich kein Lehrbuch des Verwaltungsrechtes mehr geschrieben worden, sieht man von den juristisch weniger wichtigen Darstellungen partikularen Verwaltungsrechts dieser Zeit ab, bei denen das Verwaltungsrecht meist auch noch mit dem Verfassungsrecht des betreffenden Staates zusammengekoppelt war. Bekundungen zum Thema aus dem entscheidenden Zeitraum werden daher ausführlich wiedergegeben.

Kirchenheim geht in der „Einführung" (1885) davon aus, daß man „unerschöpflichen Stoff" vor sich habe, ein „Chaos". Angesichts dieser Lage komme es darauf an, „in diesen Massen ... die leitenden Grundsätze zu erforschen und das Mannigfache ... zur Einheit zu ordnen".[118] Dies habe dadurch zu geschehen, daß, wenn „das ungeheure Rohmaterial gehäuft und gesichtet" sei, „Sinn und Bedeutung der Rechtsquellen erforscht und aus ihrem Inhalte Folgerungen gezogen werden". Dann werde man „in den gegebenen oder gefundenen Sätzen die zu Grunde liegenden höheren Gedanken erkennen und diese ihrem inneren Zusammenhang nach zu einem System verbinden" können. Auf diese Weise werde sich das, „was bei flüchtigem Zusehen als unendliche Masse" erscheine, „kunstgerecht zu schönem Baue ordnen". Wie das Privatrecht „sein höchstes Ideal ... in inhaltsreicher und formvollendeter Konstruktion" erblicke, so werde auch die Verwaltungsrechtswissenschaft „die dogmatische Konstruktion der verwaltungsrechtlichen Verhältnisse" durchzuführen haben.[119]

---

[116] Lehrbuch (1872), S. X f.

[117] Verwaltungsrecht, S. V.

[118] S. 12.

[119] Alles S. 27.

Ebenfalls als nachahmenswert empfindet Stengel in seinem Verwaltungsrechtslehrbuch (1886) das Beispiel des Privatrechts: „Aufgabe der Wissenschaft des Verwaltungsrechts ist es ..., den juristischen Inhalt der Verwaltungstätigkeit festzustellen, die verwaltungsrechtlichen Begriffe möglichst bestimmt auszuprägen und die Rechtsverhältnisse und Rechtsinstitute des Verwaltungsrechts ebenso genau zu untersuchen und zu konstruieren, wie dies bereits auf dem Gebiete des Privatrechts geschehen ist".[120]

Im Wege der Systematisierung sollen allgemeine Begriffe, Grundsätze vorangestellt, gewissermaßen „vor die Klammer gezogen" werden: ein Allgemeiner Teil des Verwaltungsrechts wird angestrebt. Stengel erklärt 1882, ein „System des Verwaltungsrechts" könne nicht so beschaffen sein, daß der Stoff in beliebiger Weise gruppiert werde. Der gesamte Stoff sei vielmehr in einen allgemeinen und einen besonderen Teil dergestalt zu scheiden, daß der „allgemeine Teil ... alle Lehren und Grundsätze" enthält, „welche für jede Art von Verwaltung gelten, gleichgültig, welches sonst ihr Gegenstand ist".[121] Stengel kommt es nicht nur darauf an, daß überhaupt so verfahren wird, er ist darüber hinaus der Auffassung, daß beim damaligen Stand der Verwaltungsrechtswissenschaft die Erörterung von Verwaltungsrechtsvorschriften im besonderen Teil nicht „bis in die letzten Verzweigungen" erfolgen sollte, dafür die allgemeinen Lehren um so ausführlicher zu behandeln seien.[122]

Auch Sarwey fordert in seinem Verwaltungsrechtslehrbuch (1884) ein allgemeines Verwaltungsrecht. Dieses soll allerdings nicht nur die Aufgabe haben, „die dem Rechte der verschiedenen Staaten gemeinsamen Grundsätze ... wissenschaftlich zu erfassen und darzustellen", sondern es sollen auch die Grundsätze, durch die sich die einzelnen Länder unterscheiden, im allgemeinen Teil untergebracht werden.[123] Ein solches allgemeines Verwaltungsrecht hat unter dem im Vordergrund stehenden Gesichtspunkt der Reduktion von Komplexität nur geringeren Wert. Wie Stengel äußert sich dann wieder Kirchenheim in der „Einführung" (1885) dahin, daß das Verwaltungsrecht, das sein „System in sich selbst trage", in einen allgemeinen und einen besonderen Teil zerfalle, wobei der allgemeine „die für alle Zweige der Verwaltung gültigen Grundsätze zu entwickeln" habe[124].

---

[120] Lehrbuch, S. 62, vgl. auch S. 23.

[121] Begriff, S. 257.

[122] Vgl. Stengels kritische Anmerkungen zu Loenings Verwaltungsrechtslehrbuch, Rezension Loening, AöR 1 (1886), S. 240.

[123] Verwaltungsrecht, S. 51.

[124] S. 25 f.

In der soeben angeführten Äußerung von Sarwey ist bereits angeklungen, daß man zu System und allgemeinem Teil durch Vergleichung des Verwaltungsrechts der deutschen Staaten gelangt. Es wird also von der Möglichkeit ausgegangen, aus dem vielfältigen Stoff ein gemeindeutsches Verwaltungsrecht herauszudestillieren. Die eingehendste Begründung hat sie durch Loening gefunden. „Die Wissenschaft des deutschen Verwaltungsrechts", so meint er, sei „nicht gleichbedeutend mit einer Gesetzeskunde aller deutschen Staaten". Das deutsche Volk bilde „trotz der Zersplitterung in Einzelstaaten", trotz der „kaum übersehbaren Mannigfaltigkeit" des Verwaltungsrechts doch eine nationale Einheit. Bedingt durch „gleiche Rechtsüberzeugung von den Kulturaufgaben" des Staates, „von dem Verhältnis des Staates zu den Einzelnen und der persönlichen Freiheit", also einer „Gleichheit der Grundgedanken des Rechts", zeige sich in den „Grundzüge(n) der einzelnen Rechtsinstitute eine merkwürdige Gleichheit".[125]

Das Verlangen nach einem Allgemeinen Teil ist am Ende dieser Phase der Hochkonjunktur von Verwaltungsrechtslehrbüchern von Bernatzik in der bereits erwähnten Monographie noch einmal — juristisch prägnanter — formuliert worden: Es sei Aufgabe der Verwaltungsrechtswissenschaft, „im Wege juristischer Dogmatik ... Rechtsinstitute zu entwickeln, die einzelnen zu ihnen hinführenden Erscheinungen ... zu generalisieren und die so gewonnenen allgemeinen Regeln ... anzuwenden". Bernatzik fährt fort: „Bei jedem juristischen Generalisierungs- und Konstruierungsprozeß der juristischen Dogmatik ... gelangt man mit Notwendigkeit auf juristische Kategorien, welche diesem ganzen Rechtsgebiet gemeinsam sind, die daher zur Behandlung der speziellen Partien des Verwaltungsrechtes wissenschaftlich, d. h. systematisch, weder dargestellt werden können noch bisher dargestellt wurden. Jeder, der daran geht, unter Anwendung der juristischen Methode das Verwaltungsrecht zu bearbeiten, muß es als einen schweren Mangel empfinden, daß ein ‚allgemeiner Teil' dieser Disziplin nicht existiert ..."[126]

VI. Die Methodendiskussion

Zu dem Zeitpunkt, da sich — ob noch innerhalb oder schon außerhalb des Staatsrechtes dargestellt — das Verwaltungsrecht gegenüber dem Staatsrecht in den Vordergrund schiebt, also Ende der siebziger Jahre,[127] beginnt in Deutschland eine Diskussion über die im öffentlichen Recht

---

125 Lehrbuch, S. 20 f.

126 Rechtskraft, S. IV. Bernatziks Forderung ist von OM, Rezension Bernatzik, AöR 1 (1886), S. 725 positiv bewertet worden.

127 Vgl. dazu auch Sarwey, Litteraturbericht, S. 61 ff.; Kirchenheim, Litteratur, S. 1.

zu befolgende Methode. Ausgelöst wird sie durch Labands „Staatsrecht". Diese Methodendiskussion ist auch für die Entwicklung der Verwaltungsrechtswissenschaft von Bedeutung. Zum einen wächst in dieser Zeit das Verwaltungsrecht aus dem Staatsrecht heraus, zum anderen waren die Verfasser verwaltungsrechtlicher Werke fast ausschließlich auch Staatsrechtslehrer, letztlich hat man sehr bald die anfangs auf das Staatsrecht beschränkte Auseinandersetzung auch auf das Verwaltungsrecht erstreckt.

So, wie die Kritik an Laband im Rahmen dieser Methodendiskussion heute gewöhnlich wiedergegeben wird, könnte es den Anschein haben, als sei von der Kritik in der Sache auch die Art juristischer Methode betroffen, der sich Otto Mayer bediente. In Wirklichkeit bestand auch auf seiten der hauptsächlichen Opponenten gegen die „juristische Methode" ein beträchtlicher Konsens hinsichtlich der Notwendigkeit juristisch präziser Begriffsbildung und Systematisierung.

Den ersten Beitrag liefert Albert Hänel, einer der Antipoden Labands in der Staatsrechtslehre mit der Abhandlung „Zur Literatur des deutschen Staatsrechts" (1878). Er referiert darin zunächst die gegensätzlichen Standpunkte der „konstruktiven" Methode, d. i. die Labands, der es um die „Reinigung, die scharfe Feststellung und Begrenzung der Begriffe, um die logische Deduktion und ... um die Zusammenfassung aller einzelnen rechtlichen Erscheinungen zu einem in sich übereinstimmenden System" gehe, und der „erzählenden" Methode[128]. Hänel kommt dann in seiner eigenen Bewertung zu dem Ergebnis, daß gewiß sei, „daß das letzte Ergebnis der Wissenschaft in der Vereinigung der Vorteile und der Vermeidung der Gefahren beider Methoden" liege[129]. Zwar hängt er sogleich die Skepsis, daß dies in nächster Zeit gelingen werde[130], an, doch hat er jedenfalls allein mit dem Aufzeigen einer solchen Zukunftsperspektive der juristischen Methode einen Teil des Feldes überlassen.

Ein Musterbeispiel dafür, daß es sich eingebürgert hat, immer nur die Differenzpunkte zu Labands methodischem Vorgehen hervorzukehren, ist der umfangreiche Aufsatz Gierkes „Labands Staatsrecht und die deutsche Rechtswissenschaft" (1883). Dabei lohnt es sich gerade hier besonders, die darin von Gierke unterstrichenen Gemeinsamkeiten mit

---

[128] Literatur, S. 121.

[129] Ebd. S. 122.

[130] Diese Skepsis hält an. 1889 schreibt Hänel an OM, je länger er sich damit beschäftige, desto mehr gelange er zu der Überzeugung, daß die Zeit für eine wahrhaft wissenschaftlich durchdrungene Gesamtdarstellung des Verfassungs- und des Verwaltungsrechtes noch nicht reif sei (Brief vom 20. 6. 1889, Privatbesitz).

Laband herauszustellen. Sie betreffen nämlich die Komponenten von Labands Methode, die auch Otto Mayer übernommen hat.

Bei „der Laband'schen Schule'", schreibt Gierke, handle es sich im wesentlichen um eine Strömung, von der die gesamte deutsche Rechtswissenschaft schon seit längerem ergriffen sei und von der man deshalb zweifelsfrei sagen könne, „daß sie irgendwie Bedürfnissen und Anschauungen der Gegenwart entspricht"[131]. Es sei daher das „bewußte und energische Bestreben Labands, das Staatsrecht ... durchweg juristisch zu behandeln, ohne Einschränkung zu billigen".[132] Die rechtlichen Erscheinungen könnten „nur dann in ihrer Eigenart begriffen werden", wenn sie im Wege der Abstraktion „aus der Gesamtheit der sozialen Lebenserscheinungen herausgehoben und untereinander zu einem System verknüpft" würden. Aufgabe der Rechtswissenschaft sei damit „von vornherein die Untersuchung einer von der wirklichen Welt abstrahierten vorgestellten Welt, die es als solche zu isolieren" gelte, „um ihren prinzipiellen Gehalt und ihren inneren Zusammenhang zu ermitteln". Die Rechtswissenschaft werde diese ihre Aufgabe „umso besser lösen, je reiner und schärfer sie die eigentümlich ‚juristischen' Gedanken aus dem ... dieselben ... umrankenden Beiwerk" herausschäle. Insoweit sei die Wissenschaft des Privatrechts vorausgegangen.[133] Die „begriffliche Isolierung der rechtlichen Seite des Stoffes" könne überhaupt nicht zu weit gehen, vor allem nicht hinsichtlich einer „saubere(n) Trennung des Rechtes von der Politik".[134] Insoweit Laband diese Ablösung des Rechtes von der Politik vollziehe, befinde er sich „mit den Anforderungen einer wahrhaft ‚juristischen Methode' im Einklange".[135] Auch „in der Heraushebung der rechtlichen Elemente, in der Unterstellung derselben unter dominierende juristische Gedanken, in der Auffindung gemeinschaftlicher höherer Prinzipien, in der Gliederung und Gestaltung der so geformten Rechtsinstitute und in deren schließlicher begrifflicher Konstruktion" habe Laband Grundlegendes geleistet.[136] Wenn man auch den Wert juristischer Begriffsabgrenzungen nicht überschätzen dürfe, so könne sich die Jurisprudenz, meint Gierke, doch nicht damit trösten, „daß die realen Dinge fließen und schwanken". Die Rechtswissenschaft habe es schließlich nicht mit diesen, sondern mit „einer von ihnen abgehobenen Begriffswelt zu tun".[137]

131 Staatsrecht, S. 2; vgl. auch S. 7: „an sich unanfechtbare Tendenz".

132 Ebd. S. 6.

133 Ebd. S. 7.

134 Ebd. S. 9.

135 Ebd. S. 12.

136 Ebd. S. 12 f.

137 Ebd. S. 71. Vgl. dazu die oben S. 65 ff. dargestellte Kontroverse OMs mit Spiegel!

Insgesamt gelte es für die deutsche Jurisprudenz der Gegenwart, „die Dogmatik ... im Sinne strenger Systematik, präziser Abgrenzung und formaler Durchbildung wissenschaftlich zu verselbständigen ..., vor allem auch das öffentliche Recht aus dem es umballenden Nebelmeere in die klare Luft der unverschleierten juristischen Begriffswelt emporzuheben“.[138]

Nicht immer im Detail, wohl aber im Grundanliegen stimmt die breitangelegte methodische Untersuchung Stoerks „Zur Methodik des öffentlichen Rechts“ (1885) mit den Ansichten Otto Mayers überein. In dieser stark beachteten Abhandlung geht Stoerk davon aus, daß die öffentlichrechtlichen Disziplinen wie alle „fundierten Einzelwissenschaften“ mittels eines Kunstgriffes aus der geschichtlich-gesellschaftlichen Wirklichkeit herausgelöste Teilinhalte seien, sie also notwendigerweise von anderen Gebieten, wie z. B. Rechtsphilosophie, Rechtspolitik, Politik geschieden werden müssen[139]. Das sich entwickelnde öffentliche Recht bedürfe darüber hinaus der Hilfestellung durch das Zivilrecht. Man müßte geradezu blind sein, meint Stoerk, „wollte man sich der Notwendigkeit verschließen, die im Gebiete der reicheren Civilrechtsliteratur schärfer ausgeprägten gemeinsamen Rechtsbegriffe, die Apparate juristischen Denkens ... ins öffentliche Recht zu übertragen“[140]. Das genügt aber noch nicht. Hinzukommen muß — und darauf legt Stoerk großen Wert[141] —, daß „die Kunst der dogmatischen Konstruktion aus ihrer bisherigen Vernachlässigung gezogen und zur gebührenden Geltung im

---

[138] Gierke, Staatsrecht, S. 95. — Gierke hat mit diesen Äußerungen seine Kritik an Labands Methode insgesamt der Durchschlagskraft beraubt, wie in Bezug auf die Trennung von Recht und Politik schon Schmitt, Arten, S. 49 Fn. festgestellt hat. Vgl. auch Krupa, Gierke, S. 11 f.: „unsicheres Schwanken Gierkes zwischen sogenannter unpolitischer, rein juristischer Staatsrechtslehre und einer umfassenden ... Berücksichtigung aller Bereiche der staatlichen Einheit“.

[139] Stoerk, Methodik, S. 16; vgl. auch Brie, Rezension Stoerk, Göttingische gelehrte Anzeigen 1885, S. 895 f.

[140] Stoerk, Methodik, S. 71. Brie, Rezension Stoerk, Göttingische gelehrte Anzeigen 1885, S. 892 ff. entnimmt Stoerks Aufsatz, daß Stoerk im Grundsatz für eine zivilistische Methode eintrete. Eine „sich den Formen des Privatrechts annähernde Gestalt“ des öffentlichen Rechts befürwortet auch Lemayer, Reform (1885), S. 221. Über Stoerk, der die Begriffe nicht gänzlich von den Substraten ablösen will (wie ja auch OM das nicht will), hinaus geht Ernst Mayer, Rezension Stoerk, KritViertjSchr 27 (1885). Ihm zufolge darf die juristische Behandlung des öffentlichen Rechts „in keiner Weise von der des Privatrechts abweichen“ (S. 273 f.). Jedes Rechtsinstitut müsse sich auf existierende Rechtsbegriffe reduzieren lassen. Sei das nicht möglich, so habe der Gesetzgeber „einfach etwas Unverständliches, d. h. nichts gesagt“. In diesen Thesen verkörpert sich vollendet die Geschlossenheit des rechtswissenschaftlichen Positivismus wie der ihm innewohnende Gegensatz zum Gesetzespositivismus.

[141] Sarwey, Rezension Stoerk, Centralblatt für Rechtswissenschaft 4 (1885), S. 228 sieht darin sogar die Quintessenz der Schrift.

System gebracht" wird.[142] Abschließend äußert er die Hoffnung, daß es „in nicht allzu ferner Zeit" gelingen möge, ein wirkliches System aufzurichten, insbesondere dem Mangel eines Allgemeinen Teils abzuhelfen[143].

Der einzige ernsthafte Versuch einer Gegenwehr gegen diese „konstruktive Methode" stammt von Edgar Loening. Dieser greift 1887 in einer Rezension von Mayers „Theorie des französischen Verwaltungsrechts" und Rosins „Das Recht der öffentlichen Genossenschaft" — den beiden ersten großen verwaltungsrechtlichen Monographien in Deutschland nach der Periode der Verwaltungsrechtslehrbücher — die Methode der beiden Verfasser scharf an. Loening rügt u. a. an der konstruktiven Methode, daß sie Gefahr laufe, daß ihre Begriffe als selbständige Wesen betrachtet würden[144] (nicht also, daß sie selbst die Begriffe dafür ausgebe!). Auch die Polemik Loenings gegen Otto Mayer kann nicht verdecken, daß die Übereinstimmung im Grundsätzlichen größer ist als die Differenz.[144a] Schließlich war auch Otto Mayer weit davon entfernt, Begriffe als reale Existenzen anzusehen.

Eine Gesamtschau der Stellungnahmen zur Methode der Verwaltungsrechtswissenschaft zeigt, daß im Prinzip Einigkeit bestand über den einzuschlagenden Weg. Entweder hatte man den Anspruch, sich einer juristischen Methode zu befleißigen, in den eigenen Werken erhoben[145], oder man hatte diejenigen gelobt, die dies taten bzw. auch taten[146], oder man kritisierte den Autor, daß er dem kundgetanen Anspruch oder dem eigenen an ein juristisches Werk nicht gerecht werde[147].

In Streit stand allerdings, und zwar in nicht geringem Maße, ob die zivilistische Methode, deren Repräsentant im Staatsrecht Laband war, den Erfordernissen des Staates ausreichend Rechnung trage. Otto Mayer hat hier mit den Kritikern Labands zumindest eines gemeinsam,

---

[142] Stoerk, Methodik, S. 114.

[143] Ebd. S. 118.

[144] Loening, Methode, S. 121 f.

[144a] OM selbst war der Auffassung, es liege zwischen Loening und ihm „nicht ein Gegensatz der Methode, sondern eine Meinungsverschiedenheit über das Maß von Genauigkeit (vor), welches man bei der Verfolgung abstrakter Gedankengänge verlangen kann" (Lehre — Nr. 11 —, S. 5 Fn. 1).

[145] Diese Gemeinsamkeit hebt Rehm, Rezension OM, KritViertjSchr 29 (1887), S. 107 hervor.

[146] U. a. Leuthold, Rezension Meyer, Centralblatt für Rechtswissenschaft 2 (1883), S. 299; Sartorius, Rezension Meyer, VerwArch 3 (1895), S. 395; vgl. auch Seydel, Rezension Laband, Holtzendorffs Jahrbuch 1 (1887), S. 169.

[147] Vgl. Sarwey, Rezension Loening, Centralblatt für Rechtswissenschaft 3 (1884), S. 413; Kautz, Rezension Grotefend, VerwArch 1 (1893), S. 517.

nämlich, daß er den Staat in den Mittelpunkt seiner Theorie stellte. Die „moderne Staatsidee" ist in Mayers Verwaltungsrecht allgegenwärtig, und für nicht wenige war sie auffälliger als das Wirken der Rechtsstaatsidee.

Der publizistische Einschlag der Methode Otto Mayers[148] kam einer ganzen Reihe bedeutender Vertreter des öffentlichen Rechts entgegen. Stoerks soeben erwähnte Schrift über die Methodik im öffentlichen Recht ist ein einziges Plädoyer für eine publizistische Methode. Stoerk drängt darin auf eine „Revision des vorhandenen Rechtsstoffes nach *publizistischen* Gesichtspunkten"[149]. Die unveränderte Übertragung privatrechtlicher Prinzipien ins öffentliche Recht hält er für verfehlt.[150] Als ein Musterbeispiel unangebrachter zivilrechtlicher Analogie erscheint ihm Labands Parallelisierung des Kaisers des Deutschen Reiches mit dem Vorstand oder Direktor einer juristischen Person des Privatrechts. Was Laband hier mache, bedeute, so Stoerk, „Tauschgeschäfte vor(zu)nehmen, deren lukrativer Wert an die Transaktionen von ‚Hans im Glück' erinnert"[151].

An dieser Gleichsetzung Labands entzündet sich ziemlich allgemein die Kritik. Man empfindet sie als Herabsetzung nicht nur des Kaisers, sondern der Staatlichkeit als solcher.[152]

Kirchenheim spricht von einem „Zug unstaatlicher Gesinnung" und hofft, daß Labands Staatsrecht wegen dieser zivilistischen Behandlungsweise des öffentlichen Rechts in der Literaturgeschichte des Staatsrechts „als trauriges Denkmal individualistischer Anschauung ... vereinsamt dastehen" werde[153]. Ein methodischer Fortschritt sei nur zu erwarten, wenn die „Schärfe der Deduktionen gepaart (werde) mit einer einheitlichen staatlichen Auffassung".[154]

Meyer hält den Ausdruck „Geschäftsführung" für unangemessen zur Charakterisierung einer obrigkeitlichen Funktion[155], und Stengel meint,

---

148 Siehe dazu oben S. 118 ff.

149 Stoerk, Methodik, S. 123.

150 Ebd. S. 58, 122.

151 Ebd. S. 55, 69 ff.

152 Das Echo auf Labands Vergleich beweist, wie historisch unrichtig die Auffassung von Haverkate, Gewißheitsverluste, S. 107 Fn. 60 ist, man habe damals darin keine „Entmythologisierung" gesehen. Es ist durchaus etwas Wahres an der Beurteilung von v. Oertzen, in der „nüchtern(en)" Konstruktion der Stellung des Kaisers zeige sich eine „zersetzende Funktion des juristischen Positivismus" (Bedeutung, S. 207 Fn. 108).

153 Zivil, S. 272, 276 f. Vgl. auch ders., Regentschaft, S. 131 (die S. 131—144, die die Kritik an der juristisch-zivilistischen Methode enthalten, fehlen in einem Teil der Auflage).

154 Zivil, S. 280.

155 Lehrbuch, S. 23 Fn. 1.

er sei nicht glücklich, weil er geeignet sei, in diesem Maße nicht berechtigte privatrechtliche Vorstellungen zu erwecken[156]. Gumplowicz äußert, nachdem er die juristische Methode im öffentlichen Recht überhaupt verdammt hat, ironisch, Labands Vergleich des Kaisers mit dem Vorstand oder Direktor einer privatrechtlichen Korporation sei „das Beste"[157]. Gierke spricht schließlich ausdrücklich davon, daß Laband den Kaiser auf diese Weise „herabsetz(e)"[158].

Haben diese Positionsbestimmungen vor allem atmosphärische Bedeutung im Hinblick auf Otto Mayers, auf der „kräftigen Staatsidee" aufgebautes Verwaltungsrecht, so ist doch aufschlußreich, daß Mayer sich auch in dem angesprochenen konkreten Punkt distanziert gegenüber Laband geäußert hat. Wenn auch vorsichtig — wie bei aller Kritik an Laband, der sein Freund war[159] — und insofern „neutralisiert", als auf jeden Souverän — nicht nur den monarchischen — bezogen[160], hat auch Mayer den Vergleich gerügt. Die Willensäußerung des Souveräns, so Otto Mayer, finde „am Bestande des Staates nicht in der gleichen Weise eine ihre Macht hemmende Schranke ... wie die Generalversammlung der Aktionäre"[161].

VII. Vorbildhaftigkeit des französischen Verwaltungsrechts

Daß man in Deutschland trotz vieler „‚Systeme'" kein durchsetzungskräftiges System habe, beklagte Stoerk noch 1885.[162] Ein Jahr darauf lieferte Otto Mayer mit seiner „Theorie des französischen Verwaltungsrechts" den Grundstock zu einem System auch des deutschen Verwaltungsrechts. Mayer war bei der großangelegten Rezeption französischen Rechts die Scheu fremd, die Stoerk als mitursächlich für das Scheitern anderer angesehen hatte. Keiner wolle, so hatte Stoerk gesagt, „andere Ziegel verwenden als die, die er selbst gebrannt"[163].

Aber auch das Hereinholen französischen Verwaltungsrechts wäre ein vergebliches Unterfangen gewesen, hätte nicht zumindest eine gewisse

---

156 Lehrbuch, S. 15 f.

157 Rechtsstaat, S. 545 f.

158 Staatsrecht, S. 50; vgl. auch S. 40 f. In die gleiche Richtung geht Gierkes Ablehnung, die „Aktiengesellschaft, dieses späte kapitalistische Gebilde", als Grundtypus der für den Staat verwendeten juristischen Person heranzuziehen (Brief an OM vom 25. 5. 1908, Privatbesitz).

159 Vgl. OM, Vorwort zu Laband, Reichsstaatsrecht, (Nr. 222), S. III; OM, Brief an Frau Jellinek vom 14. 1. 1911 (Privatbesitz).

160 Das mag daran liegen, daß sie bereits in die Zeit der Weimarer Republik fällt.

161 Rezension Haff, AöR 40 (1921), S. 118.

162 Methodik, S. 116.

163 Ebd. S. 117.

Bereitschaft bestanden, das französische Recht als das — zumindest in Teilen — fortgeschrittenere für Deutschland zu akzeptieren. In der Tat war die Anschauung verbreitet, das französische Verwaltungsrecht habe einen deutlichen Vorsprung vor dem deutschen.

Neben F. F. Mayer[164] zeigt sich bereits um das Jahr 1860 auch Mohl sehr angetan von der französischen Verwaltungsrechtswissenschaft. In Frankreich bestehe eine Literatur des Verwaltungsrechts, „welche ihresgleichen bei keinem anderen Volke" finde.[165] Es sei „unleugbar", daß Frankreich, wo „eine viel wissenschaftlichere und strengere juristische Behandlungsweise sehr verbreitet" sei, viel weiter sei als die Deutschen hinsichtlich eines allgemeinen Teils des Verwaltungsrechtes.[166]

Bluntschli stützt sich auf französische Verwaltungsanschauungen und -institute[167] und bestätigt, daß die Franzosen, deren Verwaltungsrechtsliteratur „reich und durchgebildet" sei[168], in der wissenschaftlichen Ausbildung des Verwaltungsrechts vorangegangen sind[169].

Lorenz von Stein erklärt in seinem „Handbuch der Verwaltungslehre" (1870), eine Absonderung und Abschließung gegenüber Frankreich sei gar nicht möglich[170].

Gneist berichtet, er habe von Frankreich nach besten Kräften zu lernen versucht[171], Roesler weist auf die längst erfolgte Anerkennung des Verwaltungsrechts als eigenständige Rechtsdisziplin in Frankreich hin[172], und Leuthold zieht systematische Unterscheidungen des französischen Rechts heran und arbeitet mit französischen Begriffen[173].

Wenigstens zwei Verwaltungsrechtslehrer, nämlich Stengel[174] und Loening[175], verfügten über Verwaltungserfahrung in Elsaß-Lothringen, in dem nach 1871 bei Einrichtung der deutschen Verwaltung das französische Verwaltungsrecht nicht beseitigt wurde. Smend hat letzteres als kausal dafür angesehen, daß das französische Verwaltungsrecht ein

---

164 Siehe oben S. 129 f.

165 Geschichte, S. 194; siehe auch S. 195: „ausgezeichnete Literatur des Verwaltungsrechtes".

166 Ebd. S. 205; vgl. auch ders., Bemerkungen, S. 374.

167 Vgl. Artikel: Verwaltung, S. 67, 69.

168 Ebd. S. 72.

169 Staatenwelt, S. 163.

170 S. V.

171 Verwaltung, S. VIII.

172 Verwaltungsrecht, S. VI.

173 Z. B. Verwaltungsrecht, S. 17; Interesse, S. 362 Fn. 2.

174 So OM, Rezension Stengel / Fleischmann, AöR 28 (1912), S. 347.

175 Koßmann, Burschenschaft, S. 265.

Vorbild für die deutsche Theorie geworden ist und daher in Bezug auf die, aufgrund „praktischer Bewährung und Einheitlichkeit“ erfolgte Beibehaltung des französischen Rechts von einer „rechtsgeschichtlich ... nicht gleichgültige(n) Waffenstreckung gesprochen“[176].

[176] Einfluß, S. 343.

Viertes Kapitel[1]

Die allgemeinen Rechtsideen auf den geschichtlichen Entwicklungsstufen

Im Vorwort zur zweiten Auflage seines Verwaltungsrechtslehrbuches bekennt Otto Mayer, daß seine Methode ihre Eigenart habe, insofern sie nämlich „auf dem Glauben an die Macht allgemeinerer Rechtsideen" beruhe[2]. Diese allgemeinen Rechtsideen sind nicht statisch, sondern wandeln sich und schreiten in der Geschichte fort.[3]

Damit ist keine permanente Umgestaltung gemeint. Die Rechtsideen ändern sich vielmehr von Epoche zu Epoche bzw. ergeben sich umgekehrt aus der Abfolge der Ideen die „Entwicklungsstufen des Rechts"[4]. Verschiedenen Zeiten entsprechen verschiedene Ideen. Diejenigen, die Otto Mayers verwaltungsrechtlichem Werk zugrundeliegen, die er für die „dem europäischen Kulturkreis seit Anfang des 19. Jahrhunderts eigentümlichen" hält, das sind — neben der schon vorhandenen modernen Staatsidee — die des Verfassungs- und des Rechtsstaates.[5] Da die großen Ideen also keine eigentümlich deutschen sind, vielmehr die „bedeutenden Staaten" alle auf der gleichen Entwicklungsstufe stehen[6], kann, sofern die Ideen in Deutschland nur schwer auszumachen sind, unbedenklich auf die Ideenentfaltung in diesen anderen Ländern abgestellt werden. Mayer hat von dieser Möglichkeit — vor allem in Bezug auf Frankreich[7] — ausgiebig Gebrauch gemacht.

---

[1] Das Kapitel baut auf der Darstellung der Methode OMs oben S. 24 ff. auf, teils indem es an diese anschließt, teils indem es diese näher ausführt.

[2] Verwaltungsrecht, 2. Aufl., Bd. 1 (Nr. 73), S. VIII. Vgl. auch OM, Merkel (Nr. 17), S. 12 und oben S. 26, 39 f.

[3] OM, Verwaltungsrecht, 2. Aufl., Bd. 1 (Nr. 73), S. VIII.

[4] OM, Justiz (Nr. 32), S. 39; vgl. auch OM, Verwaltungsrecht, 1. Aufl., Bd. 1 (Nr. 16), S. 55, 328 Fn. 3.

[5] Vgl. OM, Finanzrecht (Nr. 91), S. 86 f.

[6] OM, Völkerrecht (Nr. 78), S. 35.

[7] Siehe dazu oben S. 30 ff. In Verwaltungsrecht, 1. Aufl., Bd. 1 (Nr. 16), S. 65 spricht OM von Frankreich als einer Schwesternation, „welche die gleichen Entwicklungsstufen durchgemacht habe".

I. Das Recht, das mit uns geboren ist

Das Recht, das den der gegenwärtigen Epoche[7a] zuzuordnenden Ideen entspricht, hat Otto Mayer wiederholt als „das Recht, das mit uns geboren ist," bezeichnet.[8]

Dieses Zitat aus Goethes „Faust" als Kurzformel für eine Rechtsidee, eine Methode der Rechtsgewinnung heranzuziehen, hat Tradition. Ernst von Moeller hat in dem Beitrag „Vom Rechte, das mit uns geboren ist" zur Festgabe für Otto von Gierke eine Übersicht gegeben über die wesentlichen Deutungen, die dieser Satz Goethes in der Rechtswissenschaft erfahren hat. Nach v. Moeller beginnen die Interpretationen bereits wenige Jahre nach dem Erscheinen des ersten Teils des „Faust" mit Gustav Hugo im Jahre 1811. Danach hat der Satz u. a. so bedeutende Juristen wie Savigny, Puchta und Jhering beschäftigt. Aus der späteren Zeit werden von v. Moeller u. a. Merkel und Sohm genannt,[8a] beide mit Otto Mayer von der Universität Straßburg her bekannt. Das Verständnis differiert. Es reicht von der Interpretation im Sinne eines universellen Naturrechts[9] über eine im Sinne von Gierkes immerwährender, sich lediglich immer weiter ausbildender Rechtsidee[10] bis zu einer gänzlich andersgearteten von Sohm. Letztere kommt der Methode Otto Mayers am nächsten[11]: „Das Recht trägt zwei Seelen in seiner Brust, die der Vergangenheit, auf welcher seine Geltung beruht, und die der Gegenwart, die ununterbrochen dem hergebrachten Rechte widerstreitet. Rechtsänderung ist die Losung ... Immer jagt es (das Recht, der Verf.) vergeblich seinem großen Ziele nach, das Recht von heute zu werden:

[7a] Ridder, Die soziale Ordnung des Grundgesetzes, in: Mück (Hrsg.), Verfassungsrecht, S. 113, verfehlt daher das methodologische Selbstverständnis OMs voll, wenn er meint, dieser habe die Institutionen seines Verwaltungsrechts für überepochal gehalten.

[8] Grundsätze (Nr. 7), S. 240; siehe auch oben S. 42 und OM, Rezension Cathrein, DtZSfKiR 20 (1911), S. 391.

[8a] Außer den bei v. Moeller Genannten arbeiten u. a. mit dem Zitat: Hans Fritz Abraham, Vom Rechte, das mit uns geboren, Berlin 1929; Bernatzik, Verwaltungsrecht — Polizei und Kulturpflege, in: Systematische Rechtswissenschaft, Berlin und Leipzig 1906, S. 388; Norden, Rechtsgemeinschaft, S. 137; Oeschey, Die Freiheitsrechte nach deutschem Reichs- und Landesstaatsrecht, Blätter für administrative Praxis 66 (1916), S. 64; Thoma, Der Vorbehalt des Gesetzes im preußischen Verfassungsrecht, in: Festgabe für Otto Mayer, Tübingen 1916, S. 183; Wach, Staatsmoral und Politik, Leipzig 1917, S. 8.

[9] OM ist zwar der Auffassung, daß der Satz von Goethe so gemeint war, legt ihn aber für seine Zwecke anders aus, vgl. oben S. 42, besonders Fn. 203.

[10] Dieses Verständnis teilt v. Moeller selbst, vgl. Rechte, S. 374 f., 376 f.

[11] OM hat Sohm übrigens als seinen Freund bezeichnet (Brief an Ulrich Stutz vom 19. 2. 1907, Universität Zürich, Dokumentationsstelle für Universitätsgeschichte; Brief an Georg Jellinek vom 28. 4. 1908, Bundesarchiv Koblenz).

das mit uns geborene Recht..."[12] Zwar stellt auch Sohm — wie Mayer — eine Beziehung her zwischen diesem „mit uns geborenen Recht" und Ideen[13], doch sind bei Sohm nicht die großen Rechtsideen gemeint, und dementsprechend ist das „Recht von heute" aktuelleres, teilweise sogar als Einzelfallrecht zu begreifen[14].

Bei Otto Mayer geht es nur um die eine Entwicklungsstufe, die meist einen beträchtlichen Zeitraum umfaßt[15], kennzeichnenden Ideen.[16] Unter die Herrschaft *dieser* Ideen ist die ganze „Mannigfaltigkeit der Einzelerscheinungen" zu bringen; es ist zu konstruieren.[17] Die Ideen durchwirken die Einzelheiten des Rechts, bestimmen das Beziehungsgefüge, die An- und Zuordnung der Rechtsinstitute.[18] Wie in einem elektrischen Feld lädt die Idee die Teilchen auf und richtet sie zugleich aus.[19] Mag die Feldstärke nach außen hin abnehmen, so darf die Ausstrahlung der Idee doch nicht gänzlich fehlen.[20].

---

[12] Sohm, Der Christ im öffentlichen Leben, in: Verhandlungen des 28. Kongresses für innere Mission in Posen vom 23. bis 26. September 1895, S. 32 f., zitiert nach Andreas Bühler, Sohm, S. 70.

[13] Sohm, Rechtswissenschaft, S. 47: „Es genügt nicht, die Steine, all die Menge von Rechtssätzen und rechtsgeschichtlichen Tatsachen, welche das Meer der Rechtswirkung heranträgt, zu sehen, noch auch mit mechanischer Arbeit ihre Zusammenfügung zu unternehmen. Es kommt auf den schöpferischen Gedanken an, welcher den Stoff bewältigt, auf die Entdeckung der Idee, welche unausgesprochen in der Masse schlummert, welche mit der Materie als ihr Lebensgesetz geboren ist, und welche nur klar und deutlich zu werden braucht, damit *von selber* (Hervorhebung vom Verf.) aus dem Chaos das harmonisch gestaltende Ganze hervorgehe." Hier wird gleichzeitig ein beachtlicher Erklärungsansatz geboten für den zunächst dunklen, auf die Systematik des deutschen Verwaltungsrechts bezogenen Satz OMs: „Wir geben den Stoff, wie er sich von selbst geordnet hat" (Verwaltungsrecht, 3. Aufl., Bd. 1 — Nr. 88 —, S. 21). Eine solche Deutung stände in Einklang mit der Methode OMs, wonach die Ideen den Stoff ordnen, deren Kenntnis somit die immanente Ordnung des Stoffs erschließt.

[14] Besonders deutlich in Begriffsjurisprudenz, Sp. 174 f., wo das „mit uns geborene Recht" mit einem Recht, das täglich neu geboren wird, in Verbindung gebracht wird. Siehe auch Recht, S. 18, 88.

[15] Vgl. in zivilrechtlichem Zusammenhang die Abfolge: römische Zeit, Mittelalter, Moderne (Grundsätze — Nr. 7 —, S. 235).

[16] Auch Thoma versteht unter dem „Recht, das mit uns geboren ist", epochales Recht (Der Vorbehalt des Gesetzes im preußischen Verfassungsrecht, in: Festgabe für Otto Mayer, Tübingen 1916, S. 183).

[17] OM, Eisenbahn II (Nr. 29), S. 51 Fn. 14; vgl. auch Verwaltungsrecht, 1. Aufl., Bd. 1 (Nr. 16), S. 55; Grundsätze (Nr. 7), S. 240.

[18] Zur konstruktiven Funktion der Ideen siehe oben S. 45 ff.

[19] „Ein Rechtsinstitut öffentlich-rechtlich zu denken, heißt es erkennen als eine Erscheinung der öffentlichen Gewalt und auf dieser Grundlage alle seine Einzelheiten erklären" (OM, Eisenbahn II — Nr. 29 —, S. 44).

[20] So ist etwa die Staatsidee beim selbständigen Verwaltungsakt im Rahmen leistender Staatstätigkeit nahezu verblaßt; dazu oben S. 100 ff.

II. Befreiungsarbeit

Das Recht der Gegenwart als das moderne, bessere[21] Recht kann sich nur durchsetzen, wenn es das noch vorhandene, aber einer vergangenen Epoche angehörende Recht verdrängt. Letzteres geschieht nach Otto Mayer nicht von selbst, vielmehr ist hier gerade auch die Rechtswissenschaft gefordert. Zur Beschreibung des Problems hat er wiederholt an die Passage angeknüpft[22], die in Goethes Faust der Zeile vorangeht, in der vom Rechte, das mit uns geboren ist, die Rede ist:

> Es erben sich Gesetz und Rechte
> Wie eine ew'ge Krankheit fort;
> Sie schleppen von Geschlecht sich zum Geschlechte
> Und rücken sacht von Ort zu Ort.
> Vernunft wird Unsinn, Wohltat Plage;
> Weh dir, daß du ein Enkel bist!

Man kann demnach zwar auch mit einem „schiefgedachten", der gegenwärtigen Epoche „schlecht angepaßten" Recht leben[23], aber eben nur so, wie sich auch mit einer „Plage", mit Unvernünftigem[24] leben läßt. Rechtswissenschaft, richtig betrieben, besteht daher darin, altes Recht auszumerzen. Daß es noch „positives" Recht ist, tut nichts zur Sache. Otto Mayer setzt sich hier nachdrücklich von den Vertretern einer „juristischen Methode" ab, die in ihrer „unverhüllten Armut" glaubten, „sogar eine besondere Gewähr des reinen positiven Rechtes zu besitzen", dabei aber — wie Mayer sich ausdrückt — „unbedenklich weiter mit eingerosteten Formeln früherer Entwicklungsstufen" konstruierten.[25] Was einer vergangenen Epoche zugehört, ist, auch wenn es noch existiert, „innerlich abgestorben" und hat dem, was „lebendig und

---

[21] Vgl. OM, Stand (Nr. 56), S. 504, wo OM von den „dunklen Jahrhunderten" spricht, die vor der Ausbildung des modernen Staates gelegen hätten, sowie Bekenntnis (Nr. 92), S. 51: „Bei der fortschreitenden Entwicklung von unteren zu höheren Stufen, wie sie in der Welt sich vollzieht, geht es selbstverständlich nicht ab ohne ein schmerzhaftes Sichdurchringen des Neuen und Absterben des Alten." „Mit der Menschheit soll es höher hinauf; da kann es nicht in derselben Ebene weitergehen."

[22] Auszugsweise zitiert, und zwar in jeweils unterschiedlicher Auswahl und Zusammenstellung der Zeilen, in Justiz (Nr. 32), S. 3; Staat (Nr. 50), S. 109 f.; Verhandlungen 1911, S. 554; ferner in Abwandlung in Änderung (Nr. 59), S. 7.

[23] OM, Selbstdarstellung (Nr. 89), S. 166. OM fügt dort etwas sarkastisch hinzu, wir Deutsche hätten dazu eine besondere Gabe.

[24] Im Zusammenhang mit der Fauststelle wird deutlich, was OM unter „Naturrecht", „vernünftigem Recht" versteht, nämlich das der neuen Epoche gemäße, während das Recht der vergangenen früher „vernünftiges Recht" war, es aber nicht mehr ist, vielmehr zu Unsinn geworden ist. Zu OMs Naturrechtsverständnis bereits oben S. 42.

[25] Verwaltungsrecht, 2. Aufl., Bd. 1 (Nr. 73), S. VIII.

zukunftsreich" ist, zu weichen.[26] Das alte Recht wird als „unvollkommenes Recht"[26a] mit dem „richtigen Recht"[26b] konfrontiert. Ist das überkommene Recht nicht gesetzlich abgesichert, so kann es entsprechend der neuen Entwicklungsstufe des Rechts ohne weiteres umgestaltet werden. Einer solchen Situation sah sich Otto Mayer bei der Schaffung eines Allgemeinen Teils des deutschen Verwaltungsrechts fast ausschließlich gegenüber. Existieren gesetzliche Bestimmungen, so dienen die Ideen der neuen Epoche zu ihrer „richtigen Beurteilung" und zur „Ergänzung ihrer Lücken"[26c]. Lediglich bei eindeutig entgegenstehender gesetzlicher Regelung bewendet es bei dem Appell an den Gesetzgeber zur Umkehr[26d] — jedenfalls in der Epoche des Rechtsstaates.

III. Die begrenzte Offenheit des Systems

Im Gegensatz zum rechtswissenschaftlichen Positivismus erhält das System bei Otto Mayer Anstöße von außen, unter Umständen sogar systemverändernde. Es ist *im Grundsatz* ein offenes System, wobei die wesentliche Einschränkung darin liegt, daß nur wirklich bedeutende Ideen — eben die epochalen Ideen — Einlaß finden[27]. Alles, was unterhalb dieser Schwelle bleibt, wird ausgesperrt. Damit wird eine gewisse Festigkeit und Stetigkeit gesichert, die rechtsstaatlichen Erfordernissen vorzüglich entspricht.[28]

Die Hereinnahme etwa der Tagespolitik[29] würde zu einer permanenten Fluktuation des Rechts führen, weil jede Änderung im Tatsächlichen eine solche der Rechtsordnung nach sich ziehen müßte. Dem-

---

[26] Vgl. ebd. Siehe auch Selbstdarstellung (Nr. 88), S. 164: bei uns hätten noch überall die „Schutthaufen früherer Entwicklungsstufen" herumgelegen.

[26a] OM, Verwaltungsrecht, 2. Aufl., Bd. 2 (Nr. 77), S. 76.

[26b] Ebd. S. 75.

[26c] Vgl. OM, Verwaltungsrecht, 1. Aufl., Bd. 1 (Nr. 16), S. 327.

[26d] Siehe oben S. 47 Fn. 253.

[27] Vgl. OM, Staat (Nr. 50), S. 178: „Für uns kommt es selbstverständlich nur auf solche Ideen an, welche im öffentlichen Leben mit einer gewissen Macht auf Verwirklichung drängen."

[28] Zur rechtsstaatlichen Paßgenauigkeit der Methode OMs siehe bereits oben S. 64 ff.

[29] Aufgrund ihrer mangelnden Berechenbarkeit spricht OM der Politik sogar den Rang einer Wissenschaft ab: „Die Politik ist ja überhaupt keine Wissenschaft. Wir können nach unseren Einsichten ... wohl sagen: die Dinge haben zur Zeit den Zug nach dieser bestimmten Richtung. Ob nicht doch noch abgeschwenkt wird, entzieht sich unserem Ermessen" (Schiffahrtsabgaben II — Nr. 64 —, S. 66). Diese Einschätzung hängt damit zusammen, daß OM es als Kennzeichen jeder Wissenschaft ansieht, von leitenden Ideen beherrscht zu werden (siehe dazu oben S. 27 Fn. 102). In Verwaltungsrecht, 2. Aufl., Bd. 2 (Nr. 77), S. 324 erklärt OM, es sei für die Rechtswissenschaft stets von Übel gewesen, unter den Einfluß politischer Tendenzen zu geraten. Zum Einfluß der im politischen Leben wirkenden Kräfte auf die Rechtswissenschaft siehe auch OM, Rezension Triepel, JW 47 (1918), S. 159.

gegenüber hindert das Abstellen auf die großen leitenden Ideen ein Sichverlieren im allzu Konkreten, hält Abstand zu den Wirklichkeiten des Tages, zu aller Unrast und sorgt damit für eine in hohem Maße ruhige, gleichmäßige Bewegung des Rechts.

Diese Eigenschaft der Methode Otto Mayers stellt allerdings nur dann ein signifikantes Unterscheidungsmerkmal zum rechtswissenschaftlichen Positivismus[30], insbesondere dem Gerbers und Labands, dar, wenn dessen Beschreibung als abgeschlossenes, eigenproduktives, nach außen völlig abgeschottetes System wirklich zutrifft, also nicht nur ein Phantom darstellt. Von Oertzen hat in Bezug auf Gerber lebhaft bestritten, daß dieser das Recht als von vornherein von den gesellschaftlichen Verhältnissen losgelöst angesehen habe[31]. Dieser Korrektur ist zuzustimmen. Daß Gerber das Recht in Zusammenhang bringt mit Außerrechtlichem, ergibt sich außer aus den bei von Oertzen angeführten Belegen auch aus der bereits erwähnten Abhandlung Gerbers „Über die Teilbarkeit deutscher Staatsgebiete“[32]. Gerber sagt dort von den „öffentlichen Rechten“ — allerdings in gewisser Einschränkung auf diese und damit in Abgrenzung vom Privatrecht —, sie könnten gar nicht „als isoliert und darum für alle Zeiten absolut fixierbar ... gedacht werden, da sie in steter Wechselwirkung und Wechselempfänglichkeit den Einflüssen aller Kräfte eines politischen Volkslebens ausgesetzt“ seien. „Veränderlichkeit in der allgemeinen Entwicklung“ sei „eine charakteristische Eigenschaft ihres Wesens“. Öffentliche Rechte zeichnen sich somit nach Gerber durch eine „gewisse [!] Relativität und ... Wandelbarkeit“ aus.[33]

Eine Beziehung zwischen Recht und gesellschaftlichen Verhältnissen stellt auch Laband her. Vom mittelalterlichen Privatrecht sagt er, es sei ein „ebenso den wirtschaftlichen Bedürfnissen entsprechendes wie das Römische Recht“ gewesen.[34] Die Glossatoren und Postglossatoren Italiens hätten sich ein „unvergängliches Verdienst dadurch erworben ...“, daß sie das Römische Privatrecht den Bedürfnissen ihrer Zeit gemäß

---

[30] Zur Abgeschlossenheit im rechtswissenschaftlichen Positivismus siehe Wieacker, Privatrechtsgeschichte, S. 433 ff.

[31] Funktion, S. 219 ff., besonders deutlich S. 219 Fn. 11; etwas vorsichtiger in: Bedeutung, S. 205, wo es heißt, Gerber lasse „in seinen Abhandlungen immer den historischen Hintergrund und die soziale Funktion“ seiner Rechtslehre „*durchblicken*“ (Hervorhebung vom Verf.).

[32] Aegidis Zeitschrift für Deutsches Staatsrecht und Deutsche Verfassungsgeschichte 1 (1867), S. 5 ff.

[33] Ebd. S. 18; vgl. auch S. 22: „Auf einem Verkennen der eigentümlichen Natur des Staatsrechts würde es beruhen, wenn man eine rechtliche Deduktion aus diesem Gebiete deshalb beanstanden wollte, weil sie Momente von vorzugsweise *politischer* Natur benutzt“.

[34] Rezeption, S. 33.

umbildeten". Ebenso beruhe die Bedeutung der Naturrechts-Politiker darauf, „daß sie das öffentliche Recht des Altertums den modernen Zuständen und Bedürfnissen anpaßten".[35] Die beiden großen Rezeptionen auf dem Gebiete des Staatsrechts — gemeint ist die des römischen Rechts am Ende des Mittelalters und die des englisch-französischen Staatsrechts in der ersten Hälfte des 19. Jahrhunderts — hätten ihre Ursache in der „Unfähigkeit der bestehenden Staatsgewalt, mit ihrer aus anderen gesellschaftlichen Zuständen hervorgegangenen und auf andere politische Bedürfnisse berechneten Organisation den sozialen und politischen Mißständen Abhilfe zu bringen", gehabt.[36]

Die Hauptvertreter der sog. juristischen Methode des Staatsrechts haben also durchaus die gesellschaftlichen Voraussetzungen von Recht im Blick gehabt. Dennoch bleibt ein wesentlicher Unterschied — etwa zu Otto Mayer — bestehen. Die Beeinflussung des Rechts durch außerrechtliche Umstände läßt sich bei ihnen nämlich innerhalb der Methode nicht verorten.[37] Die soziale Bedingtheit des jeweiligen Rechts ist zwar reflektiert, liefert aber nur die Begründung für die Propagierung der juristischen Methode, die ihrerseits ja gerade in der Isolierung von allem nicht primär Juristischem besteht.[38] Die juristische Methode selbst gibt weder Aufschluß über ihre Entstehung noch enthält sie eine Aussage darüber, wie es weitergehen soll, wenn die Voraussetzungen, auf denen sie beruht, entfallen.[39] Ändern sich die Bedingungen, die die

---

35 Ebd. S. 53.

36 Ebd. S. 55. Die Funktionalität von Recht betont Laband auch in: Natur: Das sog. Retractsrecht sei „ein Expropriationsrecht, angepaßt auf die sozialen und politischen Verhältnisse der früheren Jahrhunderte" (S. 166). Eine Reihe von Expropriationsbefugnissen, die „heute als die lästigsten Fesseln des Verkehrs" erschienen, sei vom damaligen „sozialen und politischen Standpunkt aus ... völlig angemessen" gewesen und hätte „den Bedürfnissen der Zeit" entsprochen (S. 167, ähnlich S. 183). —

Selbst ein so hervorragender Vertreter der sog. Begriffsjurisprudenz wie Rudolph Sohm erkennt im Recht den Ausdruck wirtschaftlicher Verhältnisse. Das Recht folge den Wandlungen des Volkslebens: „‚Alles fließt'". Die „Zeit, in der wir leben", sei „eine kapitalistische". Dieser Tatsache müsse das Recht gehorchen (System, S. 83 f.).

37 So schon Gierke, Staatsrecht, S. 18 hinsichtlich der Berücksichtigung politischer, ethischer Anschauungen sowie wirtschaftlicher und sozialer Verhältnisse bei Laband: „Innerhalb der ‚Methode' hat er dafür keine Stätte". —

Hier läßt sich allenfalls Gerber und auch dieser nur in Bezug auf die Methode im öffentlichen Recht ausnehmen.

38 Siehe oben S. 14. Sehr klar zu diesem „Vorausliegen" einer Analyse der ökonomischen Wandlungen der Gesellschaft und einer „Überschau des politischen Gesamtzustandes der Nation", also einer Reflexion dieser Lagen, *vor* einer dogmatisch-systematischen Bearbeitung Vitzthum, Hänel, S. 100.

39 Es mag richtig sein, daß, wie Esser, Vorverständnis, S. 93 meint, jede Dogmatik aus Gründen ihrer eigenen Durchsetzung solche Fragestellungen ausblenden muß. Dies würde jedenfalls die Beurteilung als solche nur bestätigen.

Emanzipation des Rechts — also die juristische Methode[40] — rechtfertigen, so versagt die Methode, sie selbst bedürfte dann der Änderung.

IV. Gefahren der Methode Otto Mayers

Die Methode Otto Mayers ist mit dem Risiko behaftet, bei ihrer Handhabung die „falschen" Ideen der Konstruktion des Rechts zugrunde zu legen. Es besteht die Gefahr, daß so überlebte Ideen konserviert und neue, zukunftsträchtige unterdrückt werden. Die Schwierigkeit, eine richtige Diagnose zu stellen, beruht wesentlich darauf, daß die augenblickliche Verbreitung einer Idee nicht allein maßgebend ist[41], vielmehr die künftige Entwicklung prognostiziert werden muß. Schließlich sollen auch Zweckmäßigkeitsüberlegungen, Praktikabilitätsgesichtspunkte nur höchst ausnahmsweise zu Hilfe genommen werden.[42] Die konkrete Zweckmäßigkeit soll vielmehr regelmäßig umgekehrt aus der Tatsache gefolgert werden, daß einer der gegenwärtigen Entwicklungsstufe adäquate Idee vorhanden ist.[43]

Die Wahrscheinlichkeit, daß durch eine Fehleinschätzung entgegen dem Anspruch der Methode, nur Wirkliches festzustellen, mit Unwirklichem Wirkliches geschaffen wird, wird allerdings in ruhigen Zeiten, einer Normallage, in der die relevanten leitenden Gedanken großteils normiert sind, gering sein. Vor dem Hintergrund stabiler Verhältnisse ist die Methode Otto Mayers schwer von einem Positivismus im Sinne Labands zu unterscheiden. Manche unsachgemäße Einordnung der Methode Mayers mag darauf zurückzuführen sein, daß — retrospektiv

---

[40] Vgl. Laband, Rezeption, S. 56, wo es heißt, nachdem der Übergang zum konstitutionellen Staat vollzogen sei, seien „die festen Grundlagen für eine juristische Behandlung des modernen Staates ... wieder vorhanden", die Staatsrechtslehre könne sich „von der Wissenschaft der Politik von neuem" emanzipieren.

[41] Siehe oben S. 38 ff.

[42] Siehe oben S. 44 f., 59 f.

[43] Vgl. OM, Lebensversicherungssumme (Nr. 8 a), S. 103: „Es scheint mir, daß man ... mit ... lediglich praktischen Rücksichten nicht fertig wird. Wir kommen da auf ein Gebiet, wo — um ein Wort von Lessing zu gebrauchen — eine Gescheitigkeit die andere auffrißt. Man kann von der einen Seite und von der anderen Seite immer wieder Betrachtungen bieten, wo es schön und gut, und wo es übel und unschön sei. Auf diesem Boden mit solchen Betrachtungen werden wir nicht fertig." Ausschlaggebend sei demgegenüber die „übereinstimmende Tendenz der Rechtsentwicklung in allen Kultur-Staaten". Ebenso S. 104: Die „Grundrichtung", die „Strömung in unserer Rechtsentwicklung" sei entscheidend „auch bezüglich der Zweckmäßigkeitsfrage". Wörtlich: „Ich gebe viel mehr auf die immanente Zweckmäßigkeit, die in einer solchen gemeinsamen Rechtsentwicklung liegt, als auf das Einzelne, was wir hintendrein erklügeln und zusammentragen können in Bezug auf Zweckmäßigkeit und Unzweckmäßigkeit. Ein gemeinsames Zweckmäßigkeitsbewußtsein spricht sich auf das Allerentschiedenste darin aus, daß das Recht nach der bestimmten Richtung gehen will."

betrachtet — davon ausgegangen wird, Mayer habe auf konsolidierte Verhältnisse aufbauen können.

Tatsächlich dauerte der Umbruch vom Polizeistaat zum Rechtsstaat jedoch jedenfalls insofern an, als die rechtsstaatlichen Inhalte zum Teil noch nicht umgesetzt waren bzw. sogar im Streit standen. Da ein Wesensmerkmal der Methode Otto Mayers darin besteht, daß die Epochen keine Randunschärfen aufweisen[44], sie vielmehr „in aller Schroffheit zu scheiden" sind[45], war es nicht möglich, „altes" und „neues" Recht zu vermengen.[46] Die Methode Otto Mayers trägt damit die Züge einer Zäsurideologie: gegebenenfalls auch sanften historischen Übergängen entspricht in der Wissenschaft eine stufenförmige Entwicklung.

Da somit sogar ein Ideenhauch beachtlich sein kann, und zwar dann, wenn er sich als die Ankündigung der großen Idee darstellt, müssen in solchen Fällen selbst nur in Spuren positivierte Ideen herausgestellt und gegenläufige Ideen verniedlicht werden. Dabei wird die Aussicht, daß sich eine Idee durchsetzen wird, umso größer sein, je hartnäckiger sie vertreten, je apodiktischer ihre Inhalte propagiert, je konsequenter sie durchgeführt wird. Da die Methode letztlich erfolgsbestimmt ist, nämlich auf dem Vertrauen darauf basiert, daß die richtigen Ideen, also die vernünftigen, die Oberhand behalten werden, wird man nicht zögern, die Wissenschaft als Schwungrad der Ideen einzusetzen. Der Jurist wird damit vom von der Idee Bewegten zum Beweger der Idee. Die Rechtswissenschaft diagnostiziert nicht mehr nur einen außerhalb von ihr verlaufenden Vorgang, sondern sie wirkt auf diesen selbst ein. Der hierbei auftretende Rückkoppelungseffekt war Otto Mayer zumindestens im Hinblick auf eine Verstärkung der modernen Staatsidee durch die Lehre eines von dieser Idee durchdrungenen Verwaltungsrechts[47] sogar erwünscht.

Otto Mayer sah sich einer Situation, die all' diese Gefahren in besonders hohem Maße enthielt, gegenüber. Seine aus den für maßgeblich gehaltenen Ideen abgeleiteten Institute waren so wenig positivrechtlich verankert, daß er noch von seinem Verwaltungsrecht sagen konnte, es

---

[44] Vgl. Forsthoff, Verwaltungsrecht, S. 51. OM ist sich bei der sauberen Trennung von Polizeistaat und Rechtsstaat in seinem rechtswissenschaftlichen Werk durchaus bewußt, daß es sich historisch anders verhält. „Es wäre ... eine ganz ungeschichtliche Verfahrensweise", sagt er, „wenn man behaupten wollte, daß diese Begriffe (des Polizeistaats und des Rechtsstaats, der Verf.) in der Wirklichkeit mit derselben Schroffheit sich scheiden". Die Geschichte mache keine Sprünge (Rezension Anschütz, AöR 17 (1902), S. 465).

[45] OM, Rezension Anschütz, AöR 17 (1902), S. 465.

[46] Vgl. oben S. 154 f.

[47] Siehe oben S. 114 f.

sei im wesentlichen Theorie[48]. Dieser Sachverhalt ist wiederholt, u. a. von Fritz Fleiner[49] und Karl Kormann[50], zwei Schülern Mayers, bestätigt worden.[51]

Angesichts des Fehlens eines für sich allein tragfähigen positivrechtlichen Fundaments mußte Otto Mayer den Maßstab, an dem sich seine verwaltungsrechtlichen Theorien zu orientieren hatten, anderswo herholen. Er suchte ihn in dem, „was hinter allen Rechtseinrichtungen steht: sie (die Rechtseinrichtungen, der Verf.) sollen ... den Menschen dienen in bestimmter Weise und dieser Absicht angemessen, d. h. *vernünftig* sein"[52].

V. Otto Mayer und Hegel

Dieses Zugehen Otto Mayers auf die Wirklichkeit des Vernünftigen läßt die Frage stellen, inwieweit Mayer durch Hegel beeinflußt war.[53]

---

[48] Vgl. Rezension Stengel / Fleischmann, AöR 28 (1912), S. 347: „Ein deutsches Verwaltungsrecht ... gibt es — von den Oasen des Reichsverwaltungsrechts abgesehen — nur in der Theorie". — Die Folgen einer Orientierung ganz an Gesetzen wären riesige Lücken gewesen. Ein Musterbeispiel dafür ist Seydel, Grundriß.

[49] Fleiner, Institutionen, S. 4, meint zur Entwicklung des Verwaltungsrechts: „Ihre Höhepunkte waren nicht durch Erlasse des Gesetzgebers bezeichnet. Von der Praxis der Verwaltungsbehörden und der Verwaltungsgerichte und von der stillen Arbeit der Wissenschaft ist der Fortschritt ausgegangen." Fast gleichlautend ders., Umbildung, S. 23 f. Mit einer leisen Kritik verbunden ist die Würdigung OMs in Fleiner, Mayer, S. 78: Nachdem Fleiner herausgestellt hat, daß OM es unternommen habe, den Rechtsstaat zu verwirklichen, fährt er fort: „Es soll an dieser Stelle nicht erörtert werden, ob er in diesem Bestreben die Grenze zwischen dem, was ein Postulat für den Gesetzgeber sein muß, überall richtig gezogen hat gegenüber dem, was wir aufgrund der geschichtlichen Entwicklung schon heute als geltendes Recht ansprechen dürfen."

[50] System, S. VI: OMs Werk sei „nicht genügend positivrechtlich fundiert". Ebenso ders. in List, Einführung, S. 48; dort S. 41: „Wir kennen also jetzt die Wissenschaft als Rechtsquelle der einzelnen Rechtsinstitute des allgemeinen Teils unseres Verwaltungsrechts".

[51] Außerdem u. a. von Giacometti, Ansprache, S. 47; Knauth, Rezension Fleiner / Walter Jellinek, AöR 63 (1934), S. 251; Bachof, Dogmatik, S. 203, 218 f.; Schmitt, Systembildung, S. 5, 7. Die Situation, der sich das Preußische Oberverwaltungsgericht gegenübersah und die auch wesentlich die war, die OM zu bewältigen hatte, beschreibt eindrucksvoll Reuß, Bundesverwaltungsgericht, S. 529: „In der Zeit des Wirkens des Oberverwaltungsgerichts war das Verwaltungsrecht überwiegend noch ein ‚jungfräuliches' Rechtsgebiet, das bis dahin in weiten Bereichen noch nicht von einem positiv-rechtlichen Normengeflecht überzogen war. Da galt es für den Richter noch doppelt, aus dem Urgestein der Lebenssachverhalte selbst und des ihnen immanenten ungeschriebenen Rechts die latent [!] geltenden Normen erst herauszuschlagen."

[52] Eisenbahn II (Nr. 29), S. 66; vgl. auch S. 48 Fn. 12. Entsprechend seinem spezifischen Verständnis von Naturrecht fügt OM hinzu, es „wäre eine sehr überflüssige Besorgnis", „daß wir damit in den Bann der alten naturrecht-

Daß Hegels Rechtsphilosophie ursächlich war für die Auffassung Mayers von der modernen Staatsidee als rechtlicher Allmacht des Staates ist durch Äußerungen Mayers selbst verbürgt. Die „Anerkennung der allgemeinen höheren Natur des Staatswillens zu verbreiten", sei, so Mayer, „vor allem das Werk der Hegelischen Schule" gewesen.[54] Seine eigene Einstellung zum Staat sei durch autodidaktische Beschäftigung mit Hegels Philosophie während seines Studiums geprägt worden. Er habe dadurch „eine ganz andere Hochachtung vor dem Staat" gewonnen.[55]

Eine darüber hinausgehende Orientierung an Hegel, den Mayer später erneut gelesen hat[56] und der in verschiedenen seiner Schriften Erwähnung findet[57], läßt die Anführung Hegelischer Rechtsphilosophie als einer Ursache dafür, daß er „es wagen konnte", allgemeinen „Ideen auch in dem zerfahrenen und unfertigen deutschen Verwaltungsrecht nachzugehen und aufzuweisen"[58], vermuten. Wenn Heyen dazu meint, es liege nahe, den Einfluß Hegels auf Mayer nicht in der Methode zu suchen[59], so ist dem entgegenzuhalten, daß die Bezugnahme Mayers auf Hegel in einem methodischen Zusammenhang steht. Mayer skizziert hier gerade seine methodische Grundvorstellung vom von der Abfolge epochaler Ideen beherrschten Recht. Die von Heyen angeführten Zitate Mayers, die belegen sollen, wie wenig Otto Mayer die Methode Hegels

lichen Anschauungen geraten" (ebd. S. 66). — Zu OMs Rekurrieren auf die Vernünftigkeit siehe bereits oben S. 41 f.

[53] Daß OM in der Tradition Hegels stehe, ist wiederholt behauptet worden, besonders entschieden von Kaufmann, Mayer, S. 380 ff.; ders., Artikel: Verwaltungsrecht, S. 717; Wittmayer, Rezension OM, AöR 37 (1918) S. 472 f.; ders., Lebenswerk, S. 518, 523; Waldecker, Anstaltspolizei, S. 304, 337; Niemeyer, Rezension OM, Niemeyers ZSfIntR 34 (1925), S. 493; in neuerer Zeit von Bachof, Dogmatik, S. 219 f. Bereits erhebliche Zeit vor all diesen Äußerungen ist, wie einem Brief OMs an Georg Jellinek vom 24. 7. 1896 (Bundesarchiv Koblenz) zu entnehmen ist, Jellinek die Anlehnung OMs an Hegel aufgefallen. OM schreibt darin, er habe auf Jellineks neue Bemerkungen, das Verhältnis zu Hegel betreffend, viel zu sagen. Der dazu angekündigte Brief OMs ist leider entweder nie geschrieben worden oder nicht erhalten geblieben.

[54] Lehre (Nr. 11), S. 30 Fn. 39.

[55] Selbstdarstellung (Nr. 89), S. 155. Forsthoff, Verwaltungslehre, S. 47 spricht daher zu Recht von OM als „Etatist aus dem Geiste Hegels".

[56] Allerdings in großen Abständen von jeweils rund einer Generation. So schreibt er am 2. 2. 1920 an Victor Ehrenberg, er habe sich in den letzten sechs Monaten u. a. wieder mit Hegel beschäftigt, den er seit 30 Jahren sehr vernachlässigt habe, so daß er ihm jetzt wie neu vorkomme (Briefe vom 20. 9. 1919 und 2. 2. 1920, Staatsbibliothek Preußischer Kulturbesitz, Berlin, Nachlaß Ehrenberg).

[57] Außer an den bereits angeführten Stellen etwa in Fichte (Nr. 72), S. 25, wo er Hegel als den größten deutschen Rechtsphilosophen bezeichnet: Laatschy (Nr. 21), S. 83; Kriege (Nr. 52), S. 238; Bekenntnis (Nr. 92), S. 21; Völkerrecht (Nr. 78), S. 23 Fn. 37.

[58] OM, Verwaltungsrecht, 2. Aufl., Bd. 1 (Nr. 73), S. VIII.

[59] Philosophie, S. 281.

zusagte, ergeben nur eine gewisse Distanz zu Hegels Methode, keineswegs aber eine grundsätzliche Gegnerschaft. Das gilt zunächst und vor allem für die zahlreichen Äußerungen Mayers über Lorenz von Stein, die nur mittelbar Hegel betreffen. Ganz deutlich wird dies in dem Vorwurf gegenüber Stein, dieser habe „es verstanden, unter *Benutzung* Hegelischer *Ausdrucksformen* (Hervorhebungen vom Verf.) die Verwaltungslehre so vorzutragen, daß die Einzelheiten der staatlichen Tätigkeit als wissenschaftlich notwendige Offenbarungen der dahinter stehenden großen Ideen angesehen werden wollten“[60]. Die Kritik geht also dahin, Stein habe Hegel falsch angewendet, insbesondere allzu freihändig konstruiert, indem er das Recht „einfach aus den staatswissenschaftlichen Ideen herauswachsen“ ließ[61]. Fehlt nach Meinung Otto Mayers Stein der Wirklichkeitssinn gänzlich[62], so merkt er doch auch gegenüber Hegel selbst an, bei diesem habe „die Wirklichkeit der sittlichen Idee in ihren begriffsnotwendigen Entfaltungen einfach die Gestalt des kgl. preußischen Staatswesens“ angenommen[63].

Die Differenz zu Hegel besteht darin, daß für Mayers Wirklichkeitsbegriff nicht allein die einheimischen Einrichtungen maßgebend sind[64], vielmehr gerade ausländische, vor allem französische nutzbar gemacht werden sollen. Daneben hebt Otto Mayer weit mehr auf die Nachweisbarkeit einer Idee in den Rechtsgestaltungen ab, darauf, ob die Idee danach im Vordringen begriffen ist, als auf die Vernünftigkeit einer Idee. Ob er sich damit von Hegel absetzt oder nur Hegel richtig versteht[65], ist nebensächlich, entscheidend ist die Tatsache als solche.[66]

---

[60] Verwaltungsrecht, 3. Aufl., Bd. 1 (Nr. 88), S. 18.

[61] OM, Finanzrecht (Nr. 91), S. 86 Fn. 2. — Lorenz von Stein muß für OM eine Art Intimfeind gewesen sein. Nicht nur, daß er ihm das Recht abspricht, sich „jene(r) souveräne(n) und hochgemute(n) Rechtsphilosophie, wie Hegel sie sich erlauben durfte“, zu bedienen (Rezension Goldschmidt, VerwArch 11 (1903), S. 349), auch sonst äußert er sich über Stein höchst unfreundlich: Dieser trage „ganz verfehlte Hirngespinste“ „mit Schwung und Eifer“ vor (Rezension Jèze, AöR 19 (1905), S. 598) und sei „ein Fanatiker des philosophisch zugespitzten Systems“ (Vorlesungsmitschrift), Stein eigne eine „krause Gedankenwelt“ (Rezension Bornhak, DJZ 12 (1907), Sp. 1036) und sein System sei „blühender Bombast“ (Selbstdarstellung — Nr. 89 —, S. 186).

[62] Siehe auch Rezension Eckert, JW 48 (1919), S. 486, wo OM meint, wenn man Stein als einen „‚große(n) Realist(en)‘“ bezeichne, so sei das „eine sehr unverdiente Bezeichnung für diesen schwungvollen Autor“.

[63] Rezension Gluth, AöR 3 (1888), S. 485.

[64] Vgl. die entsprechende Kritik ebd.

[65] Vgl. OM, Völkerrecht (Nr. 78), S. 14 Fn. 21: „Natürlich muß man Hegel zu lesen verstehen, was nicht bei allen heutigen Juristen der Fall ist.“

[66] Ohnehin ist es das bekannte Schicksal Hegels, daß nahezu jeder ihn auf seine Weise versteht. Bei der stattlichen Zahl der von Hegel Beeinflußten in der Rechtswissenschaft (siehe den beeindruckenden Überblick bei Marcic, Hegel, der OM nicht einmal enthält) kann es daher immer nur auf das spezifische Hegelverständnis ankommen.

Die Hinwendung zu dem so verstandenen Wirklichkeitsbegriff erfolgte bei Otto Mayer erst im Laufe seiner praktischen Tätigkeit. Von seiner Dissertation[67] sagt er rückblickend in seiner Autobiographie: „... ging ich mutig dran im Vertrauen auf meinen Hegel... Zu einer Art geschlossener Auffassung kam ich ja auch dabei; ob sie der Wirklichkeit des Rechtes entsprach, schien mir weniger wichtig zu sein; dafür war mir der Sinn damals noch nicht aufgegangen."[68] Die Änderung in der methodischen Vorgehensweise bezieht sich also auf den induktiven Teil der Methode. Im deduktiven hingegen liegt eine erstaunliche Kontinuität vor.[69] Bekker war an dieser Frühschrift Mayers die Methode aufgefallen, die er „eine sehr bedenkliche" nennt[70]. „Welcher Art die Methode" sei, wäre „nicht ganz leicht zu sagen: philosophisch gefärbt, gegründet auf das Streben, aus wenigen Prinzipien die Menge der Einzelheiten herzuleiten"[71]. Geändert hat sich bei Otto Mayer nur die Art und Weise, diese Prinzipien, die allgemeinen Ideen zu gewinnen. Nach seiner späteren Auffassung sollte nämlich erst dann, wenn der Nachweis der modernen Idee im vorhandenen Recht zu scheitern drohte, — quasi als Notweg — ein Rekurrieren auf die Wirklichkeit des Vernünftigen erlaubt sein.[72] Die dialektische Methode wird von Otto Mayer in der Zeit des Entstehens seiner verwaltungsrechtlichen Schriften also nur mehr behutsam eingesetzt.

VI. Tendenz zur Beharrung

Wenngleich nach alledem das System Otto Mayers ein begrenzt offenes ist, er mithin nur in einem sehr eingeschränkten Maße „Positivist" war, so ist dennoch sein System weitgehend positiviert worden. Das Bewegungsmoment erlahmte, und man glaubte sogar, mit der Verfestigung des Werkes den Absichten Mayers zu entsprechen. Dabei war sich Otto Mayer der Vergänglichkeit selbst der Ideen, die er leidenschaftlich propagierte, durchaus bewußt. So sagt er in Bezug auf die

[67] Nr. 1.

[68] Selbstdarstellung (Nr. 89), S. 156 f. Das gleiche, in *dieser* Weise an Hegel orientierte methodische Vorgehen findet sie auch noch in Versuch (Nr. 2), besonders deutlich S. 71.

[69] Frühzeitig ausgebildet war auch OMs Überzeugung von der Notwendigkeit eines Allgemeinen Teils: „Als ich vor langen Jahren bei Gneist in Berlin hörte, hatte der sich die Vorlesung ... so zurecht gemacht, daß erst alle Einzelheiten des besonderen Teils kamen und zuletzt das allgemeine. Das verblüffte uns erst; ich nahm mir aber doch schon vor, wenn ich jemals Vorlesungen zu halten hätte, es nicht so zu machen." (Selbstdarstellung — Nr. 89 —, S. 155).

[70] Rezension OM, KritViertjSchr 14 (1872), S. 481.

[71] Ebd. S. 482. Ähnlich und noch schärfer ablehnend eine mit „A. B." gezeichnete Rezension im Literarischen Centralblatt 22 (1871), Sp. 732: „Deduction aufgrund eines ohne viel Umstände selbst geschaffenen Begriffs".

[72] Besonders klar in Eisenbahn II (Nr. 29), S. 65 ff.

Idee des öffentlichen Eigentums, die er der alten Fiskusidee entgegensetzt: „Vielleicht ... werden sie beide von einem bisher nicht beobachteten stärkeren Organismus aufgesogen. Nach uns kommen auch noch Leute; die werden es sehen.“[73] Daß sich die methodischen Bemerkungen Mayers verstreut in den verschiedensten seiner Schriften finden, mag mit dazu beigetragen haben, daß man den aktuellen Ertrag seiner Methode festhielt, ohne die Methode selbst weiterzubefolgen. Mit der Analyse der Methode die historische Bedingtheit des Verwaltungsrechtes von Otto Mayer aufzuweisen, war mit die Aufgabe dieser Untersuchung. Der charakteristische Grundzug der Methode Otto Mayers war schließlich nichts weniger als die periodische Ablösung von Ideen und damit von Recht. Als methodologisches Leitmotiv liegt dem zugrunde, die in Ideen ausmündenden Zeichen der Zeit zu *erkennen* und eben wegen ihrer Zeitgemäßheit *anzuerkennen*. Der Entzeitlichung der Verwaltungsrechtslehre Otto Mayers ist damit die Berufung auf den Schöpfer dieser Lehre verwehrt.

---

[73] Stand (Nr. 56), S. 521.

Otto-Mayer-Bibliographie

In der nachfolgenden Otto-Mayer-Bibliographie haben Beiträge, die entweder in verschiedenen Zeitungen oder Zeitschriften, und Werke bzw. Aufsätze, die verteilt auf mehrere Jahre erschienen sind, je eine eigene Nummer erhalten. Schriften, die an verschiedenen Stellen veröffentlicht wurden, Bücher, die mehrere Auflagen erfuhren, sowie Erzählungen, die in Sammelbände aufgenommen wurden, sind durch Querverweisungen gekennzeichnet. Neudrucke sind bei der nachgedruckten Ausgabe vermerkt. Bücher, selbständige Schriften und Aufsätze Mayers sind im Text mit Stichwort und laufender Nummer zitiert.

Diejenigen Aufsätze und kleinen Schriften Otto Mayers, die in das im Verlag Duncker & Humblot erschienene Sammelwerk: Otto Mayer, Kleine Schriften zum öffentlichen Recht, herausgegeben von Erk Volkmar Heyen, 2 Bände, Berlin 1981, Aufnahme gefunden haben, sind mit einem Stern versehen. Dieses Sammelwerk übernimmt die Originalpaginierung.

Von den Briefen von und an Otto Mayer ist die aufgefundene Korrespondenz mit Professoren des Rechts vollständig angegeben, von dem recht umfangreichen sonstigen Schriftverkehr nur das, was in der Arbeit verwendet wurde.

Das Literaturverzeichnis ist unterteilt in Schriften, die vor der ersten Auflage des „Deutschen Verwaltungsrechts" von Otto Mayer (1895/96) erschienen sind, das sind solche, die für das Entstehen der Verwaltungsrechtslehre Mayers Quellenwert besitzen, und jene, die zeitlich später liegen.

A. Bibliographie der eigenen Arbeiten

I. Otto Mayer als Autor

1. Bücher, selbständige Schriften und Aufsätze

1871 1 Die *Justa Causa* bei Tradition und Usukapion — Ein Versuch auf dem Gebiete des römischen Rechts
Eduard Besold, Erlangen
(erweiterte Dissertation)

1872 2 *Versuch* einer Rettung der L. 4 pr. D. pro suo 41, 10
Archiv für die civilistische Praxis
55. Band, S. 64 ff.

1878 3 Der neue Civilprozeß und die *Untheilbarkeit* des Geständnisses
Zeitschrift für Französisches Civilrecht
9. Band, S. 331 ff., 478 ff.

1879 4 Die dingliche *Wirkung* der Obligation
Eine Studie zum Mobiliareigentum des Code civil und des deutschen Handelsgesetzbuches
Eduard Besold, Erlangen

1880 5 Zur Behandlung der *Theilungsklagen*
Juristische Zeitschrift für das Reichsland Elsaß-Lothringen
5. Band, S. 125 ff.

1881 6 Die *concurrence* déloyale
Ein Beitrag aus dem französischen Rechte zur Lehre vom geistigen Eigenthum
Zeitschrift für das Gesammte Handelsrecht
26. Band, S. 363 ff.

1882 7 Gutachten über die Frage: Sind die deutschrechtlichen oder die römischrechtlichen *Grundsätze* hinsichtlich des Fruchterwerbes im deutschen bürgerlichen Gesetzbuche aufzunehmen?
Verhandlungen des 16. deutschen Juristentages
Berlin, S. 217 ff.

8 Die rechtliche Lage der *Auskunftsbureaus*
Jahrbuch für Gesetzgebung, Verwaltung und Volkswirthschaft
N.F. 6. Band, S. 1259 ff.

1883 8a Referat: Soll das Recht auf die *Lebensversicherungssumme* zum Nachlasse des Versicherten gehören?
Verhandlungen des 16. deutschen Juristentages
Bd. 2, Berlin, S. 101 ff.

1884 9 Gutachten über die Frage: Wie weit hat der *Arbeitgeber* für das Verschulden seiner Arbeiter zu haften?
(Code civ. Art. 1384)
Verhandlungen des 17. deutschen Juristentages
Bd. 1, Berlin, S. 125 ff.

1886 10 *Theorie* des Französischen Verwaltungsrechts
Karl J. Trübner, Strassburg

1888 11* Zur *Lehre* vom öffentlichrechtlichen Vertrage
Archiv für öffentliches Recht
3. Band, S. 1 ff.

1889 12 Gutachten über die Frage: Empfiehlt es sich, die *Ehescheidungsgründe* in der vom Entwurf des bürgerlichen Gesetzbuchs beabsichtigten Weise zu beschränken?
Verhandlungen des 20. deutschen Juristentages
Bd. 2, Berlin, S. 92 ff.

1890 13 *Artikel im Wörterbuch des Deutschen Verwaltungsrechts*
(hrsgg. von Karl Frhr. von Stengel)
J. C. B. Mohr, Freiburg
Band 1:
Bezirk in Elsaß-Lothringen, S. 210 f.
Binnengewässer, S. 212 ff.
Binnenschiffahrt, S. 215 f.
Fähren, S. 377 f.
Flößerei, S. 423 f.
Flüsse, S. 427 f.
Inseln, S. 676 f.
Kanäle, S. 702 f.
Kreis in Elsaß-Lothringen, S. 870 f.
Band 2:
Leinpfad, S. 45 f.
Sittenpolizei, S. 455 ff.

Statthalter, S. 538 f.
Stauanlagen, S. 539 ff.
Ströme, S. 590 ff.
Verwaltungsgerichtsbarkeit in Elsaß-Lothringen, S. 750 ff.
Verwaltungsorganisation in Elsaß-Lothringen, S. 779 ff.

1892 14 Artikel im *1. Ergänzungsband;* vgl. Nr. 13
Wasserbenutzung und Wasserschutz
(Els.-lothr. Ges. v. 2. 7. 1891, betr. Wasserbenutzung und Wasserschutz), S. 99 f.

1893 15 Artikel im *2. Ergänzungsband,* Freiburg und Leipzig; vgl. Nr. 13
Kriegszustand in Elsaß-Lothringen
(R.G. v. 30. 5. 1892 über die Vorbereitung des Krieges in Elsaß-Lothringen), S. 132

1895/96 16 Deutsches *Verwaltungsrecht*
Duncker u. Humblot, Leipzig
2 Bände

1896 17 Adolf *Merkel* (Trauerrede)
o. J.

1897 18 Artikel im Wörterbuch des Deutschen Verwaltungsrechts
(hrsgg. von Karl Frhr. v. Stengel)
Freiburg; vgl. Nr. 13
3. Ergänzungsband
Binnenschiffahrt, S. 31 f.
Flößerei, S. 100

1898 19* Zur Frage der reichsrechtlichen *Regelung* des Vereinswesens
Deutsche Juristenzeitung
3. Band, S. 213 ff.

1899 20 Zur Frage des Zeugeneides
Die Christliche Welt
13. Band, Sp. 554 ff.

21 Fortunatus *Laatschy — Dina*
Zwei Erzählungen
Grunow, Leipzig
— veröffentlicht unter dem Pseudonym „Eduard Dupré“ —

22 Der Elsaß-Lothringische Diktaturparagraph abermals vor dem Reichstage
Deutsche Juristenzeitung
4. Band, S. 25 ff.

23 Der Elsaß-Lothringische Diktaturparagraph abermals vor dem Reichstage; vgl. Nr. 22
Straßburger Post Nr. 48 v. 17. 1. 1899

24 Hedi. Eine Weihnachtsgeschichte
Die Christliche Welt
13. Band, Sp. 1205 ff.
— veröffentlicht unter dem Pseudonym „Eduard Dupré“ —

1900 25 Beitrag zu: Soll das *Rechtsstudium* den Realgymnasiasten zugänglich gemacht werden?
Deutsche Juristenzeitung
5. Band, S. 282

26* *Eisenbahn* und Wegerecht
Archiv für öffentliches Recht
15. Band, S. 510 ff.

27 Ottilie. Eine Weihnachtsgeschichte
Die Christliche Welt
14. Band, Sp. 1211 ff.
— veröffentlicht unter dem Pseudonym „Eduard Dupré" —

1900/01 28 Beitrag zu: Deutsche Rechtslehrer über das Oberverwaltungsgericht
Preußisches Verwaltungsblatt
22. Band, S. 96

1901 29* Eisenbahn und Wegerecht
Archiv für öffentliches Recht
16. Band, S. 38 ff., 203 ff.
(zitiert *Eisenbahn II)*

29a Unstern. Aus den Erzählungen eines alten Advokaten
Die Grenzboten
60. Jahrgang, 3. Vj., S. 515 ff., 574 ff., 628 ff.
(in Nr. 52 unter dem neuen Titel: „Die deutsche Flotte" übernommen)
— veröffentlicht unter dem Pseudonym „Eduard Dupré" —

1902 30* *Portalis* und die organischen Artikel
Rede zur Feier des Geburtstages Sr. Majestät des Kaisers am 27. Januar 1902 in der Aula der Kaiser-Wilhelms-Universität Straßburg
J. H. Ed. Heitz, Straßburg

31 Von der ersten Schwurgerichtstagung in Elsaß-Lothringen
Straßburger Post v. 26. 3. 1902, Morgenausgabe Nr. 284, S. 1 f.
— veröffentlicht unter „E. D." = Pseudonym „Eduard Dupré" —

32* *Justiz* und Verwaltung
in: Das Stiftungsfest der Kaiser-Wilhelms-Universität Straßburg am 1. Mai 1902
J. H. Ed. Heitz, Straßburg, S. 17 ff.

32a Justiz und Verwaltung
vgl. Nr. 32
Straßburg

33 Der Renegat
Kölnische Zeitung Nr. 923, 926, 929, 934, 938
(in Nr. 52 aufgenommen)
— veröffentlicht unter dem Pseudonym „Eduard Dupré" —

1903 34* Republikanischer und monarchischer *Bundesstaat*
Archiv für öffentliches Recht
18. Band, S. 337 ff.

34a Gutachten über das Recht der Korporation auf die Teilnahme am Börsenvorstand und an der Zulassungsstelle
Berliner Jahrbuch für Handel und Industrie
1. Band, S. 402 ff.

35 Le *droit* administratif allemand
Giard & Brière, Paris
Band 1; vgl. Nr. 36, 42, 46
(französische Ausgabe von Nr. 16 bei teilweiser Neubearbeitung)

1904 36 Le droit administratif allemand
Band 2; vgl. Nr. 35, 42, 46

37 Zum hundertsten Geburtstage des *Code* civil
Frankfurter Zeitung und Handelsblatt Nr. 80 v. 20. März 1904, S. 1

38 Heimweh
Straßburger Post Nr. 285, 289, 292, 295, 300, 304, 308, 312
(in Nr. 52 aufgenommen)
— veröffentlicht unter dem Pseudonym „Eduard Dupré" —

39* Fameck
Die Christliche Welt
18. Band, Sp. 417 ff.

40 Fameck
vgl. Nr. 39
Straßburger Zeitung v. 27. 4. 1904

41* Die *Entschädigungspflicht* des Staates nach Billigkeitsrecht
„Neue Zeit- und Streitfragen" H. 8 / Mai 1904
(Hrsgg. von der Gehestiftung zu Dresden)
Zahn & Jaensch, Dresden

1905 42 Le droit administratif allemand
Band 3; vgl. Nr. 35, 36, 46

43* Die Elsaß-Lothringische Verfassungsfrage
Deutsche Juristenzeitung
10. Band, Sp. 369 ff.

44* Zum Toleranzantrag des Zentrums
Die Christliche Welt
19. Band, Sp. 338 ff.

45 Hedi. Eine Weihnachtsgeschichte
vgl. Nr. 24
Elsässisches Evangelisches Sonntagsblatt Nr. 52 v. 24. 12. 1905, S. 424 ff.
— veröffentlicht unter dem Pseudonym „Eduard Dupré" —

1906 46 Le droit administratif allemand
Band 4; vgl. Nr. 35, 36, 42

47* Zur Lehre von der materiellen *Rechtskraft* in Verwaltungssachen
Archiv für öffentliches Recht
21. Band,[1] S. 1 ff.

48 Welchen *Wert* hat die Landeskirche für unsere religiöse und nationale Zukunft?
Referat zu den Verhandlungen der Freien deutschen evangelischen Konferenz, Leipzig, 8. Nov. 1906
Die Christliche Welt
20. Band, Sp. 1154 ff.

49 Die Frage der Trennung von Staat und Kirche in der *Gegenwart*
Neues Sächsisches Kirchenblatt
13. Band, Sp. 481 ff., 497 ff.

50* Artikel: *Staat* und Kirche
in: Albert Hauck (Hrsg.), Realencyklopädie für protestantische Theologie und Kirche

[1] Berichtigung: Dieser Band ist bereits der Jahrgang 1907.

3. Aufl., Band 18
J. C. Hinrichs'sche Buchhandlung, Leipzig, S. 707 ff.

50a Zur Lehre von der materiellen Rechtskraft in Verwaltungssachen. Festrede zur Feier der juristischen Fakultät in Leipzig zum Andenken an Christian Friedrich Kees
Leipzig 1906

51 Das *Recht* am Urteil
(aus Anlaß der Feier des Andenkens an Dr. Bernhard Friedrich Rudolf Lauhn)
Alexander Edelmann, Leipzig

52 Nach dem *Kriege*
Erzählungen eines alten Advokaten
Duncker u. Humblot, Leipzig
(enthält u. a. Nr. 29a, 33, 38)
— veröffentlicht unter dem Pseudonym „Eduard Dupré" —

53 Das verbotene Weihnachtslied
Eine ziemlich wahre Geschichte
Die Christliche Welt
20. Band, Sp. 1220 ff.
— veröffentlicht unter dem Pseudonym „Eduard Dupré" —

1907 54* Studien zur *Rheinschiffahrtsakte*
Annalen des Deutschen Reichs, S. 1 ff.

55* *Schiffahrtsabgaben.* Kritische Bemerkungen zu der gleichnamigen Schrift des Wirklichen Geheimen Oberregierungsrats M. Peters, vortragender Rat im Ministerium der öffentlichen Arbeiten
J. C. B. Mohr, Tübingen

56* Der gegenwärtige *Stand* der Frage des öffentlichen Eigentums (Vortrag gehalten in der Wiener Juristischen Gesellschaft am 6. März 1907)
Archiv für öffentliches Recht
21. Band, S. 449 ff.

57 Landesausschuß und Bundesrat
Deutsche Juristenzeitung
12. Band, Sp. 616 ff.

1908 58* Die juristische *Person* und ihre Verwertbarkeit im öffentlichen Recht
in: Staatsrechtliche Abhandlungen — Festgabe für Paul Laband
Bd. 1, J. C. B. Mohr, Tübingen, S. 1 ff.

1909 59 Ist eine *Änderung* des Verhältnisses zwischen Kirche und Staat anzustreben?
Vortrag bei der 22. Generalversammlung des Evangelischen Bundes in Mannheim
Halle

60 „Zu *Zwecken* des Wettbewerbes"
Leipziger Zeitschrift
3. Band, Sp. 642 ff.

61 Das *Staatsrecht* des Königreichs Sachsen
J. C. B. Mohr, Tübingen

62 Ein Stück *curriculum* vitae
Deutsche Juristenzeitung
14. Band, Sp. 1041 ff.

63 Ein Stück curriculum vitae
vgl. Nr. 62
in: Festgabe der Deutschen Juristen-Zeitung zum 500jährigen Jubiläum der Universität Leipzig, hrsgg. von Otto Liebmann
Otto Liebmann, Berlin, Sp. 193 ff.

1910 64* *Schiffahrtsabgaben II*
Kritische Bemerkungen zum Entwurf eines Reichsgesetzes, die Erhebung von Schiffahrtsabgaben betreffend
J. C. B. Mohr, Tübingen

65 Zum Verkauf des Tempelhofer Feldes
Deutsches Recht
14. Band, S. 758 ff.

66 *Thüringen* und die Schiffahrtsabgaben
in: Thüringische Wirtschaftsfragen, hrsgg. vom Syndikus des Verbandes Thüringischer Industrieller, Weimar
2. Heft
Otto Henning A.-G., Greiz i. V., S. 3—13

1911 67 Artikel im Wörterbuch des Deutschen Staats- und Verwaltungsrechts (Hrsgg. von Max Fleischmann, begr. von Karl Frhr. v. Stengel)
2. Aufl. von Nr. 13
J. C. B. Mohr, Tübingen
Band 1
Bezirk (Elsaß-Lothringen), S. 465 f.
Binnengewässer (See), S. 482 ff.
Elsaß-Lothringen, S. 711 ff.
Entschädigungspflicht des Staates, S. 731 ff.
Fähren, S. 750 ff.
Flößerei, S. 812 ff.
Flüsse, S. 814 f.

68* *Festrede* zur Feier des 90. Geburtstages Sr. Königl. Hoheit des Prinzregenten Luitpold von Bayern zu Leipzig am 11. März 1911
Leipzig

69 Die *Entschädigung* der Mitglieder der Ständeversammlung nach Sächsischem Verfassungsrecht
Archiv des öffentlichen Rechts
27. Band, S. 570 ff.

1913 70* Die *Haftung* des Staats für rechtswidrige Amtshandlungen
Sächsisches Archiv für Rechtspflege
8. Band, S. 1 ff.

71 Artikel im Wörterbuch des Deutschen Staats- und Verwaltungsrechts (hrsgg. von Max Fleischmann, begr. von Karl Frhr. v. Stengel)
2. Aufl. von Nr. 13
J. C. B. Mohr, Tübingen
Band 2
Inseln, S. 436 f.
Kanäle im allgemeinen, S. 487 ff.
Kreis (Elsaß-Lothringen), S. 673 f.
Leinpfad, S. 777

72* *Fichte* über das Volk
in: Rektorwechsel an der Universität Leipzig am 20. November 1913
Leipzig, S. 17 ff.

1914 73 Deutsches *Verwaltungsrecht*
Duncker u. Humblot, Leipzig
2. Aufl. von Nr. 16
Band 1

74 Artikel im Wörterbuch des Deutschen Staats- und Verwaltungsrechts (hrsgg. von Max Fleischmann, begr. von Karl Frhr. v. Stengel)
2. Aufl. von Nr. 13
J. C. B. Mohr, Tübingen
Band 3
Öffentliche Sachen, S. 9 ff.
Sittenpolizei, S. 433 ff.
Statthalter (Elsaß-Lothringen), S. 519 f.
Ströme, S. 558 f.
Verwaltungsgerichtsbarkeit (Elsaß-Lothringen), S. 786 ff.

75 *Bericht* über das Studienjahr 1913/14
(Rede des abtretenden Rektors)
in: Rektorwechsel an der Universität Leipzig am 31. Oktober 1914
Leipzig, S. 3 ff.

1916 76 Vom *Unbeschreiblichen* und vom Unzulänglichen
Drei Geschichten
J. C. Hinrichs'sche Buchhandlung, Leipzig

1917 77 Deutsches *Verwaltungsrecht*
Duncker u. Humblot, Leipzig
2. Aufl. von Nr. 16
Band 2

1918 78* *Völkerrecht* und Völkermoral
Archiv des öffentlichen Rechts
38. Band, S. 1 ff.

79* Die *Neuorientierung* und ihr Einfluß auf die Kirche
Deutsch-Evangelische Monatsblätter für den gesamten Protestantismus
9. Band, S. 385 ff.

1919 80* Zur vorläufigen Reichsverfassung
Juristische Wochenschrift
48. Band, S. 209 f.

81 Anmerkung zu RGSt v. 4. 4. 1919
Juristische Wochenschrift
Band 48, S. 733

82 Die *Trennung* von Kirche und Staat — Was sie bedeutet und was sie zur Folge hat
Teubner, Leipzig u. Berlin

1920 83* *Neues* vom öffentlichen Eigentum
Archiv des öffentlichen Rechts
39. Band, S. 77 ff.

1922 84 Die *Kaiser-Wilhelms-Universität* Straßburg — Ihre Entstehung

und Entwicklung
de Gruyter, Berlin und Leipzig

85 Anmerkung zu PrOVGE v. 10. 11. 1921
Juristische Wochenschrift
51. Band, S. 610 f.

86 Anmerkung zu RGZ v. 14. 3. 1922
Juristische Wochenschrift
51. Band, S. 1385 ff.

1923 87 Veräußerung von Staatsgut
Juristische Wochenschrift
52. Band, S. 746

1924 88 Deutsches *Verwaltungsrecht*
Duncker u. Humblot, Berlin
3. Aufl. von Nr. 16
2 Bände (Neudruck 1969)

89 Otto Mayer (zitiert: *Selbstdarstellung*)
in: Hans Planitz (Hrsg.), Die Rechtswissenschaft der Gegenwart in Selbstdarstellungen
Felix Meiner, Leipzig, S. 153 ff.

1926 90 Elsässische Erzählungen eines alten Advokaten
Selbstverlag des Wissenschaftlichen Instituts der Elsaß-Lothringer im Reich an der Universität Frankfurt, Frankfurt a. M.
(Enthält die Erzählungen „Der Renegat“, Nr. 33, und „Heimweh“, Nr. 38, beide auch in Nr. 52)

91* Finanzwirtschaft und *Finanzrecht*
in: Handbuch der Finanzwissenschaft
J. C. B. Mohr, Tübingen
Band 1, S. 86 ff.

1927 92 Mein *Bekenntnis* — Verwandten und Freunden zum Andenken an Prof. D. Dr. Otto Mayer
Als Manuskript gedruckt
Halle a. d. S.

2. Gedichte und Liedtexte

93 „Ei seht doch Brüder stolz und schön ...“
(Fahnenlied der Burschenschaft Germania zu Erlangen und der Burschenschaften des Süddeutschen Kartells)
in: Burschenschaft „Germania“ Erlangen — Anstiche und Lieder
3. Ausg. Erlangen 1931, S. 35

94 Der Pharisäer
Österreichisches Zentralblatt für die juristische Praxis
25 (1907), S. 2

95 1914 (Liedtext)
in: Rektorwechsel an der Universität Leipzig am 31. Oktober 1914
(ohne Verfasserangabe)

3. Buchbesprechungen

1886 96 Edouard Clunet: Consultation pour la compagnie italienne de navigation à vapeur Florio contre les assureurs de la compagnie

maritime Valéry frères
Paris
Archiv für öffentliches Recht
1. Band, S. 230 ff.

97 H. Rosin: Das Recht der öffentlichen Genossenschaft
Freiburg i. B. 1886
Archiv für öffentliches Recht
1. Band, S. 715 ff.

98 Edmund Bernatzik: Rechtsprechung und materielle Rechtskraft
Wien 1886
Archiv für öffentliches Recht
1. Band, S. 720 ff.

1888 99 Philipp Zorn: Lehrbuch des Kirchenrechts
Stuttgart 1888
Archiv für öffentliches Recht
3. Band, S. 475 ff.

100 Oscar Gluth: Die Lehre von der Selbstverwaltung im Lichte formaler Begriffsbestimmung
Wien
Archiv für öffentliches Recht
3. Band, S. 482 ff.

1889 101 La représentation proportionelle, études de législation et de statistique comparée, publiées sous les auspices de la Société pour l'étude de la représentation proportionelle
Paris 1888
Kritische Vierteljahresschrift für Gesetzgebung und Rechtswissenschaft
31. Band, S. 85 ff.

1890 102 Siegfried Brie: Die gegenwärtige Verfassung Frankreichs
Breslau 1888
Archiv für öffentliches Recht
5. Band, S. 418 ff.

1892 103 Revue Bourguignonne de l'enseignement supérieur publiée par les professeurs des facultés de l'ecole médecine et de pharmacie de Dijon
Bd. 1 Dijon und Paris 1891
Kritische Vierteljahresschrift für Gesetzgebung und Rechtswissenschaft
34. Band, S. 465 ff.

1894 104 Georg Jellinek: System der subjektiven öffentlichen Rechte
Freiburg i. B. 1892
Archiv für öffentliches Recht
9. Band, S. 280 ff.

1895 105 Heinrich Rosin: Das Recht der Arbeiterversicherung
Bd. 1 Berlin 1890 und 1893
Zeitschrift für das gesammte Handelsrecht
43. Band, S. 448 ff.

1896 106 Georg Meyer: Lehrbuch des deutschen Verwaltungsrechts
2. Aufl. Leipzig 1893 u. 1894
Archiv für öffentliches Recht
11. Band, S. 157 ff.

107 Karl Köhler: Lehrbuch des deutsch-evangelischen Kirchenrechts
Berlin 1895
Archiv für öffentliches Recht
11. Band, S. 292 ff.

1897 108 Max von Seydel: Bairisches Staatsrecht
2. Aufl. Freiburg i. B. u. Leipzig 1896
Archiv für öffentliches Recht
12. Band, S. 493 ff.

108a Ludwig Gumplowicz: Allgemeines Staatsrecht
2. Aufl. Innsbruck 1897
Juristisches Litteraturblatt
9. Jahrgang, S. 185 ff.

1898 109 Rudolf Scharpff: Handbuch des Armenrechts
Stuttgart 1896
Archiv für öffentliches Recht
13. Band, S. 618 f.

110 C. A. Ackermann: Polizei und Polizeimoral nach den Grundsätzen des Rechtsstaats
Stuttgart 1896
Archiv für öffentliches Recht
13. Band, S. 617 f.

1899 111 O. Schädel: Edmund Burke
Leipzig 1898
Die Christliche Welt
13. Band, Sp. 67

112 Gustav Seidler: Zur Lehre vom Gewohnheitsrecht auf dem Gebiete des österreichischen Staats- und Verwaltungsrechts
Stuttgart 1898
Archiv für öffentliches Recht
14. Band, S. 132 ff.

112a Ed. Hubrich: Die parlamentarische Redefreiheit und Disziplin
Berlin 1899
Juristisches Litteraturblatt
11. Jahrgang, S. 72 f.

113 Johann Zolger: Oesterreichisches Verordnungsrecht
Innsbruck 1898
Archiv für öffentliches Recht
14. Band, S. 135 ff.

114 A. Agricola: Bekenntnisgebundenheit und Lehrfreiheit unter dem Gesichtspunkt des Rechts
Eisenach 1898
Archiv für öffentliches Recht
14. Band, S. 138 f.

115 Friedrich Tezner: Die landesfürstliche Verwaltungsrechtspflege in Oesterreich vom Ausgang des 15. bis zum Ausgang des 18. Jahrhunderts
Wien 1898
Archiv für öffentliches Recht
14. Band, S. 420 f.

1900 116 Karl Rieker: Grundsätze reformierter Kirchenverfassung
Leipzig 1899
Archiv für öffentliches Recht
15. Band, S. 610 f.

117 Max von Oettingen: Abriss des russischen Staatsrechts
Berlin 1899
Archiv für öffentliches Recht
15. Band, S. 611 f.

1901 118 Josef Hollweck: Die kirchlichen Strafgesetze
Mainz 1899
Archiv für öffentliches Recht
16. Band, S. 477 f.

119 Josef Hollweck: Das Civileherecht des Bürgerlichen Gesetzbuchs
Mainz 1900
Archiv für öffentliches Recht
16. Band, S. 478 f.

120 A. v. Kirchenheim: Kirchenrecht für deutsche Theologen und Juristen
Bonn 1900
Archiv für öffentliches Recht
16. Band, S. 479 ff.

121 F. Geigel: Reichs- und reichsländisches Kirchen- und Stiftungsrecht
2 Bd. Straßburg 1899 u. 1900
Archiv für öffentliches Recht
16. Band, S. 482 ff.

1902 122 Friedrich Tezner: Die deutschen Theorien der Verwaltungsrechtspflege, eine kritisch-orientierende Studie
Berlin 1901
Archiv für öffentliches Recht
17. Band, S. 141 ff.

123 A. Mendelssohn Bartholdy: Grenzen der Rechtskraft
Leipzig 1900
Archiv für öffentliches Recht
17. Band, S. 318 ff.

124 Max Layer: Prinzipien des Enteignungsrechts
Leipzig 1902
Archiv für öffentliches Recht
17. Band, S. 450 ff.

125 Conrad Bornhak: Geschichte der preussischen Universitätsverwaltung bis 1810
Berlin 1900
Archiv für öffentliches Recht
17. Band, S. 453 f.

126 Gerhard Anschütz: Die gegenwärtigen Theorien über den Begriff der gesetzgebenden Gewalt und den Umfang des königlichen Verordnungsrechts nach preussischem Staatsrecht
2. Aufl. Tübingen und Leipzig 1901
Archiv für öffentliches Recht
17. Band, S. 464 ff.

1903 127 Adolf Arndt: Das selbständige Verordnungsrecht
— Zugleich eine Streitschrift für die historisch-kritische

Methode —
Berlin 1902
Archiv für öffentliches Recht
18. Band, S. 96 ff.

128 Louis Le Fur / Paul Posener:
Bundesstaat und Staatenbund in geschichtlicher Entwicklung
Breslau 1902
Archiv für öffentliches Recht
18. Band, S. 273 f.

129 Carl Sartorius: Kommentar zum Personenstandsgesetz
München 1902
Archiv für öffentliches Recht
18. Band, S. 278 ff.

130 Georg Eger: Das Gesetz über die Enteignung von Grundeigentum
2. Aufl. Bd. 1 Breslau 1902
Archiv für öffentliches Recht
18. Band, S. 280 f.

131 Eugen Ehrlich: Beiträge zur Theorie der Rechtsquellen
Berlin 1902
Archiv für öffentliches Recht
18. Band, S. 281 f.

132 Heinrich Triepel: Quellensammlung zum deutschen Reichsstaatsrecht
Leipzig 1901
Archiv für öffentliches Recht
18. Band, S. 282 f.

133 James Goldschmidt: Das Verwaltungsstrafrecht
Berlin 1902
Verwaltungsarchiv
11. Band, S. 348 ff.

1904 134 F. Lusensky: Der zollfreie Veredelungsverkehr
Berlin 1903
Zeitschrift für das gesamte Handelsrecht
55. Band, S. 318 ff.

1905 135 Heinrich Ryffel: Die schweizerischen Landsgemeinden
Zürich 1904
Archiv für öffentliches Recht
19. Band, S. 420 ff.

136 Richard Passow: Das Wesen der Ministerverantwortlichkeit in Deutschland
Tübingen 1904
Archiv für öffentliches Recht
19. Band, S. 424 f.

137 Doerkes-Boppard: Verfassungsgeschichte der Australischen Kolonien und des Commonwealth of Australia
München u. Berlin 1903
Archiv für öffentliches Recht
19. Band, S. 425 f.

138 Karl Goez: Die Verwaltungsrechtspflege in Württemberg
Tübingen und Leipzig 1902
Archiv für öffentliches Recht
19. Band, S. 590 ff.

139 Gaston Jèze: Les principes généraux du droit administratif
Paris et Nancy 1904
Archiv für öffentliches Recht
19. Band, S. 597 f.

140 Angel Marvaud: Essai sur la jurisdiction administrative dans les Etats de l'Empire Allemand et particulièrement en Prusse
Paris 1904
Archiv für öffentliches Recht
19. Band, S. 599 f.

141 Heinrich Rosin: Das Recht der Arbeiterversicherung
Bd. 2 Berlin 1905
Zeitschrift für das gesamte Handelsrecht
56. Band, S. 611 ff.

1906 142 Maurice Block: Dictionnaire de l'administration française
5me éd. Paris et Nancy 1905
Verwaltungsarchiv
14. Band, S. 268 ff.

143 Ernst Bruck: Die Gemeindeordnung für Elsaß-Lothringen vom 6. Juni 1895
2. Aufl. Straßburg 1905
Archiv für öffentliches Recht
20. Band, S. 505 ff.

144 Max Kulisch: System des österreichischen Gewerberechts
Innsbruck 1905
Zeitschrift für das gesamte Handelsrecht
57. Band, S. 471 ff.

145 Eduard Hölder: Natürliche und juristische Personen
Leipzig 1905
Archiv für öffentliches Recht
20. Band, S. 590 ff.

1907 146 Paul Laband: Deutsches Reichsstaatsrecht
Tübingen 1907
Deutsche Juristenzeitung
12. Band, Sp. 196 f.

147 Hugo v. Strauss und Torney:
Kommentar zum Gesetz betreffend die Anlegung und Veränderung von Straßen und Plätzen in Städten und ländlichen Ortschaften vom 2. Juli 1875
Berlin 1905
Archiv für öffentliches Recht
21. Band, S. 445 ff.

148 Georg Meyer / Gerhard Anschütz:
Lehrbuch des deutschen Staatsrechts
6. Aufl. Leipzig 1905
Archiv für öffentliches Recht
21. Band, S. 448 ff.

149 Richard Thoma: Der Polizeibefehl im badischen Recht
Tübingen 1906
Archiv für öffentliches Recht
21. Band, S. 450 ff.

150 Oskar von Arnstedt: Das Preussische Polizeirecht
Bd. 1 Berlin 1905

Archiv für öffentliches Recht
21. Band, S. 453 ff.
151 Julius Hatschek: Englisches Staatsrecht mit Berücksichtigung der für Schottland und Irland geltenden Besonderheiten
II. Band: die Verwaltung
Tübingen 1906
Zeitschrift für die gesamte Staatswissenschaft
63. Band, S. 541 ff.
152 C. Bornhak: Grundriß des deutschen Staatsrechts
Leipzig 1907
Deutsche Juristenzeitung
12. Band, Sp. 1036
153 Otto Georgi: Der sächsische Entwurf eines Wassergesetzes
Leipzig 1907
Deutsche Juristenzeitung
12. Band, Sp. 1333
1908 154 Ernst v. Meier: Französische Einflüsse auf die Rechts- und Staatsentwicklung Preussens im XIX. Jahrhundert
Bd. 1 Leipzig 1907
Historische Vierteljahresschrift
11. Band, S. 258 f.
154a Ernst Bruck: Das Verfassungs- und Verwaltungsrecht von Elsaß-Lothringen
Bd. 1 Straßburg 1908
Juristisches Literaturblatt
20. Jahrgang, S. 111
155 Adolf Lobe: Die Bekämpfung des unlauteren Wettbewerbes
Bd. 1 Leipzig 1907
Zeitschrift für das gesamte Handelsrecht
61. Band, S. 274 ff.
mit einer Erwiderung auf die Stellungnahme Lobes S. 560 f.
155a Georg Gravenhorst: Der sogenannte Konflikt bei gerichtlicher Verfolgung von Beamten
Breslau 1908
Deutsche Literaturzeitung
29. Band, Sp. 2294 f.
1909 156 Rudolf v. Laun: Das Recht zum Gewerbebetrieb
Wien und Leipzig 1908
Archiv des öffentlichen Rechts
25. Band, S. 485 ff.
157 Ludwig Spiegel: Die Verwaltungsrechtswissenschaft
Leipzig 1909
Archiv des öffentlichen Rechts
25. Band, S. 489 ff.
158 Hugo Kinne: Die Autonomie der Kommunalverbände in Preussen
Berlin 1908
Archiv des öffentlichen Rechts
25. Band, S. 496 f.
159 Walter Jellinek: Der fehlerhafte Staatsakt und seine Wirkungen
Tübingen 1908
Archiv des öffentlichen Rechts
25. Band, S. 497 ff.

160 Walter Schoenborn: Studien zur Lehre vom Verzicht im öffentlichen Recht
Tübingen 1908
Deutsche Juristenzeitung
14. Band, Sp. 1100 f.

1910 161 André Lebon: Das Verfassungsrecht der französischen Republik
Tübingen 1909
Deutsche Juristenzeitung
15. Band, Sp. 778 f.

161a Ernst Bruck: Das Verfassungs- und Verwaltungsrecht von Elsaß-Lothringen
Bd. 2 Straßburg 1909
Juristisches Literaturblatt
22. Band, S. 70

1911 162 Wolfgang Müller: Rechtskraft im Verwaltungsstreitverfahren
Leipzig 1910
Archiv des öffentlichen Rechts
27. Band, S. 342 ff.

163 Fritz Hawelka: Die Rechte an öffentlichen Wegen in Österreich
Wien und Leipzig 1910
Archiv des öffentlichen Rechts
27. Band, S. 344 ff.

164 Arno Kloess: Das deutsche Wasserrecht und das Wasserrecht der Bundesstaaten des Deutschen Reichs
Halle 1908
Archiv des öffentlichen Rechts
27. Band, 348 f.

165 Viktor Cathrein, S. J.: Recht, Naturrecht und positives Recht
2. Aufl. Freiburg 1909
Deutsche Zeitschrift für Kirchenrecht
20. Band, S. 389 ff.

166 H. Kelsen: Hauptprobleme der Staatsrechtslehre
Tübingen 1911
Deutsche Juristenzeitung
16. Band, Sp. 1284 f.

1912 167 Karl Frhr. von Stengel / Max Fleischmann (Hrsg.): Wörterbuch des deutschen Staats- und Verwaltungsrechts
2. Aufl. Bd. 1 Tübingen 1911
Archiv des öffentlichen Rechts
28. Band, S. 346 ff.

168 Karl Neumeyer: Internationales Verwaltungsrecht
München und Berlin
Archiv des öffentlichen Rechts
28. Band, S. 350 ff.

169 F. Frhr. Marschall von Bieberstein: Verantwortlichkeit und Gegenzeichnung bei Anordnungen des Obersten Kriegsherrn
Berlin 1911
Archiv des öffentlichen Rechts
28. Band, S. 353 ff.

1913 170 Karl Freiherr v. Stengel / Max Fleischmann (Hrsg.): Wörterbuch des deutschen Staats- und Verwaltungsrechts
2. Aufl. Bd. 2 Tübingen 1913

Archiv des öffentlichen Rechts
31. Band, S. 566 ff.

1914 171 Gaston Jèze: Das Verwaltungsrecht der Französischen Republik
Tübingen 1913
Archiv des öffentlichen Rechts
32. Band, S. 275 ff.

1916 172 Conrad Bornhak: Grundriß des deutschen Staatsrechts. 4. Aufl. und Conrad Bornhak: Grundriß des Verwaltungsrechts in Preußen und dem Deutschen Reich
5. Aufl. Leipzig 1916
Juristische Wochenschrift
45. Band, S. 1161 f.

1917 173 Johannes Niedner: Recht und Kirche
München u. Leipzig 1914
Theologisches Literaturblatt
38. Band, S. 44 ff.

174 Fritz Fleiner: Entstehung und Wandlung moderner Staatstheorien in der Schweiz
Zürich 1916
Archiv des öffentlichen Rechts
36. Band, S. 231 f.

175 Ernst Zitelmann: Die Möglichkeit eines Weltrechts
München u. Leipzig 1916
Archiv des öffentlichen Rechts
36. Band, S. 232

176 Karl Pickel: Die Staatsaufsicht über die Selbstverwaltungsverbände der Weißen in Deutsch-Südwest- und Deutsch-Ostafrika vor dem Weltkriege
München, Berlin und Leipzig 1916
Archiv des öffentlichen Rechts
36. Band, S. 232 f.

177 Triepel: Die Zukunft des Völkerrechts
Leipzig und Dresden 1916
Archiv des öffentlichen Rechts
36. Band, S. 233

178 Conrad Bornhak: Der Wandel des Völkerrechts
Berlin 1916
Archiv des öffentlichen Rechts
36. Band, S. 368

179 Karl Strupp: Deutsches Kriegszustandsrecht
Berlin 1916
Archiv des öffentlichen Rechts
36. Band, S. 368 f.

180 A. v. Peretiatkowicz: Die Rechtsphilosophie des J. J. Rousseau
Wien 1916
Archiv des öffentlichen Rechts
36. Band, S. 369 f.

181 Therese Winkelmann: Zur Entwicklung der allgemeinen Staats- und Gesellschaftsanschauung Voltaires
München u. Leipzig 1916
Archiv des öffentlichen Rechts
36. Band, S. 370

181a Alfred Bozi / Hugo Heinemann (Hrsg.): Recht, Verwaltung und Politik im Neuen Deutschland
Stuttgart 1916
Zeitschrift für das gesamte Handelsrecht
80. Band, S. 431 ff.

182 Th. Niemeyer / K. Strupp (Hrsg.): Die völkerrechtlichen Urkunden des Weltkrieges
Bd. 1 München u. Leipzig 1916
Archiv des öffentlichen Rechts
36. Band, S. 501 f.

183 Godehard Julius Ebers (Hrsg.): Der Papst und die Römische Kurie
Paderborn 1916
Archiv des öffentlichen Rechts
36. Band, S. 502

1918 184 Heinrich Triepel: Die Reichsaufsicht
Berlin 1917
Juristische Wochenschrift
47. Band, S. 158 f.

185 Georges Werner: Le controle judiciaire à Genève
Genf 1917
Archiv des öffentlichen Rechts
37. Band, S. 126 ff.

186 Robert Haab jun.: Das Objekt der Expropriation
Bern 1916
Archiv des öffentlichen Rechts
37. Band, S. 248 f.

187 Adolf Grabowski (Hrsg.): Die Reform des deutschen Berufsbeamtentums
Gotha 1917
Archiv des öffentlichen Rechts
37. Band, S. 494 f.

188 Heinrich Lammasch: Das Völkerrecht nach dem Kriege
München u. Leipzig 1917
Archiv des öffentlichen Rechts
38. Band, S. 410 ff.

189 Karl Lamp: Die Theorie des deutschen Zollrechts und der Entwurf einer neuen österreichischen Zollordnung
Tübingen 1917
Archiv des öffentlichen Rechts
38. Band, S. 434 f.

190 Theodor Niemeyer: Belgien und seine Neutralisierung
München u. Leipzig 1917
Archiv des öffentlichen Rechts
38. Band, S. 436

1919 191 Alfred Fried: Entwicklung, Umfang und Bedeutung der zwischenstaatlichen Organisation in Amerika (1870—1916)
2. Aufl. Zürich 1918
Juristische Wochenschrift
48. Band, S. 20 f.

192 Chr. Eckert (Hrsg.): Der Eintritt der erfahrungswissenschaftlichen Intelligenz in die Verwaltung

Stuttgart 1919
Juristische Wochenschrift
48. Band, S. 486 f.

1920 193 Eduard Hubrich: Der Legalcharakter der preußischen Universitätsstatuten und die Notwendigkeit eines neuen Universitätsgesetzes
Greifswald 1918
Archiv des öffentlichen Rechts
39. Band, S. 96 ff.

194 Franz v. Liszt: Das Völkerrecht
Berlin 1918
Archiv des öffentlichen Rechts
39. Band, S. 99 ff.

195 Fritz Stier-Somlo: Die Verfassungsurkunde der Vereinigten Staaten von Deutschland
Tübingen 1919
Archiv des öffentlichen Rechts
39. Band, S. 101 ff.

196 Ernst Zitelmann: Die Unvollkommenheit des Völkerrechts
München u. Leipzig 1919
Archiv des öffentlichen Rechts
39. Band, S. 103 f.

197 Th. Niemeyer / K. Strupp: Die völkerrechtlichen Urkunden des Weltkrieges
Bd. 2: Politische Urkunden zur Entwicklung des Weltkrieges
München u. Leipzig 1916
Archiv des öffentlichen Rechts
39. Band, S. 104 f.

198 Erwin Jacobi: Einführung in das Gewerbe- und Arbeiterrecht
Leipzig 1919
Archiv des öffentlichen Rechts
39. Band, S. 105

199 Alfred Friters: Revolutionsgewalt und Notstandsrecht
Berlin 1919
Archiv des öffentlichen Rechts
39. Band, S. 105 ff.

200 Josef Kohler: Grundlagen des Völkerrechts. Vergangenheit, Gegenwart, Zukunft
Stuttgart 1918
Archiv des öffentlichen Rechts
39. Band, S. 258 ff.

1921 201 Karl Haff: Institutionen der Persönlichkeitslehre und des Körperschaftsrechts, zugleich ein Lehrbuch zum Personenrecht des BGB und schweizerischen ZGB
Zürich 1918
Archiv des öffentlichen Rechts
40. Band, S. 113 ff.

202 F. Giese: Die Verfassung des Deutschen Reiches vom 11. Aug. 1919
Archiv des öffentlichen Rechts
Berlin 1919
40. Band, S. 125 ff.

203 Paul Haake: Der preußische Verfassungskampf vor hundert

Jahren
München u. Berlin 1921
Juristische Wochenschrift
50. Band, S. 319 f.

204 Albert Magnus: Reichs- und Staatsangehörigkeitsgesetz vom 22. Juli 1913
Berlin 1917
Archiv des öffentlichen Rechts
40. Band, S. 242 f.

205 Willibalt Apelt: Ein Beitrag zur Lehre von der rechtswirksamen Handlung im öffentlichen Rechte
Archiv des öffentlichen Rechts
40. Band, S. 244 ff.

206 Ludwig Waldecker: Die Kriegsenteignung der Bundesratsverordnung vom 24. Juni 1915
Archiv des öffentlichen Rechts
40. Band, S. 247 f.

207 Erhard Neuwiem: Die kommunalen Zweckverbände in Preußen auf Grund des gemeinpreußischen Zweckverbandsgesetzes vom 19. Juli 1911, zugleich ein Beitrag zur Lehre von den Gemeindeverbindungen
Liegnitz 1919
Archiv des öffentlichen Rechts
40. Band, S. 379 ff.

208 Gerhard Lassar: Grundbegriffe des preußischen Wegerechts
Berlin 1919
Archiv des öffentlichen Rechts
40. Band, S. 382 ff.

209 Franz Schulze-Berge: Die Schutzhaft, ihr Begriff und ihre rechtlichen Grundlagen
Berlin 1918
Archiv des öffentlichen Rechts
41. Band, S. 246 f.

210 Rudolf Stammler: Betrachtungen zur Lehre von der Gemeinschaft und der Möglichkeit eines Kirchenrechts
Berlin u. Leipzig 1919
Archiv des öffentlichen Rechts
41. Band, S. 377 ff.

1922 211 Rudolf Huber: Die Verfassung des Freistaats Preußen vom 30. Nov. 1920, Berlin u. Leipzig 1921
Fritz Somlo: Kommentar zur Verfassung des Freistaats Preußen vom 30. Nov. 1920, Berlin u. Leipzig 1921
Ludwig Waldecker: Die Verfassung des Freistaats Preußen vom 30. Nov. 1920, Berlin 1921
Adolf Arndt: Die Verfassung des Freistaates Preußen, Berlin u. Leipzig 1921
Conrad Bornhak: Die Verfassung des Freistaates Preußen, Berlin 1921
Alois Vogels: Die Preußische Verfassung, Berlin 1921
Juristische Wochenschrift
51. Band, S. 73 f.

212 Unter dem Titel „Kirchenrechtliches"
Besprechungen von
— Joh. Viktor Brecht, Neues evangelisches Kirchenrecht für Preußen, Bd. 1 1921
— Karl Schwarzlose, Die Neugestaltung der evangelischen Landeskirche in Preußen nach dem Fortfall des landesherrlichen Kirchenregiments
Frankfurt a. M. 1920
Zeitschrift für Theologie und Kirche
30. Band, S. 71 ff.

213 Otto Meißner: Das neue Staatsrecht des Reichs und seiner Länder
Berlin 1921
Juristische Wochenschrift
51. Band, S. 74

214 Gerhard Lassar: Der Erstattungsanspruch im Verwaltungs- und Finanzrecht
Berlin 1921
Juristische Wochenschrift
51. Band, S. 76 f.

215 Richard Schmidt: Die Grundlinien des deutschen Staatswesens
Leipzig 1919
Archiv des öffentlichen Rechts
42. Band, S. 252

216 Josef Schmitt: Staat und Kirche
Freiburg i. B. 1919
Archiv des öffentlichen Rechts
42. Band, S. 252 f.

217 Günther Holstein: Die Lehre der öffentlich-rechtlichen Eigentumsbeschränkung
Berlin 1921
Archiv des öffentlichen Rechts
42. Band, S. 381 ff.

218 Ulrich Stutz: Der Geist des Codex juris canonici
Stuttgart 1918
Archiv des öffentlichen Rechts
43. Band, S. 354 ff.

219 Fritz Stier-Somlo: Das Preußische Verfassungsrecht
Berlin 1922
Archiv des öffentlichen Rechts
43. Band, S. 364 f.

220 Reinhard Frank: Über Neutralitätsgesetze
Tübingen 1921
Archiv des öffentlichen Rechts
43. Band, S. 365

221 Wolgast: Schleswig-Holsteinische Kirchenverfassung in Vergangenheit und Gegenwart
Kiel 1922
Archiv des öffentlichen Rechts
43. Band, S. 365 f.

222 Julius Hatscheck: Deutsches und Preußisches Staatsrecht
Bd. 1 Berlin 1922
Juristische Wochenschrift
51. Band, S. 1570 f.

1923 223 Walter Merk: Badisches Gemarkungsrecht mit besonderer Berücksichtigung der Eingemeindungen
Karlsruhe 1918
Archiv des öffentlichen Rechts
44. Band, S. 375 f.

224 Rudolf Günther: Die staatsrechtliche Stellung des Gemeindevolksschullehrers in Preußen
Greifswald 1919
Archiv des öffentlichen Rechts
44. Band, S. 376 f.

II. Otto Mayer als Bearbeiter, (Mit-)Herausgeber

225 Mitherausgeber des „Archivs des öffentlichen Rechts" Bd. 14 (1899) — Bd. 39 (1920)

226 Herausgeber von und Verfasser des Vorworts (ohne Verfasserangabe) zu:
Heinz Dupré (= Pseudonym für Heinrich Mayer), In Davos!
Leipzig 1905

227 Herausgeber von und Verfasser des Vorworts (ohne Verfasserangabe) zu:
Heinz Dupré (= Pseudonym für Heinrich Mayer), Ein lichter Morgen
(= 2. Auflage von Nr. 226)
Davos 1906

228 Bearbeiter von:
Paul Laband, Deutsches Reichsstaatsrecht, 7. Aufl.
Tübingen 1919

229 Zusammen mit Erwin Jacobi Herausgeber von:
Rudolph Sohm, Das altkatholische Kirchenrecht und das Dekret Gratians, in: Festschrift der Leipziger Juristenfakultät für Dr. Adolf Wach zum 16. November 1915
München und Leipzig 1918, S. 1 ff.

230 Zusammen mit Erwin Jacobi Herausgeber von:
Rudolf Sohm, Kirchenrecht, Bd. 2: Katholisches Kirchenrecht
Berlin 1923. Nachdruck 1970

B. Besprechungen der Schriften Otto Mayers

Die justa causa bei Tradition und Usukapion
Erlangen 1871

1 B. A.
Literarisches Centralblatt für Deutschland
22 (1871), Sp. 732 f.

2 B(ekker, Immanuel)
Kritische Vierteljahresschrift für Gesetzgebung und Rechtswissenschaft
14 (1872), S. 481 ff.

Die dingliche Wirkung der Obligation
Erlangen 1879

3 Grünewald
Juristische Zeitschrift für das Reichsland Elsaß-Lothringen
5 (1880), S. 45 ff.

3a (Puchelt, Sigismund)
Zeitschrift für Französisches Civilrecht
11 (1880), S. 553 f.

4 Anonymus
Literarisches Centralblatt für Deutschland
31 (1880), Sp. 845

Theorie des Französischen Verwaltungsrechts
Straßburg 1886

5 Stengel, (Karl Freiherr v.)
Centralblatt für Rechtswissenschaft
6 (1886), S. 68 ff.

5a Förtsch
Deutsche Litteraturzeitung
7 (1886), Sp. 1108 ff.

6 (Loeni)ng, (Edgar)
Literarisches Centralblatt für Deutschland
37 (1886), Sp. 1592 f.

7 Rehm, Hermann
Kritische Vierteljahresschrift für Gesetzgebung und Rechtswissenschaft
29 (1887), S. 106 ff.

8 Anonymus
Blätter für administrative Praxis
37 (1887), S. 47 f.

9 Laband, Paul
Archiv für öffentliches Recht
2 (1887, S. 149 ff.

10 Loening, Edgar
Unter dem Titel: Die konstruktive Methode auf dem Gebiete des Verwaltungsrechtes
Schmollers Jahrbuch für Gesetzgebung, Verwaltung und Volkswirtschaft
11 (1887), S. 117 ff.

11 Bidermann, H. J.
Grünhuts Zeitschrift für das Privat- und öffentliche Recht
14 (1887), S. 629 ff.

Deutsches Verwaltungsrecht, Bd. 1
Leipzig 1895

11a Keil
Juristisches Litteraturblatt
7 (1895), S. 46 f.

12 Anonymus
Literarisches Centralblatt für Deutschland
47 (1896), Sp. 303 f.

13 Seydel, (Max von)
Kritische Vierteljahresschrift für Gesetzgebung und Rechtswissenschaft
38 (1896), S. 262 ff.

14 Eccius
Gruchots Beiträge zur Erläuterung des Deutschen Rechts
40 (1896), S. 434

Deutsches Verwaltungsrecht, Bd. 2
Leipzig 1896
15 Anonymus
Literarisches Centralblatt für Deutschland
47 (1896), Sp. 1190
16 Seydel, (Max v.)
Kritische Vierteljahresschrift für Gesetzgebung und Rechtswissenschaft
40 (1898), S. 456 ff.
Leipzig 1895/96

Deutsches Verwaltungsrecht, 2 Bd.
Leipzig 1895/96
17 Kirchenheim, Arthur v.
Centralblatt für Rechtswissenschaft
16 (1896), S. 110 ff.
17a Anonymus
Zeitschrift für badische Verwaltung und Verwaltungsrechtspflege
28 (1896), S. 92
17b Meyer, G(eorg)
Deutsche Litteraturzeitung
17 (1896), Sp. 918 ff.
17c v. Kamptz
Das Recht
1 (1897), S. 125 f.
18 Jellinek, (Georg)
Verwaltungsarchiv
5 (1897), S. 304 ff.
19 Rehm, (Hermann)
Archiv für öffentliches Recht
12 (1897), S. 590 ff.
20 S(eydel), M(ax v.)
Blätter für administrative Praxis
48 (1898), S. 143 f.

Eisenbahn und Wegerecht
1900/01
21 Geigel, F.
Juristische Zeitschrift für das Reichsland Elsaß-Lothringen
26 (1901), S. 379 ff.; 27 (1902), S. 222 ff.

Portalis und die organischen Artikel
Straßburg 1902
22 Geigel, F.
Archiv für katholisches Kirchenrecht
82 (1902), S. 416 ff.
23 Anonymus
Historische Zeitschrift
88 (1902), S. 552 f.
24 Geigel, F.
Juristische Zeitschrift für das Reichsland Elsaß-Lothringen
28 (1903), S. 317 f.

Justiz und Verwaltung
Straßburg 1902
25 Geigel
Juristische Zeitschrift für das Reichsland Elsaß-Lothringen
27 (1902), S. 626 f.

26 Goldschmidt, James
Verwaltungsarchiv
11 (1903), S. 340 ff.

Die Entschädigungspflicht des Staates nach Billigkeitsrecht
Dresden 1904
27 Sch(elcher), H.
Fischers Zeitschrift für Praxis und Gesetzgebung der Verwaltung
29 (1905), S. 347 f.

Le droit administratif allemand, Bd. 1—3
Paris 1903—1905
28 Sch(elcher)
Fischers Zeitschrift für Praxis und Gesetzgebung der Verwaltung
29 (1905), S. 346 f.

Studien zur Rheinschiffahrtsakte
1907
29 Peters, Max
Schmollers Jahrbuch für Gesetzgebung, Verwaltung und Volkswirtschaft
32 (1908), S. 1689 ff.

Schiffahrtsabgaben
Tübingen 1907
30 Schneider
Zentralblatt für Rechtswissenschaft
26 (1907), S. 76
31 Barth, Theodor
Die Nation
24 (1906/07), S. 112
32 Geigel, F.
Juristische Zeitschrift für Elsaß-Lothringen
32 (1907), S. 508 f.
32a Cohn, Gustav
Schmollers Jahrbuch für Gesetzgebung, Verwaltung und Volkswirtschaft
32 (1908), S. 997 f.

Die juristische Person und ihre Verwertbarkeit im öffentlichen Recht, in: Festgabe für Paul Laband
Tübingen 1908
32b (Stier-Somlo, Fritz)
Jahrbuch des Verwaltungsrechts
4 (1908), S. 27 ff.
33 Hoffmann, Edler v.
Zentralblatt für Rechtswissenschaft
27 (1908), S. 172 ff.
34 Anonymus
Archiv für bürgerliches Recht
33 (1909), S. 216
35 Seidler, Gustav
Zeitschrift für Politik
2 (1909), S. 281 ff.

Ist eine Veränderung des Verhältnisses zwischen Kirche und Staat anzustreben?
Halle 1909

36 Geigel, F.
Juristische Zeitschrift für Elsaß-Lothringen
35 (1910), S. 220

Das Staatsrecht des Königreichs Sachsen
Tübingen 1909

36a (Stier-Somlo, Fritz)
Jahrbuch des Verwaltungsrechts
5 (1909), S. 127 f.

37 Rehm, (Hermann)
Literarisches Zentralblatt für Deutschland
60 (1909), Sp. 1639

38 Lau
Sächsisches Archiv für Rechtspflege
5 (1910), S. 28

38a Anonymus
Das Recht
14 (1910), Sp. 570

38b Keil, Alfred
Verwaltungsarchiv
18 (1910), S. 391 ff.

39 Dyroff, A.
Annalen des Deutschen Reichs
1910, S. 931

40 J.
Fischers Zeitschrift für Praxis und Gesetzgebung der Verwaltung
38 (1911), S. 125 f.

41 Schanze, Oscar
Zeitschrift für Politik
4 (1911), S. 435 ff.

Schiffahrtsabgaben II
Tübingen 1910

42 Piloty, (Robert)
Juristisches Literaturblatt
22 (1910), S. 46 f.

43 Geigel, F.
Zeitschrift für die gesamte Wasserwirtschaft
5 (1910), S. 50

44 Schneider
Zentralblatt für Rechtswissenschaft
29 (1910), S. 106

45 Geigel, F.
Juristische Zeitschrift für Elsaß-Lothringen
35 (1910), S. 400

46 Laband, (Paul)
Preußisches Verwaltungsblatt
31 (1909/10), S. 515

46a Dochow, Franz
Archiv des öffentlichen Rechts
27 (1911), S. 364

Deutsches Verwaltungsrecht, 2. Aufl., Bd. 1
München und Leipzig 1914

46b Anonymus
Österreichisches Zentralblatt für die juristische Praxis
32 (1914), S. 910

47 Haller
Württembergische Zeitschrift für Rechtspflege und Verwaltung
8 (1915), S. 13

48 Friedrichs, Karl
Juristisches Literaturblatt
27 (1915), S. 189 ff.

49 (Wirt)h, (Julius)
Zeitschrift für Badische Verwaltung und Verwaltungsrechtspflege
47 (1915), S. 179

50 Sch(elcher), H.
Fischers Zeitschrift für Praxis und Gesetzgebung der Verwaltung
44 (1915), S. 247 f.

51 Moll
Gruchots Beiträge zur Erläuterung des Deutschen Rechts
59 (1915), S. 572 f.

52 Markull
Preußisches Verwaltungs-Blatt
36 (1914/15), S. 723 ff.

53 Schultzenstein
Juristische Wochenschrift
44 (1915), S. 734 ff.

54 Meyn
Leipziger Zeitschrift für Deutsches Recht
9 (1915), Sp. 791 f.

55 Heinemann, Hugo
Sozialistische Monatshefte
21 (1915), S. 1267

56 Waldecker, (Ludwig)
Kritische Vierteljahresschrift für Gesetzgebung und Rechtswissenschaft
53 (1916), S. 531 ff.

57 Dochow, Franz
Archiv für Sozialwissenschaft und Sozialpolitik
41 (1916), S. 899 f.

58 Laun, (Rudolf)
Österreichische Zeitschrift für öffentliches Recht
3 (1918), S. 588 ff.

59 Anonymus
Zeitschrift für Kommunalwissenschaft und Kommunalpolitik
8 (1918), S. 43

Deutsches Verwaltungsrecht, 2. Aufl., Bd. 2
München und Leipzig 1917

60 Schultzenstein
Juristische Wochenschrift
46 (1917), S. 835 f.

61 Markull
Preußisches Verwaltungs-Blatt
39 (1917/18), S. 245

61a Haller
Württembergische Zeitschrift für Rechtspflege und Verwaltung
11 (1918), S. 12
62 Anonymus
Österreichisches Zentralblatt für die juristische Praxis
36 (1918), S. 28
63 K(razeisen, Karl v.)
Blätter für administrative Praxis
68 (1918), S. 62 f.
64 Friedrichs, Karl
Juristisches Literaturblatt
29 (1917/18), S. 121 f.
65 Meyn
Leipziger Zeitschrift für Deutsches Recht
12 (1918), S. 959 f.
66 (Wirt)h, (Julius)
Zeitschrift für Badische Verwaltung und Verwaltungsrechtspflege
51 (1919), S. 87 f.

Deutsches Verwaltungsrecht, 2. Aufl., 2 Bd.
München und Leipzig 1914/17

67 Meier
Sächsisches Archiv für Rechtspflege
13 (1918), S. 54 f.
68 Anonymus
Annalen des Deutschen Reichs
1918, S. 398
69 Wittmayer, (Leo)
Archiv des öffentlichen Rechts
37 (1918), S. 472 ff.
70 Bühler, (Ottmar)
Verwaltungsarchiv
27 (1919), S. 283 ff.
71 Anonymus
Das Recht
24 (1920), Sp. 30 f.

Paul Laband — Otto Mayer: Deutsches Reichsstaatsrecht, 7. Aufl.
Tübingen 1919

72 Anonymus
Das Recht
24 (1920), Sp. 126
73 Thoma, R(ichard)
Juristische Wochenschrift
50 (1921), S. 510 f.

Die Trennung von Kirche und Staat
Leipzig und Berlin 1919

74 Preuss, H.
Vergangenheit und Gegenwart
9 (1919), S. 126
75 Ihmels, L.
Theologisches Literaturblatt
40 (1919), S. 140

76 Schian, M.
Theologische Literaturzeitung
44 (1919), S. 185
77 Scharnagl
Katechetische Blätter
45 (1919), S. 461 f.
78 Hackenberger, A.
Germania
v. 26. 8. 1920

Die Kaiser-Wilhelms-Universität Straßburg
Berlin und Leipzig 1922
79 K(aiser), H.
Zeitschrift für die Geschichte des Oberrheins
N.F. 38 (1922), S. 101
79a Brill, Karl
Elsaß-Lothringen. Heimatstimmen
1 (1923), S. 56

Deutsches Verwaltungsrecht, 3. Aufl., Bd. 1
München und Leipzig 1924
80 Schelcher, W(alter)
Fischers Zeitschrift für Verwaltungsrecht
56 (1924), S. 259 ff.
81 Markull
Preußisches Verwaltungsblatt
45 (1923/24), S. 322 f.
82 v. Keil
Verwaltungsarchiv
30 (1925), S. 358 f.

Deutsches Verwaltungsrecht, 3. Aufl., Bd. 2
München und Leipzig 1924
83 Triepel, (Heinrich)
Deutsche Juristen-Zeitung
30 (1925), Sp. 125 f.
83a Schelcher, W(alter)
Fischers Zeitschrift für Verwaltungsrecht
57 (1925), S. 270 ff.
84 Markull
Preußisches Verwaltungsblatt
46 (1924/25), S. 446
85 Niemeyer, Th(eodor)
Niemeyers Zeitschrift für Internationales Recht
34 (1925), S. 493 f.
86 v. Keil
Verwaltungsarchiv
30 (1925), S. 508 f.

Elsässische Erzählungen eines alten Advokaten
Frankfurt a. M. 1926
87 v. Hentig, (Hans)
Monatsschrift für Kriminalpsychologie und Strafrechtsreform
18 (1927), S. 719

88 Brill, Karl
Elsaß-Lothringen. Heimatstimmen
5 (1927), S. 667

C. Nachrufe auf Otto Mayer

1 Paul Abraham
Otto Mayer zum Gedächtnis
Das Recht 28 (1924), S. 329 f.

2 Anonymus
Otto Mayer
Allemannen-Zeitung 7 (1924) Nr. 5, S. 10

3 Fritz Fleiner
Otto Mayer
Schweizerische Juristen-Zeitung
21 (1924/25), S. 77 f.
auch in:
Fritz Fleiner, Ausgewählte Schriften und Reden
Zürich 1941, S. 351 ff.

4 Erwin Jacobi
Otto Mayer
Leipziger Neueste Nachrichten v. 30. 9. 1924, S. 2

5 Max Schwalb
Prof. Dr. Otto Mayer
Elsaß-Lothringen. Heimatstimmen
2 (1924), S. 216

6 Erich Kaufmann
Otto Mayer
Verwaltungsarchiv 30 (1925), S. 377 ff.

7 Gerhard Lassar
Otto Mayer
Recht und Leben, Wochenbeilage der Vossischen Zeitung v. 28. 8. 1924, S. 1

8 C(onradi)
Otto Mayer
Zeitschrift für badische Verwaltung und Verwaltungsrechtspflege
57 (1925), S. 26 ff.

D. Aufsätze und Lexikaartikel zu Otto Mayer

1 Anonymus
Otto Mayer
Straßburger Post v. 3. 4. 1903, S. 1 f.
2. Mittag-Ausgabe Nr. 316, S. 1 f.

1a (Paul) Laband
Geburtstage bedeutender Rechtslehrer. Geh. Hofrat, Prof. Dr. Otto Mayer, Leipzig, vollendet am 29. März das 70. Lebensjahr
Deutsche Juristen-Zeitung
21 (1916), Sp. 315 f.

2 Leo Wittmayer
Otto Mayers Lebenswerk
— Zum 70. Geburtstage —

Grünhuts Zeitschrift
42 (1916), S. 517 ff.

3 D(ieter) H(artung)
Der Schöpfer der Wissenschaft deutschen Verwaltungsrechts
Fürther Nachrichten Nr. 279 v. 30. 11. 1957

4 Heinz Eyrich
Artikel: Mayer
in: Staatslexikon der Görres-Gesellschaft
6. Aufl., Bd. 5 Freiburg 1960, Sp. 629 f.

5 Eva Glitza
Die deutsche Verwaltung und die rein rechtswissenschaftliche Schule Otto Mayers
Die Öffentliche Verwaltung 1965, S. 329 ff.

6 (Erwin) F(orster)
Artikel: Otto Mayer
in: Gerd Kleinheyer / Jan Schröder (Hrsg.), Deutsche Juristen aus fünf Jahrhunderten
Karlsruhe und Heidelberg 1976, S. 175 f.

7 Alfons Hueber
Artikel: Otto Mayer
in: Adalbert Erler / Ekkehard Kaufmann (Hrsg.), Handwörterbuch zur deutschen Rechtsgeschichte
Bd. 2 Berlin 1979, Sp. 402 ff.

8 Erk Volkmar Heyen
Otto Mayers Kirchenrecht und die Verfassungsreform der evangelisch-lutherischen Kirche in Elsaß-Lothringen und Polen
Zeitschrift der Savigny-Stiftung für Rechtsgeschichte
Kanonistische Abteilung 96 (1979), S. 239 ff.

9 Erk Volkmar Heyen
Positivistische Staatsrechtslehre und politische Philosophie
Zur philosophischen Bildung Otto Mayers
Quaderni Fiorentini per la Storia del Pensiero Giuridico Moderno
8 (1979), S. 275 ff.

10 Erk Volkmar Heyen
Die Verwaltungspraxis Otto Mayers in Straßburg und Leipzig —
Kommunalpolitik auf dem Wege vom liberalen zum sozialen Rechtsstaat
Verwaltungsarchiv 71 (1980), S. 44 ff.

11 Erk Volkmar Heyen
Otto Mayer: Frankreich und das Deutsche Reich
Der Staat 19 (1980), S. 444 ff.

Quellen

I. Ungedruckte Quellen

1. Akten

Acta, den Rektorat-Wechsel bei der Universität in Leipzig betr. II 1669—1917, Bl. 242—261, Staatsarchiv Dresden

Akten des Rektorats Otto Mayers an der Universität Straßburg 1902—1903, Archives Départementales du Bas-Rhin Strasbourg, AL 103 paq. 24 n° 41, S. 208—212

Akten über die *Wahlen* Otto Mayers zum Syndikus der Universität Straßburg 1890—1902, Archives Départementales du Bas-Rhin Strasbourg, AL 103 paq. 24 n° 43, S. 37—42

„Eduard Otto Mayer", Stammrolle der Burschenschaft Germania zu Erlangen (Nr. 313), Archiv der Burschenschaft Germania zu Erlangen

Entwurf einer Verfassung für die Evangelisch-augsburgische Kirche im Königreich Polen mit Begründung, verfaßt von Fritz Rendtorff / Otto Mayer nebst Begleitschreiben von Fritz Rendtorff vom 6. 6. 1917, Evangelisches Zentralarchiv Berlin, Akte C VII Polen 1 Bd. I des Archivs des Kirchlichen Außenamtes der EKD

Mitschrift von Otto Mayers Vorlesung über Verwaltungsrecht im Sommersemester 1901 an der Universität Straßburg, angefertigt von Karl König (zitiert: *Vorlesungsmitschrift),* Hessische Landes- und Hochschulbibliothek Darmstadt, Hs 4165 Bd. 1

Personalakte des Advokat-Anwalts Otto Mayer, geführt beim Kaiserlichen Landgericht *Mülhausen* (1872—1880), Archives Départementales du Bas-Rhin Strasbourg, AL 103 paq. 110 n° 583

Personalakte Otto Mayers (Universität Straßburg), Archives Départementales du Bas-Rhin Strasbourg, AL 103 paq. 110 n° 580

Protokollbuch der Burschenschaft Germania zu Erlangen 16. 12. 1863 — 3. 3. 1866, Archiv der Burschenschaft Germania zu Erlangen, Arch. Nr. A IV a Bd. 4

Protokollbuch der Burschenschaft Germania zu Erlangen 9. 3. 1866 — 21. 7. 1871, Archiv der Burschenschaft Germania zu Erlangen, Arch. Nr. A IV a Bd. 5

Protokolle der *Sitzungen* des Akademischen Senats der Universität Straßburg 1891—1892 / 1897—1898, Archives Départementales du Bas-Rhin Strasbourg, AL 103 paq. 35 n° 92 u. 98

2. *Briefe*

a) von Otto Mayer

Briefe von Otto Mayer an Victor Ehrenberg vom 20. 9. 1919 und 2. 2. 1920, Staatsbibliothek Preußischer Kulturbesitz, Berlin, Nachlaß Ehrenberg

Briefe von Otto Mayer an Georg Jellinek vom 7. 7. 1896, 14. 7. 1896, 24. 7. 1896, 5. 10. 1896, 17. 6. 1897, 3. 7. 1898, 24. 2. 1904, 25. 4. 1904, 30. 4. 1904, 22. 7. 1905, 4. 2. 1907, 4. 2. 1907, 9. 2. 1907, 12. 4. 1907, 28. 4. 1907, 4. 6. 1907, 18. 7. 1907, 2. 10. 1907, 18. 4. 1908, 28. 4. 1908, 2. 10. 1908, 24. 9. 1909, 8. 10. 1909, Bundesarchiv Koblenz, Nachlaß Georg Jellinek

Brief von Otto Mayer an Frau Jellinek vom 14. 1. 1911 (Privatbesitz)

Brief von Otto Mayer an Wilhelm Kahl vom 3. 8. 1918, Bundesarchiv Koblenz, Nachlaß Heinrich Triepel

Briefe von Otto Mayer an Heinrich Marquardsen vom 10. 6. 1871, 27. 9. 1871, 8. 10. 1871, 8. 2. 1874, 26. 5. 1874, 15. 6. 1874, 2. 7. 1874, Zentrales Staatsarchiv der DDR, Berlin (Ost), Nachlaß Marquardsen

Briefe von Otto Mayer an seine Mutter Emma Mayer geb. Gemeiner vom 29. 10. 1882 und 4. 3. 1888, Privatbesitz

Briefe von Otto Mayer an Richard Schröder vom 2. 1. 1896 und 12. 4. 1897, Universitätsbibliothek Heidelberg, Hs. 3899

Briefe von Otto Mayer an den Verlag Paul Siebeck (J. C. B. Mohr) vom 25. 4. 1904 und 12. 11. 1906, Verlagsarchiv Paul Siebeck, Tübingen

Briefe von Otto Mayer an Ulrich Stutz vom 18. 1. 1900, 19. 2. 1907, Universität Zürich, Dokumentationsstelle für Universitätsgeschichte

b) an Otto Mayer

Briefe von Gerhard Anschütz an Otto Mayer vom 1. 8. 1919 und 5. 3. 1920, Privatbesitz

Brief von Ottmar Bühler an Otto Mayer vom 4. 10. 1919, Privatbesitz

Brief von Otto von Gierke an Otto Mayer vom 25. 5. 1908, Privatbesitz

Brief von Karl Hackenschmidt an Otto Mayer vom 6. 12. 1914, Privatbesitz

Brief von Albert Hänel an Otto Mayer vom 20. 6. 1889, Privatbesitz

Briefe von Wilhelm Kahl an Otto Mayer vom 14. 9. 1909 und 6. 8. 1918, Privatbesitz

Brief von Max Pagenstecher an Otto Mayer vom 15. 9. 1905, Privatbesitz

Briefe von Adolf Frhr. von Scheurl an Otto Mayer vom 4. 7. 1869, 8. 7. 1869, 28. 3. 1870, Privatbesitz

Briefe von Karl Trost an Otto Mayer vom 4. 3. 1886 und 6. 3. 1886, Zentrales Staatsarchiv der DDR, Berlin (Ost), Nachlaß Marquardsen

Brief von Philip Zorn an Otto Mayer vom 24. 11. 1907, Privatbesitz

3. *Otto Mayer als Verfasser (unveröffentlicht)*

Der Wert des Völkerrechts. Rede zur Feier des Geburtstages des sächsischen Königs am 25. Mai 1915, Privatbesitz

Zusammen mit: Wilhelm Mayer: „Die Afrikanerin" — Parodie zu der gleichnamigen Oper in 4 Akten, Erlangen 1865, Archiv der Burschenschaft Germania zu Erlangen

E. O. Mayer aus Fürth bei Nürnberg, in: Album der Burschenschaft Germania zu Erlangen, Archiv der Burschenschaft Germania zu Erlangen, Arch. Nr. A IX 2 b

II. Gedruckte Quellen

Amtliche *Sammlung* der Akten des Ober-Konsistoriums und des Direktoriums der Kirche Augsburgischer Konfession, Bd. 50—58 (1895/96—1903/04), Straßburg 1896—1904

Bericht über die Tätigkeit des Evangelischen Vereins der Gustav Adolf Stiftung im Jahre 1916 mit Ausblicken auf 1917 erstattet durch den Vorsitzenden D. *Rendtorff*, Leipzig 1917

— *Plenarverhandlungen* der Stadtverordneten zu Leipzig im Jahre 1907 (1908/1909), 3 Bd., Leipzig o. J.

— *Verhandlungen* der Stadtverordneten zu Leipzig im Jahre 1910 (1911/1912), 3 Bd., Leipzig o. J.

Verhandlungen der neunten ordentlichen *Landessynode* im Königreich Sachsen *1911*, Dresden o. J.

Verhandlungen der vierten außerordentlichen evangelisch-lutherischen *Landessynode* im Königreiche Sachsen *1913*, Dresden 1913

Verhandlungen des Gemeinderates der Stadt Straßburg im Jahre 1896—1903, 8 Bd., Straßburg 1897—1904

Literaturverzeichnis

1. Literatur bis zum Erscheinen von Otto Mayers Deutschem Verwaltungsrecht (1895/96)

A(lbrecht), E(duard): zu Romeo Maurenbrecher: Grundsätze des heutigen deutschen Staatsrechts, 1837, Göttingische gelehrte Anzeigen 1837, S. 1489 ff.

Anonymus: Artikel: Bernatzik, Edmund, in: Österreichisches Biographisches Lexikon 1850—1950, Bd. 1, Wien 1957, S. 75 f.

— Edmund Bernatzik, ZSföR 1 (1918/19), S. VII ff.

— Karl Edwin Leuthold (Nekrolog), Centralblatt für Rechtswissenschaft 10 (1891), S. 364

Bergbohm, Karl: *Jurisprudenz* und Rechtsphilosophie, Bd. 1, Leipzig 1892

Bernatzik, Edmund: Rechtsprechung und materielle *Rechtskraft,* Wien 1886, Neudruck Aalen 1964

Block, Maurice: Dictionnaire de l'administration française, II. éd., Paris 1877

Bluntschli, (Johann Caspar): *Artikel: Verwaltung* und Verwaltungsrecht, in: Bluntschli / Brater, Deutsches Staats-Wörterbuch, Bd. 11, Stuttgart und Leipzig 1870, S. 60 ff.

— Deutsche Staatslehre und die heutige *Staatenwelt,* Nördlingen 1880

Bornhak, Conrad: Preußisches *Staatsrecht,* Bd. 3, Freiburg 1890

Brie, Siegfried: zu Felix Stoerk: Zur Methodik des öffentlichen Rechts, Wien 1885, Göttingische gelehrte Anzeigen 1885, S. 888 ff.

Gerber, Carl Friedrich von: *Grundzüge* des Deutschen Staatsrechts, 3. Aufl., Leipzig 1880

— Über den Begriff der *Autonomie,* in: ders., Gesammelte juristische Abhandlungen, Jena 1872, S. 36 ff.

— Über die *Theilbarkeit* deutscher Staatsgebiete, Zeitschrift für Deutsches Staatsrecht und Deutsche Verfassungsgeschichte 1 (1867), S. 5 ff.

— Über öffentliche *Rechte,* Tübingen 1852

Gerstner, Joseph L.: Die *Grundlehren* der Staatsverwaltung, Bd. 1, Würzburg 1862

Gierke, Otto (von): Die juristische *Studienordnung,* Holtzendorffs Jahrbuch für Gesetzgebung, Verwaltung und Volkswirtschaft 1 (1877), S. 1 ff.

— Labands *Staatsrecht* und die deutsche Rechtswissenschaft, Schmollers Jahrbuch für Gesetzgebung, Verwaltung und Volkswirtschaft 7 (1883), S. 1097 ff.

Gneist, Rudolf von: *Verwaltung* — Justiz — Rechtsweg, Staatsverwaltung und Selbstverwaltung nach englischen und deutschen Verhältnissen, Berlin 1869

Grotefend, G(eorg) A(ugust): Die *Organisation* der unmittelbaren und mittelbaren Staatsverwaltung in Preußen, Berlin 1890

Gumplowicz, Ludwig: *Rechtsstaat* und Sozialismus, 1881, Neudruck Osnabrück 1964

— zu Graf Hue de Grais: Handbuch der Verfassung und Verwaltung in Preußen und dem deutschen Reich, Berlin 1882 / A. von Kirchenheim: Einführung in das Verwaltungsrecht, Stuttgart 1885 / Georg Meyer: Lehrbuch des deutschen Verwaltungsrechtes, Bd. 1, Leipzig 1883 / Edgar Loening: Lehrbuch des deutschen Verwaltungsrechts, Leipzig 1884 / Carl Freiherr von Stengel: Lehrbuch des deutschen Verwaltungsrechts, Stuttgart 1885, Grünhuts Zeitschrift für das Privat- und öffentliche Recht, 14 (1887), S. 478 ff.

Haenel, Albert: Zur *Literatur* des deutschen Staatsrechts, Beilage zur (Augsburger) Allgemeinen Zeitung, Nr. 9 v. 9. 1. 1878, S. 121 f.

Hoffmann: Über den *Begriff,* den Inhalt und die Bedeutung des positiven Staatsverwaltungsrechts in dessen engerem Sinne, ZSgesStWiss 1 (1844), S. 190 ff.

Jellinek, Georg: *System* der subjektiven öffentlichen Rechte, Freiburg i. B. 1892

— zu Georg Meyer: Lehrbuch des deutschen Verwaltungsrechtes, 2. Aufl., Leipzig 1893/94, Grünhuts ZS 22 (1895), S. 533 ff.

Kautz: zu G. A. Grotefend, Lehrbuch des Preußischen Verwaltungsrechts, 2 Bd., Berlin 1890/92, VerwArch 1 (1893), S. 516 ff.

Kirchenheim, (Arthur) v.: Das Staatsrecht in *Zivil,* Allgemeine Conservative Monatsschrift für das christliche Deutschland 39 (1884), S. 272 ff.

— Die *Litteratur* des Staatsrechts und des Verwaltungsrechts 1884 bis 1894, Leipzig 1896

— Die *Regentschaft,* Leipzig 1880

— *Einführung* in das Verwaltungsrecht, Stuttgart 1885

— *Verwaltungsrechtspraktikum,* Stuttgart 1883

Koßmann, R(obert): Die *Burschenschaft* Allemannia zu Heidelberg, Berlin 1886

Küchler, Friedrich: Das Verfassungs- und *Verwaltungsrecht* des Großherzogtums Hessen, 3. Aufl. von Ernst Braun / August Karl Weber, Bd. 1, Darmstadt 1894

Laband, Paul: Das *Budgetrecht* nach den Bestimmungen der preußischen Verfassungs-Urkunde, Berlin 1871

— Das *Staatsrecht* des Deutschen Reiches, 2. Aufl., Bd. 1, Freiburg i. B. 1887/88

— Die rechtliche *Natur* des Retracts und der Expropriation, AcP 52 (1869), S. 151 ff.

— Rede über die Bedeutung der *Rezeption* des Römischen Rechts für das deutsche Staatsrecht, in: Der Rectoratswechsel an der Kaiser-Wilhelms-Universität Straßburg am 1. Mai 1880, Straßburg 1880

— zu Karl Freiherr von Stengel: Lehrbuch des deutschen Verwaltungsrechts, Stuttgart 1886, AöR 2 (1887), S. 162 ff.

Lemayer, Karl Frhr. v.: Zur *Reform* des Verfahrens in administrativen Rechtssachen, Grünhuts ZS 12 (1885), S. 205 ff.

Leuthold, C(arl) E(dwin): Das Königlich Sächsische *Verwaltungsrecht*, Leipzig 1878

— Öffentliches *Interesse* und öffentliche Klage im Verwaltungsrechte, Annalen des Deutschen Reichs 17 (1884), S. 321 ff.

— zu Georg Meyer: Lehrbuch des deutschen Verwaltungsrechts, T. 1 Leipzig 1883, Zentralblatt für Rechtswissenschaft 2 (1883), S. 298 ff.

Loening, Edgar: Die konstruktive *Methode* auf dem Gebiete des Verwaltungsrechtes, Jahrbuch für Gesetzgebung, Verwaltung und Volkswirtschaft 11 (1887), S. 117 ff.

— *Lehrbuch* des Deutschen Verwaltungsrechts, Leipzig 1884

Mayer, E(rnst): zu Felix Stoerk: Zur Methodik des öffentlichen Rechts, Wien 1885, Kritische Vierteljahresschrift für Gesetzgebung und Rechtswissenschaft 27 (1885), S. 273 ff.

Mayer, F(riedrich) F(ranz) (von): *Grundsätze* des Verwaltungs-Rechts mit besonderer Rücksicht auf gemeinsames deutsches Recht, sowie auf neuere Gesetzgebung und bemerkenswerthe Entscheidungen der obersten Behörden der Königreiche Preußen, Bayern und Württemberg, Tübingen 1862

— Grundzüge des polizeilichen *Strafrechts*, Heilbronn 1845

— *Grundzüge* des Verwaltungs-Rechts und -Rechtsverfahrens, Tübingen 1857

— Über *Verwaltungs-Recht* und -Rechtspflege, Zeitschrift für die gesamte Staatswissenschaft 12 (1856), S. 284 ff.

Meier, Ernst (von): Das *Verwaltungsrecht*, in: Franz von Holtzendorff (Hrsg.), Encyklopädie der Rechtswissenschaft, 4. Aufl., Leipzig 1882, S. 1081 ff.

Meyer, Georg: *Lehrbuch* des deutschen Verwaltungsrechtes, 2 Bd., Leipzig 1883/85, 2. Aufl. 1893/94

Mohl, R(obert) v.: *Bemerkungen* über die neuesten Bearbeitungen des allgemeinen deutschen Staatsrechts, Aegidis Zeitschrift für Deutsches Staatsrecht und Deutsche Verfassungsgeschichte 1 (1867), S. 354 ff.

— Die *Geschichte* und Literatur der Staatswissenschaften, Bd. 3, Erlangen 1858, Neudruck Graz 1960

Pözl, J(oseph von): *Grundriß* zu Vorlesungen über Polizei, München 1866

— *Lehrbuch* des Bayerischen Verwaltungsrechts, München 1856

Rönne, Ludwig von: Das *Staatsrecht* der preußischen Monarchie, 4. Aufl., Bd. 3, Leipzig 1883

Roesler, (Carl Friedrich) Hermann: *Lehrbuch* des Deutschen Verwaltungsrechts, Erlangen 1872/73

Sartorius, Carl: zu Georg Meyer: Lehrbuch des Deutschen Verwaltungsrechts, 2. Aufl., Bd. 1, Leipzig 1893, VerwArch 3 (1895), S. 384 ff.

Sarwey, O(tto) von: Allgemeines *Verwaltungsrecht*, Freiburg u. Tübingen 1884

— Das öffentliche Recht und die *Verwaltungsrechtspflege*, Tübingen 1880

— *Litteraturbericht:* Staats- und Verwaltungsrecht, Centralblatt für Rechtswissenschaft 3 (1884), S. 60 ff.

— zu E. Loening: Lehrbuch des deutschen Verwaltungsrechts, Leipzig 1884, Centralblatt für Rechtswissenschaft 3 (1884), S. 412 ff.

— zu F. Stoerk: Zur Methodik des öffentlichen Rechts, Wien, Centralblatt für Rechtswissenschaft 4 (1885), S. 225 ff.

Savigny, Friedrich Carl von: *System* des heutigen Römischen Rechts, Bd. 1, Berlin 1840

— Vom *Beruf* unserer Zeit für Gesetzgebung und Rechtswissenschaft, Heidelberg 1814

Seydel, Max (v.): Bayerisches *Staatsrecht,* Bd. 5, Freiburg i. B. 1890

— *Grundriß* zu Vorlesungen über Bayerisches Verwaltungsrecht, München 1883

— zu Paul Laband: Das Staatsrecht des Deutschen Reiches, Bd. 1, Tübingen 1876, Holtzendorffs Jahrbuch für Gesetzgebung, Verwaltung und Volkswirtschaft 1 (1877), S. 169 ff.

Sohm, Rudolf: Von der deutschen *Rechtswissenschaft,* Straßburg 1884

Schilling: Beiträge zur Entwicklung des Polizeibegriffs nach Preußischem Recht, VerwArch 2 (1894), S. 474 ff.

Schulze, Hermann: *Lehrbuch* des deutschen Staatsrechtes, Bd. 1, Leipzig 1881

— zu Georg Meyer: Das Studium des öffentlichen Rechtes und der Staatswissenschaften in Deutschland, Jena 1875, Jenaer Literaturzeitung 2 (1875), S. 733 ff.

Stein, L(orenz) v.: *Gegenwart* und Zukunft der Rechts- und Staatswissenschaft Deutschlands, Stuttgart 1876

— Die *Verwaltungslehre,* Stuttgart 1866—68

— *Handbuch* der Verwaltungslehre und des Verwaltungsrechts, Stuttgart 1870, 3. Aufl. 1888

Stengel, (Karl Freiherr von): *Begriff,* Umfang und System des Verwaltungsrechts, ZSgesStWiss 38 (1882), S. 219 ff.

— Die *Verwaltungsgerichtsbarkeit* und die öffentlichen Rechte, VerwArch 3 (1895), S. 177 ff.

— *Lehrbuch* des Deutschen Verwaltungsrechts, Stuttgart 1886

— zu Conrad Bornhak: Geschichte des preußischen Verwaltungsrechts, 2 Bd., Berlin 1884/85, AöR 1 (1886), S. 232 ff.

— zu Edgar Loening: Lehrbuch des Deutschen Verwaltungsrechts, Leipzig 1884 / A. v. Kirchenheim: Einführung in das Verwaltungsrecht, Stuttgart 1885, AöR 1 (1886), S. 238 ff.

Stoerk, Felix: Zur *Methodik* des öffentlichen Rechts, Wien 1885

Tezner, Friedrich: Zur Lehre von dem freien *Ermessen* der Verwaltungsbehörden, Wien 1888

Zeller, Wilhelm: *Handbuch* der Verfassung und Verwaltung im Großherzogtum Hessen, 2 Bd., Darmstadt 1885/86, Ergänzungsband 1893

2. Literatur ab 1895/96

Achterberg, Norbert: Probleme der *Funktionenlehre*, München 1970

Adamovich, Ludwig: Allgemeine Staats- und *Verwaltungslehre*, in: Michael Fischer / Raimund Jakob / Erhard Mock / Helmut Schreiner, Dimensionen des Rechts — Gedächtnisschrift für René Marcic, 2 Bd., Berlin 1974, S. 723 ff.

Anonymus: Otto Mayer, Allemannen-Zeitung 7 (1924), Nr. 5, S. 10

— Otto Mayer, Straßburger Post Nr. 316 v. 3. 4. 1903, S. 1 f.

Apelt, Willibalt: Jurist im Wandel der *Staatsformen*, Tübingen 1965

Bachof, Otto: Die *Dogmatik* des Verwaltungsrechts vor den Gegenwartsaufgaben der Verwaltung, VVDStRL 30, S. 193 ff.

— Über einige *Entwicklungstendenzen* im gegenwärtigen deutschen Verwaltungsrecht, in: Helmut R. Külz / Richard Naumann, Staatsbürger und Staatsgewalt, Bd. 2, Karlsruhe 1963, S. 3 ff.

— Über öffentliches *Recht*, in: Otto Bachof / Ludwig Heigl / Konrad Redeker (Hrsg.), Verwaltungsrecht zwischen Freiheit, Teilhabe und Bindung — Festgabe aus Anlaß des 25jährigen Bestehens des Bundesverwaltungsgerichts, München 1978, S. 1 ff.

Badura, Peter: Das *Verwaltungsrecht* des liberalen Rechtsstaates, Göttingen 1967

— Verwaltungsrecht im liberalen und sozialen *Rechtsstaat*, Tübingen 1966

Bender, Bernd: Allgemeines *Verwaltungsrecht*, 2. Aufl., Freiburg 1956

Böckenförde, Ernst-Wolfgang: Der *Verfassungstyp* der deutschen konstitutionellen Monarchie im 19. Jahrhundert, in: ders. (Hrsg.), Moderne deutsche Verfassungsgeschichte (1815—1918), Köln 1972, S. 146 ff.

— Die *Organisationsgewalt* im Bereich der Regierung, Berlin 1964

— *Enstehung* und Wandel des Rechtsstaatsbegriffs, in: Horst Ehmke / Carlo Schmid / Hans Scharoun (Hrsg.), Festschrift für Adolf Arndt, 1969, S. 53 ff.

— *Gesetz* und gesetzgebende Gewalt, Berlin 1958

Brohm, Winfried: Die Dogmatik des Verwaltungsrechts vor den *Gegenwartsaufgaben* der Verwaltung, VVDStRL 30, S. 245 ff.

— *Strukturen* der Wirtschaftsverwaltung, Stuttgart 1969

Bühler, Andreas: Kirche und Staat bei Rudolph *Sohm*, Zürich 1965

Bühler, Ottmar: Der *Einfluß* des Steuerrechts auf die Begriffsbildung des öffentlichen Rechts, VVDStRL 3, S. 102 ff.

— *Grundlagen* des rechtsstaatlichen Verwaltungsrechts, in: Hermann Wandersleb (Hrsg.), Recht — Staat — Wirtschaft, Bd. 1, Stuttgart/Köln 1949

Bühler, Werner: Begriff und Formen der öffentlich-rechtlichen *Anstalt* als verwaltungsrechtlichem Institut, Aarau 1928

Bull, Hans-Peter: Die *Staatsaufgaben* nach dem Grundgesetz, 2. Aufl., Kronberg/Ts. 1977

Bullinger, Martin: Öffentliches *Recht* und Privatrecht, Stuttgart 1968

Canaris, Claus-Wilhelm: *Systemdenken* und Systembegriff in der Jurisprudenz, Berlin 1969

Coing, Helmut: *Rechtsentwicklung* und Wirtschaftsentwicklung im 19. Jahrhundert als Fragestellung für die Rechtsgeschichte, in: Heinz Sauermann / Ernst-Joachim Mestmäcker, Wirtschaftsordnung und Staatsverfassung — Festschrift für Franz Böhm zum 80. Geburtstag, Tübingen 1975, S. 101 ff.

— *Savigny* und die deutsche Privatrechtswissenschaft, NJW 1979, S. 2018 ff.

Conrad, Hermann: Rechtsstaatliche *Bestrebungen* im Absolutismus Preußens und Österreichs am Ende des 18. Jahrhunderts, Köln 1961

Dennewitz, Bodo: Die *Systeme* des Verwaltungsrechts — Ein Beitrag zur Geschichte der modernen Verwaltungswissenschaft, Hamburg 1948

— Verwaltung und *Verwaltungsrecht*, Wien 1944

Denninger, Erhard: *Staatsrecht*, Bd. 1, Hamburg 1973

Döhring, Erich: *Geschichte* der deutschen Rechtspflege seit 1500, Berlin 1953

Dürig, Günter: Zeit und *Rechtsgleichheit*, in: Joachim Gernhuber (Hrsg.), Tradition und Fortschritt im Recht — Festschrift zum 500jährigen Bestehen der Tübinger Juristenfakultät, Tübingen 1977, S. 21 ff.

Esser, Josef: *Vorverständnis* und Methodenwahl in der Rechtsfindung, Frankfurt am Main 1972

Feist, Hans-Joachim: Die *Entstehung* des Verwaltungsrechts als Rechtsdisziplin, München 1968

Fleiner, Fritz: *Beamtenstaat* und Volksstaat, in: ders., Ausgewählte Schriften und Reden, Zürich 1941, S. 138 ff.

— Die politischen *Grundlagen* des modernen Verwaltungsrechts, in: ders., Ausgewählte Schriften und Reden, Zürich 1941, S. 445 ff.

— *Institutionen* des deutschen Verwaltungsrechts, 4. Aufl., Tübingen 1919

— Otto *Mayer*, Schweizerische Juristen-Zeitung 21 (1924/25), S. 77 f.

— Über die *Umbildung* zivilrechtlicher Institute durch das öffentliche Recht, Tübingen 1906

Forsthoff, Ernst: Das neue *Gesicht* der Verwaltung und die Verwaltungsrechtswissenschaft, DR 1935, S. 331 ff.

— Die Verwaltung als *Leistungsträger*, Stuttgart und Berlin 1938

— *Grenzen* des Rechts, Königsberg (Pr.) 1941

— *Lehrbuch* des Verwaltungsrechts, 10. Aufl., München 1973

— Anrecht und Aufgabe einer *Verwaltungslehre*, in: ders., Rechtsfragen der leistenden Verwaltung, Stuttgart 1959, S. 47 ff.

— Von den *Aufgaben* der Verwaltungsrechtswissenschaft, DR 1935, S. 398 ff.

Friauf, Karl Heinrich: *Grundfragen* der heutigen Verwaltungsrechtslehre, Der Staat 9 (1970), S. 223 ff.

Friedrich, Carl J.: Der *Verfassungsstaat* der Neuzeit, Berlin/Göttingen/Heidelberg 1953

Friesenhahn, Ernst: Die rechtsstaatlichen *Grundlagen* des Verwaltungsrechts, in: Hermann Wandersleb (Hrsg.), Recht, Staat, Wirtschaft, Stuttgart und Köln 1950, S. 239 ff.

Giese, Friedrich: Allgemeines *Verwaltungsrecht*, 3. Aufl., Tübingen 1952

Glitza, Eva: Die deutsche *Verwaltung* und die rein rechtswissenschaftliche Schule Otto Mayers, DÖV 1965, S. 329 ff.

Gotthold, Jürgen: Wirtschaftliche *Entwicklung* und Verfassungsrecht, Köln 1975

Grabitz, Eberhard: *Freiheit* und Verfassungsrecht, Tübingen 1976

Grimm, Dieter: *Reformalisierung* des Rechtsstaats als Demokratiepostulat, Juristische Schulung 1980, S. 704 ff.

— Zur politischen *Funktion* der Trennung von öffentlichem und privatem Recht in Deutschland, in: Walter Wilhelm (Hrsg.): Studien zur europäischen Rechtsgeschichte, Frankfurt a. M. 1972, S. 224 ff.

Guba: Über *Wesen* und Willensbildung der Gemeindevertretungen, Fischers Zeitschrift für Verwaltungsrecht 51 (1920), S. 1 ff.

Hämmerlein, Hans: *Öffentlichkeit* und Verwaltung, Göttingen 1966

Hassemer, Winfried: Der *Begriff* des positiven Rechts, Zeitschrift für vergleichende Rechtswissenschaft 77 (1978), S. 110 ff.

Hatschek, Julius: Konventionalregeln oder über die Grenzen der naturwissenschaftlichen *Begriffsbildung* im öffentlichen Recht, Jahrbuch des öffentlichen Rechts der Gegenwart 3 (1909), S. 1 ff.

Haverkate, Görg: *Gewißheitsverluste* im juristischen Denken, Berlin 1977

Helfritz, Hans: *Verwaltungsrecht,* Hannover 1949

Hespe, Klaus: Zur Entwicklung der Staatszwecklehre in der deutschen Staatsrechtswissenschaft des 19. Jahrhunderts, Köln u. Berlin 1964

Heyen, Erk Volkmar: Die *Verwaltungspraxis* Otto Mayers in Straßburg und Leipzig — Kommunalpolitik auf dem Wege vom liberalen zum sozialen Rechtsstaat, VerwArch 71 (1980), S. 44 ff.

— Otto Mayer: *Frankreich* und das Deutsche Reich, Der Staat 19 (1980), S. 444 ff.

— Otto Mayers *Kirchenrecht* und die Verfassungsreform der evangelisch-lutherischen Kirche in Elsaß-Lothringen und Polen, ZRG Kan. Abt. 96 (1979), S. 239 ff.

— Positivistische Staatsrechtslehre und politische *Philosophie.* Zur philosophischen Bildung Otto Mayers, Quaderni Fiorentini 8 (1979), S. 275 ff.

Hippel, Ernst von: Zur Problematik der *Grundbegriffe* des öffentlichen Rechts, in: Otto Bachof / Martin Drath / Otto Gönnenwein / Ernst Walz, Gedächtnisschrift für Walter Jellinek, 2. Aufl., München 1955, S. 21 ff.

Höhn, Reinhard: Die *Grundprinzipien* des französischen Verwaltungsrechts, in: ders. (Hrsg.), Das ausländische Verwaltungsrecht der Gegenwart, Berlin 1940, S. 9 ff.

— Führung und *Verwaltung,* in: Hans Frank (Hrsg.), Deutsches Verwaltungsrecht, München 1937, S. 67 ff.

Huber, Ernst Rudolf: Die deutsche *Staatswissenschaft,* ZSgesStWiss 95 (1935), S. 1 ff.

— Die *Rechtsstellung* des Volksgenossen, ZSgesStWiss 96 (1936), S. 438 ff.

— *Einheit* und Gliederung des völkischen Rechts, ZSgesStWiss (1938), S. 310 ff.

— *Grundrechte* im Bismarckschen Reichssystem, in: Horst Ehmke / Joseph H. Kaiser / Wilhelm A. Kewenig / Karl Matthias Meessen / Wolfgang Rüfner (Hrsg.), Festschrift für Ulrich Scheuner zum 70. Geburtstag, Berlin 1973, S. 163 ff.

— Neue *Grundbegriffe* des hoheitlichen Rechts, in: Grundfragen der neuen Rechtswissenschaft, Berlin 1935, S. 143 ff.

Hubmann, Heinrich: Das *Persönlichkeitsrecht*, 2. Aufl., Köln und Graz 1967

Imboden, Max: Das *Gesetz* als Garantie rechtsstaatlicher Verwaltung, 2. Aufl., Basel und Stuttgart 1962

Inama-Sternegg, Karl Theodor von: Die *Entwickelung* der Verwaltungslehre und des Verwaltungsrechts seit dem Tode von Lorenz von Stein, in: Zeitschrift für Volkswirtschaft, Sozialpolitik und Verwaltung 11 (1902), S. 137 ff.

Jecht, Hans: Die Öffentliche *Anstalt*, Berlin 1963

Jellinek, Walter: *Verwaltungsrecht*, Berlin 1928

— zu Carl Schmitt: Gesetz und Urteil, Berlin 1912, AöR 32 (1914), S. 296 ff.

Jerusalem, Franz W.: *Grundriß* des Verwaltungsrechts, Frankfurt a. M. 1947

Jesch, Dietrich: *Gesetz* und Verwaltung, 2. Aufl., Tübingen 1961

Jeserich, Kurt G. A.: *Gedanken* zu einer „Deutschen Verwaltungsgeschichte", DÖV 1978, S. 360 ff.

Jèze, Gaston: Das *Verwaltungsrecht* der Französischen Republik, Tübingen 1913

Kahl, Wilhelm: Über *Einheit* im Gebiete des deutschen Verwaltungsrechts, Schmollers Jahrbuch für Gesetzgebung, Verwaltung und Volkswirtschaft 27 (1903), S. 1 ff.

Kaufmann, Erich: *Artikel:* Verwaltung, *Verwaltungsrecht*, in: Stengel / Fleischmann, Wörterbuch des Deutschen Staats- und Verwaltungsrechts, 2. Aufl., Bd. 3, Tübingen 1914, S. 688 ff.; auch in: Erich Kaufmann, Gesammelte Schriften, Bd. 1, Göttingen 1960, S. 75 ff.

— Otto *Mayer*, VerwArch 30 (1925), S. 377 ff.

Kehr, Eckart: Zur Genesis der preußischen *Bürokratie* und des Rechtsstaats, in: ders., Der Primat der Innenpolitik, hrsgg. von Hans-Ulrich Wehler, 2. Aufl., Berlin 1970, S. 31 ff.

Kelsen, Hans: Allgemeine *Staatslehre*, Berlin 1925

— Reine *Rechtslehre*, 2. Aufl., Wien 1960

— zu Max Layer: Zur Lehre vom öffentlich-rechtlichen Vertrag, Graz und Leipzig 1916, Zeitschrift für öffentliches Recht 1 (1918/19), S. 165 ff.

— Zur Lehre vom öffentlichen *Rechtsgeschäft*, AöR 31 (1913), S. 53 ff., 190 ff.

Kern, Ernst: *Aspekte* des Verwaltungsrechts im Industriezeitalter, in: Hans Barion / Ernst Forsthoff / Werner Weber (Hrsg.), Festschrift für Carl Schmitt zum 70. Geburtstag, Berlin 1970, S. 85 ff.

Klein, Hans: *Rechtsqualität* und Rechtswirkung von Verwaltungsnormen, in: Karl Doehring (Hrsg.), Festgabe für Ernst Forsthoff zum 65. Geburtstag, München 1967, S. 163 ff.

Köbler, Gerhard: Zur *Herkunft* der deutschen Rechtslehrer des 19. Jahrhunderts, in: Otto Triffterer / Friedrich von Zezschwitz, Festschrift für Walter Mallmann, Baden-Baden 1978, S. 117 ff.

Kopp, Hans W.: *Inhalt* und Form der Gesetze, Bd. 2, Zürich 1958

Krabbe, Hugo: Die moderne *Staatsidee*, 2. Aufl., Haag 1919, Neudruck Aalen 1969

Krawietz, Werner: *Begriffsjurisprudenz*, in: ders. (Hrsg.), Theorie und Technik der Begriffsjurisprudenz, Darmstadt 1976, S. 432 ff.

Krüger, Herbert: Allgemeine *Staatslehre*, 2. Aufl., Stuttgart 1966

— Das besondere *Gewaltverhältnis*, VVDStRL 15, S. 109 ff.

Krupa, Hans: Otto von *Gierke* und die Probleme der Rechtsphilosophie, Breslau 1940, Neudruck Aalen 1969

Kummer, Heinz: Öffentliches und privates *Recht* in der politischen Grundordnung, ZSgesStWiss 104 (1943), S. 29 ff.

Landsberg, Ernst: Die juristische *Fakultät* zu Leipzig 1409—1909, in: Otto Liebmann (Hrsg.), Festgabe der Deutschen Juristen-Zeitung zum 500jährigen Jubiläum der Universität Leipzig, Berlin 1909, Sp. 3 ff.

Laun, Rudolf: Der Staatsrechtslehrer und die *Politik*, AöR 43 (1922), S. 145 ff.

List, Friedrich: Kormanns *Einführung* in die Praxis des Deutschen Verwaltungsrechts, 2. Aufl., Tübingen 1930

Loening, Edgar: Die *Rechtskraft* verwaltungsgerichtlicher Urteile, VerwArch 7 (1899), S. 1 ff.

Maier, Hans: Die ältere deutsche Staats- und *Verwaltungslehre*, 2. Aufl., München 1980

Mallmann, Walter: *Schranken* nichthoheitlicher Verwaltung, VVDStRL 19, S. 165 ff.

Marcic, René: *Hegel* und das Rechtsdenken, Salzburg 1970

Mayer, Franz: Allgemeines *Verwaltungsrecht*, 4. Aufl., Stuttgart 1977

— *Artikel „Verwaltungsrecht"*, in: Staatslexikon der Görres-Gesellschaft, 6. Aufl., Bd. 8, Freiburg i. B. 1963, S. 240 ff.

— Das *Freiheitspostulat* des Bürgertums und die Entwicklung des öffentlichen Rechts der süddeutschen Staaten im 19. Jahrhundert, in: Manfred Abelein / Otto Kimminich, Studien zum Staats- und Völkerrecht — Festschrift für Hermann Raschhofer, Kallmünz 1977, S. 155 ff.

Meier-Branecke, H.: Die *Anwendbarkeit* privatrechtlicher Normen im Verwaltungsrecht, AöR 50 (1926), S. 230 ff.

Meisel, Franz: Fritz *Fleiner* und die Verwaltungsrechtswissenschaft, Wissenschaftliche Vierteljahresschrift, Beiheft 2 zur Prager Juristischen Zeitschrift 7 (1927), Sp. 49 ff.

Menger, Christian-Friedrich: *Gesetz* und Verwaltung — Bemerkungen zum gleichnamigen Buch von Dietrich Jesch, Der Staat 1 (1962), S. 360 ff.

Meyer-Hesemann, Wolfgang: *Methodenwandel* in der Verwaltungsrechtswissenschaft, Karlsruhe 1981

Miedtank, Werner: Die *Zwangsvollstreckung* gegen Bund, Länder, Gemeinden und andere juristische Personen des öffentlichen Rechts, Göttingen 1964

Moeller, Ernst von: Vom *Rechte*, daß mit uns geboren ist, in: Festgabe für Otto Gierke, Bd. 1, Neudruck Frankfurt am Main 1969, S. 357 ff.

Müller, Friedrich: Der *Vorbehalt* des Gesetzes, in: ders., Rechtsstaatliche Form — Demokratische Politik, Berlin 1977, S. 15 ff.

Neumayer, Karl H.: Deutsche und französische *Zivilrechtswissenschaft* — Besinnliches zu einem Nachbarschafts- und Partnerschaftsverhältnis unter Verwandten, in: Ius Privatum Gentium, Festschrift für Max Rheinstein zum 70. Geburtstag, Bd. 1, Tübingen 1969, S. 165 ff.

Norden, Fritz: Deutsch-französische *Rechtsgemeinschaft*, Deutsch-französische Rundschau 1 (1928), S. 45 ff., 136 ff., 498 ff.

Obermayer, Klaus: *Artikel „Verwaltungsrecht"*, in: Hermann Kunst / Siegfried Kunstmann (Hrsg.), Evangelisches Staatslexikon, 2. Aufl., Stuttgart 1975, Sp. 2796 ff.

— *Verwaltungsakt* und innerdienstlicher Rechtsakt, Stuttgart 1956

Oertzen, Peter von: Die *Bedeutung* C. F. von Gerbers für die deutsche Staatsrechtslehre, in: Konrad Hesse / Siegfried Reicke / Ulrich Scheuner, Staatsverfassung und Kirchenordnung, Festgabe für Rudolf Smend zum 80. Geburtstag, Tübingen 1962, S. 183 ff.

— Die soziale *Funktion* des staatsrechtlichen Positivismus, Frankfurt a. M. 1974

Ossenbühl, Fritz: *Daseinsvorsorge* und Verwaltungsprivatrecht, DÖV 1971, S. 513 ff.

— Verwaltungsrecht im sozialen *Rechtsstaat*, Staats- und Kommunalverwaltung 1971, S. 57 ff.

— *Verwaltungsvorschriften* und Grundgesetz, Bad Homburg 1968

Ott, Walter: Der *Rechtspositivismus*, Berlin 1976

Papier, Hans-Jürgen: Die finanzrechtlichen *Gesetzesvorbehalte* und das grundgesetzliche Demokratieprinzip, Berlin 1973

Peters, Hans: *Verwaltung* ohne gesetzliche Ermächtigung?, in: Verfassungsrecht und Verfassungswirklichkeit — Festschrift für Hans Huber, Bern 1961, S. 206 ff.

Piloty, Robert: Ein *Jahrhundert* bayerischer Staatsrechts-Literatur, in: Staatsrechtliche Abhandlungen, Festgabe für Paul Laband, Bd. 1, Tübingen 1908, S. 205 ff.

Renck, Ludwig: *Verwaltungsakt* und Gesetzesvorbehalt, JuS 1965, S. 129 ff.

Reuß, Hermann: Das *Bundesverwaltungsgericht* und das ehemalige Preußische Oberverwaltungsgericht als Revisionsinstanzen, in: Otto Bachof / Ludwig Heigl / Konrad Redeker (Hrsg.), Verwaltungsrecht zwischen Freiheit, Teilhabe und Bindung — Festgabe aus Anlaß des 25jährigen Bestehens des Bundesverwaltungsgerichts, München 1978, S. 527 ff.

Rößler, Peter: Robert v. *Mohl*, in: Männer der deutschen Verwaltung, Köln und Berlin 1963, S. 99 ff.

Rott, Martin: Das verwaltungsrechtliche subjektive öffentliche *Recht* im Spiegel seiner Entwicklung im deutschen liberalen Rechtsstaat und in der französischen „théorie des droits subjectifs des administrés“, Diss. jur., Gießen 1976

Ruck, Erwin: *Freiheit* und Rechtsstaat, in: Die Freiheit des Bürgers im schweizerischen Recht — Festgabe zur Hundertjahrfeier der Bundesverfassung, Zürich 1948, S. 75 ff.

Rüfner, Wolfgang: Die *Rechtsformen* der sozialen Sicherung und das Allgemeine Verwaltungsrecht, VVDStRL 28, S. 187 ff.

— *Formen* öffentlicher Verwaltung im Bereich der Wirtschaft, Berlin 1967

Rümelin, Max: Die *Billigkeit* im Recht, Tübingen 1921

Rupp, Hans Heinrich: *Grundfragen* der heutigen Verwaltungsrechtslehre, Tübingen 1975

Scheuner, Ulrich: Das *Wesen* des Staates und der Begriff des Politischen in der neueren Staatslehre, in: Konrad Hesse / Siegfried Reicke / Ulrich Scheuner (Hrsg.), Festschrift für Rudolf Smend, Tübingen 1962, S. 225 ff.

— Der *Einfluß* des französischen Verwaltungsrechts auf die deutsche Rechtsentwicklung, DÖV 1963, S. 714 ff.

— Der Rechtsstaat und die soziale *Verantwortung* des Staates, Der Staat 18 (1979), S. 1 ff.

— Die neuere *Entwicklung* des Rechtsstaats in Deutschland, in: Ernst von Caemmerer / Ernst Friesenhahn / Richard Lange, Hundert Jahre deutsches Rechtsleben — Festschrift zum hundertjährigen Bestehen des Deutschen Juristentages 1860—1960, Karlsruhe 1960, S. 229 ff.

— Die rechtliche *Tragweite* der Grundrechte in der deutschen Verfassungsentwicklung des 19. Jahrhunderts, in: Ernst Forsthoff / Werner Weber / Franz Wieacker (Hrsg.), Festschrift für Ernst Rudolf Huber, Göttingen 1973, S. 139 ff.

— Die *Rechtsstellung* der Persönlichkeit in der Gemeinschaft, in: Hans Frank (Hrsg.), Deutsches Verwaltungsrecht, München 1937, S. 82 ff.

— Die *Überlieferung* der deutschen Staatsgerichtsbarkeit im 19. und 20. Jahrhundert, in: Christian Starck (Hrsg.), Bundesverfassungsgericht und Grundgesetz, Tübingen 1976, S. 1 ff.

Schmidt, Walter: Die *Programmierung* von Verwaltungsentscheidungen, AöR 96 (1971), S. 231 ff.

— *Gesetzesvollziehung* durch Rechtsetzung, Bad Homburg v. d. H. 1969

Schmitt, Carl: Das „Allgemeine Deutsche Staatsrecht“ als Beispiel rechtswissenschaftlicher *Systembildung,* ZSgesStWiss 100 (1940), S. 5 ff.

— Die *Formung* des französischen Geistes durch den Legisten, Deutschland-Frankreich 1 (1942), Nr. 2, S. 1 ff.

— Hugo *Preuß,* Tübingen 1930

— *Legalität* und Legitimität, 2. Aufl., Berlin 1968

— Über die drei *Arten* des rechtswissenschaftlichen Denkens, Hamburg 1934

— *Verfassungslehre,* 5. Aufl., Berlin 1970

— Vergleichender *Überblick* über die neueste Entwicklung des Problems der gesetzgeberischen Ermächtigungen (Legislative Delegationen), Zeitschrift für ausländisches Recht und Völkerrecht 6 (1936), S. 252 ff.

— Was bedeutet der *Streit* um den „Rechtsstaat"?, ZSgesStWiss 95 (1935), S. 189 ff.

Smend, Rudolf: Der *Einfluß* der deutschen Staats- und Verwaltungsrechtslehre des 19. Jahrhunderts auf das Leben in Verfassung und Verwaltung (1939), in: Staatsrechtliche Abhandlungen, Berlin 1955, S. 326 ff.

Sohm, Rudolph: Bürgerliches *Recht*, in: Systematische Rechtswissenschaft, Berlin und Leipzig 1906, S. 1 ff.

— Über *Begriffsjurisprudenz*, in: Otto Liebmann (Hrsg.), Festgabe der Deutschen Juristen-Zeitung zum 500jährigen Jubiläum der Universität Leipzig, Berlin 1909, Sp. 171 ff.

— Von der deutschen *Rechtswissenschaft*. Rede gehalten bei Antritt des Rectorats, in: Der Rectoratswechsel an der Kaiser-Wilhelms-Universität Straßburg am 1. Mai 1884, Straßburg 1884, S. 31 ff.

Spiegel, Ludwig: Die *Verwaltungsrechtswissenschaft*, Leipzig 1909

Stephanitz, Dieter v.: Exakte *Wissenschaft* und Recht, Berlin 1970

Stern, Klaus: Das *Staatsrecht* der Bundesrepublik Deutschland, Bd. 1, München 1977

— Die Öffentliche *Sache*, VVDStRL 21, S. 183 ff.

— Verwaltungslehre — *Notwendigkeit* und Aufgabe im heutigen Sozialstaat, in: H. Conrad / H. Jahrreiß / P. Mikat / H. Mosler / H. C. Nipperdey, Gedächtnisschrift Hans Peters, Berlin 1967, S. 219 ff.

Stolleis, Michael: Öffentliches *Interesse* als juristisches Problem, VerwArch 65 (1974), S. 1 ff.

— *Untertan* — Bürger — Staatsbürger. Bemerkungen zur juristischen Terminologie im späten 18. Jahrhundert, in: Rudolf Vierhaus (Hrsg.), Bürger und Bürgerlichkeit im 18. Jahrhundert, Heidelberg 1982

— Verwaltungslehre und Verwaltungsrechtswissenschaft, in: Jeserich / Pohl / v. Unruh (Hrsg.), Deutsche Verwaltungsgeschichte, Bd. 2, Stuttgart 1982

Thieme, Werner: *Verwaltungslehre*, 3. Aufl., Köln 1977

Thoma, Richard: *Rechtsstaatsidee* und Verwaltungsrechtswissenschaft, Jahrbuch des Öffentlichen Rechts 4 (1910), S. 196 ff.

Unruh, Georg-Christoph von: *Polizei* als Tätigkeit der leistenden Verwaltung, DVBl. 1972, S. 469 ff.

Vitzthum, Stephan Graf: Linksliberale Politik und materiale Staatsrechtslehre — Albert *Hänel* 1833—1918, München 1971

Wacke, Gerhard: Lorenz von *Stein* als Begründer des Verwaltungsrechts, ZSgesStWiss 102 (1942), S. 259 ff.

Waldecker, Ludwig: Allgemeine *Staatslehre*, Berlin 1927

— Die *Anstaltspolizei*, Annalen des Deutschen Reichs 48 (1915) S. 290 ff.

Wege, Joachim: Positives Recht und sozialer *Wandel* im demokratischen und sozialen Rechtsstaat, Berlin 1977

Werner, Fritz: „*Verwaltungsrecht* als konkretisiertes Verfassungsrecht", DVBl. 1959, S. 527 ff.

Wieacker, Franz: *Privatrechtsgeschichte* der Neuzeit, Göttingen 1967

Wilhelm, Walter: Zur juristischen *Methodenlehre* im 19. Jahrhundert, Frankfurt a. M. 1958

— Zur *Theorie* des abstrakten Privatrechts, Die Lehre Jherings, in: ders. (Hrsg.), Studien zur europäischen Rechtsgeschichte, Frankfurt a. M. 1972, S. 265 ff.

Wittmayer, Leo: Otto Mayers *Lebenswerk* — Zum 70. Geburtstage —, Grünhuts ZS 42 (1916), S. 517 ff.

Zeidler, Karl: Einige *Bemerkungen* zum Verwaltungsrecht und zur Verwaltung in der Bundesrepublik seit dem Grundgesetz, Der Staat 3 (1962), S. 321 ff.

Zweigert, Konrad: Der Jurist in *Frankreich* und Deutschland, in: Murad Ferid (Hrsg.), Festschrift für Hans G. Ficker, Frankfurt/Berlin 1967, S. 498 ff.

FSC
www.fsc.org
MIX
Papier | Fördert gute Waldnutzung
FSC® C083411

Kolibri 360 GmbH
Ferdinand-Jühlke-Straße 7
99095 Erfurt, Deutschland
produktsicherheit@kolibri360.de

Druck:
CPI Druckdienstleistungen GmbH
im Auftrag der
Kolibri 360 GmbH
Ferdinand-Jühlke-Str. 7
99095 Erfurt